建设中国特色自由贸易港丛书

Book Series on the Construction of Free Trade Port with Chinese Characteristics

主编　迟福林

海南自由贸易港
的法治保障

The Legal Guarantee for Hainan Free Trade Port

李慧敏　等　编著

SPM 南方传媒 | 广东经济出版社
·广州·

图书在版编目（CIP）数据

海南自由贸易港的法治保障 / 李慧敏等编著 . 广州：广东经济出版社，2024. 10. --(建设中国特色自由贸易港丛书). -- ISBN 978-7-5454-9448-8

Ⅰ. D927.660.4

中国国家版本馆 CIP 数据核字第 2024J0F720 号

策划编辑：王成刚　周伊凌
责任编辑：周伊凌　谢善德　陈康力
责任校对：黄思健　陈运苗　李玉娴
责任技编：陆俊帆
封面设计：集力書裝　彭力

海南自由贸易港的法治保障
HAINAN ZIYOU MAOYIGANG DE FAZHI BAOZHANG

出版发行：广东经济出版社（广州市水荫路 11 号 11 ～ 12 楼）
印　　刷：珠海市国彩印刷有限公司
（珠海市金湾区红旗镇永安一路国彩工业园）

开　　本：787 毫米 ×1092 毫米　1/16　　印　　张：22.25
版　　次：2024 年 10 月第 1 版　　印　　次：2024 年 10 月第 1 次
书　　号：ISBN 978-7-5454-9448-8　　字　　数：346 千字
定　　价：78.00 元

发行电话：（020）87393830　　编辑邮箱：gdjjcbstg@163.com
广东经济出版社常年法律顾问：胡志海律师　　法务电话：（020）37603025
如发现印装质量问题，请与本社联系，本社负责调换。

总序

加快建设海南自由贸易港
——大变局下我国高水平开放的战略举措

在百年未有之大变局加速演进的特定背景下，建设海南自由贸易港，是我国推进高水平开放，建立开放型经济新体制的根本要求；是深化市场化改革，打造法治化、国际化、便利化营商环境的迫切需要；是贯彻新发展理念，推动高质量发展，建设现代经济体系的战略选择；是支持经济全球化、构建人类命运共同体的实际行动。

面对国际政治经济安全格局的深刻复杂变化，为加快建设海南自由贸易港，需要充分发挥其作为南海前沿的独特地缘优势，充分利用自由贸易港最高水平的开放政策与制度优势，对标全球最高水平的开放形态，深化与东盟国家的交流合作，致力于将海南打造成为我国面向太平洋和印度洋的重要对外开放门户。这是中央赋予海南自由贸易港的战略目标。

2022年1月1日，《区域全面经济伙伴关系协定》（RCEP）正式生效实施。这不仅增强了海南自由贸易港的地缘区位优势，也给海南自由贸易港高水平开放带来重大机遇。加快建设海南自由贸易港，需做到以下几点：一是要努力打造中国与东盟经贸合作的自由经济区、蓝色经济伙伴关系核心区、医疗健康合作示范区、人文交流特区；二是要加快建设国内企业进入以东盟为重点的国际市场的“总部基地”，以及以东盟企业为主的面向国内大市场的“总部基地”，在中国与东盟合作中发挥不可替代的战略枢纽作用；三是要实现与粤港澳大湾区联动发展，形成重大战略的叠加放大效应；四是要立足“两个总部基地”建设的现实需求，推进海南自由贸易港政策与RCEP规则叠加，做好高水平开放压力测试，形成高于RCEP的开放优势。

封关运作是海南自由贸易港建设的关键节点。海南全岛封关运作，意味着海南全岛由“境内关内”向“境内关外”的海关监管特殊区域的转变，意味着海南自由贸易港建设由起步阶段向实质性运作阶段的转变。谋划海南自由贸易港封关运作，要做到以下几点：一是按照打造当今世界最高水平开放形态的目标要求，处理好“一线”放开与“二线”管住的关系；二是充分借鉴国际自由贸易港先进经验，加快构建放开“一线”、管好“一线”“二线”的制度安排；三是对标国际，形成自由公平的市场环境、专业高效的政务环境、与国际接轨的法治环境，以营商环境优化增强市场预期，形成封关运作后高水平开放的大环境。

打造国际一流的自由贸易港法治环境，是海南自由贸易港建设的基本要求。2021年6月，《中华人民共和国海南自由贸易港法》颁布实施，将中央关于海南自由贸易港建设的重要部署法律化、制度化，为海南自由贸易港建设提供固根本、稳预期、利长远的法治保障。加快建设海南自由贸易港，用好海南自由贸易港法规制定权与更大改革开放自主权，需要做好以下几方面：一是要加快形成以《中华人民共和国海南自由贸易港法》为基础、以地方性法规和商事纠纷解决机制为重要组成的海南自由贸易港法治体系；二是要用好改革开放自主权，在行政体制、立法体制、司法体制等重要的制度集成创新方面取得实质性突破；三是要对标国际，适应企业经营发展需求，在投资者保护、知识产权保护、数据跨境流动等领域形成更具竞争力的法治保障。

基于对中央关于加快建设海南自由贸易港精神的理解，基于海南自由贸易港建设的需求，中国（海南）改革发展研究院与广东经济出版社联合策划出版本套“建设中国特色自由贸易港丛书”，分册分别为《RCEP下的海南自由贸易港》《封关运作背景下的海南自由贸易港》《海南自由贸易港的法治保障》。本套丛书注重战略性、前瞻性、学术性和行动性，我们期望其能够对关注海南自由贸易港建设的读者有所启示，对加快推进海南自由贸易港建设的政策决策发挥积极作用。

本套丛书参考最近几年中国（海南）改革发展研究院研究成果。作为丛书的主编，我衷心感谢参与丛书编撰工作的每一位作者，同时也向大力支持丛书出版的广东经济出版社致以诚挚的谢意！

迟福林

2024年2月1日

前言

自由贸易港具有境内关外、经济自由化、经济关系国际化与功能综合性的特征，高水平的开放是其本质。高水平的开放离不开法治的规范、引领、支撑与保障。当前海南自由贸易港的建设具有以下特征：一方面，面临着激烈的区域竞争，法律制度较为成熟的世界知名贸易港凭借着法治化的营商环境与精准的目标定位，以完善的制度对接世界上最先进的贸易投资规则，保障货物、服务、资金、人员、信息、数据等要素流动自由化和便利化，汇集了全球大量的生产要素，吸引了大量的企业和人才；另一方面，由于自身产业基础较弱、人才紧缺、营商环境不够完善等劣势，海南自由贸易港尚未形成与高水平开放相适应的法治环境。因此，海南自由贸易港的法治建设仍需要从全局出发，借鉴国际自由贸易港的成功经验，不断深化海南自由贸易港的法治建设。

32年来，中国（海南）改革发展研究院坚持以“建言改革”为己任，积极为海南自由贸易港建设建言献策。基于前期研究成果及新形势下海南自由贸易港法治建设涉及的重大问题，我们撰写了《海南自由贸易港的法治保障》。全书由绪论和六章组成。绪论从促进海南自由贸易港的有序高水平对外开放、建设具有世界影响力的中国特色自由贸易港、推动海南自由贸易港成为连接中国市场与东盟市场的重要枢纽等三个方面阐述海南自由贸易港法治建设应当实现的目标。在此基础上，一至六章分别从立法安排、减少“边境上”的壁垒、减少“边境后”的壁垒、行政制度保障、司法保障与纠纷解决机制具体分析海南自由贸易港法治建设的要求与主要任务。

具体而言：第一章介绍了《中华人民共和国海南自由贸易港法》的制定背景、时代意义、重要目标以及主要内容，并分析如何以《中华人民共和国海南自由贸易港法》为基础构建海南自由贸易港法规体系；第二章从关税政策、投资自由便利制度、跨境服务贸易负面清单管理制度、海关监管体制与流动政策等方面分析“边境上”措施的现状与不足，并提出相应的建议；第三章则聚焦“边境后”，从知识产权、公平竞争、企业法人承诺制、数据跨境流动和市场监管机制等方面分析海南自由贸易港如何为营造良好的营商环境提供法治保障；第四章则从行政区划体制改革、法定机构改革、政府治理现代化、综合行政执法改革与行政争议解决机制等方面分析如何提供行政制度保障；第五章从司法保障角度阐述如何保证法律的有效实施；第六章从争议纠纷有效与高效解决角度，借鉴国内外经验，分析海南如何构建临时仲裁制度、数字仲裁机制与社会调解机制等。

本书引用参考了中改院课题组的材料，夏欣雨、唐伟然、钟玮琳参与了本书的部分编写，周青禾、陈佩华、符式钦、马文卓等同学参与了本书校对，郭文芹、郭达、陈薇、陈所华、刘铁奇等对本书的编辑给予了帮助，广东经济出版社给予了大力支持，在此一并感谢。

本书编写组

2023 年 10 月 9 日

目录

·绪 论·

·第一章·

· 第二章 ·

以减少“边境上”的壁垒为关键吸引全球要素向海南流动

· 第三章 ·

以减少“边境后”的壁垒为重点对标国际一流营商环境

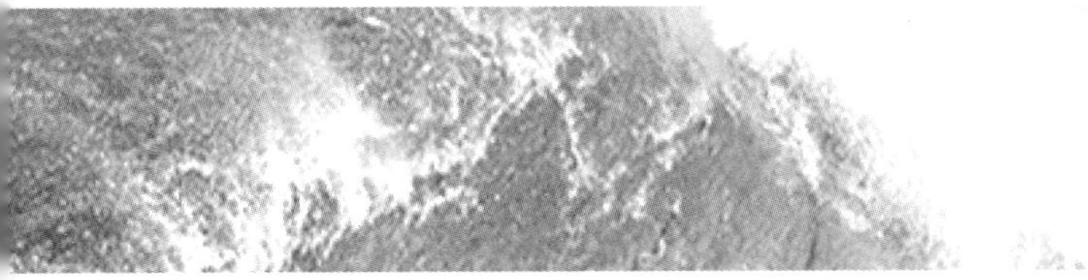

绪论

海南自由贸易港法治保障的战略目标

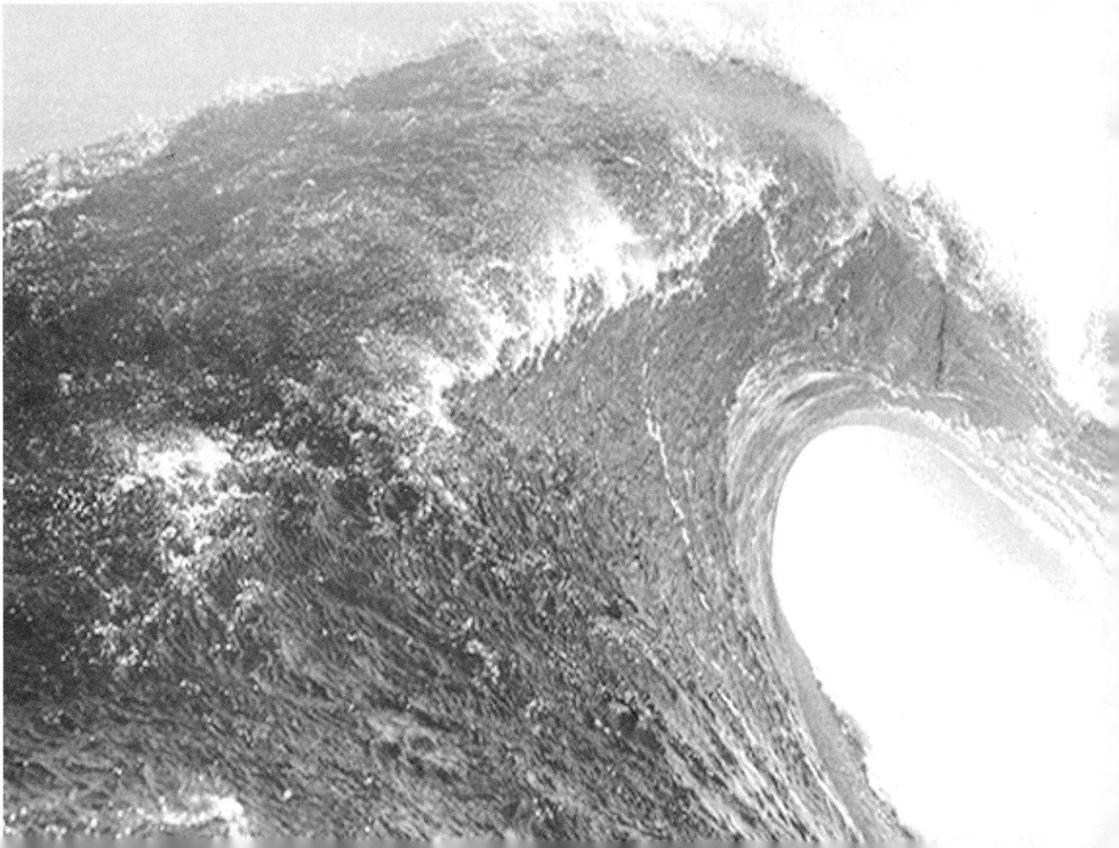

高水平开放既是自由贸易港的基本特征，也是海南自由贸易港的基本目标。将海南自由贸易港打造成为我国重要开放门户，成为我国深度融入全球经济体系的前沿地带，成为我国制度型开放的新高地，离不开透明、公平、安全的法治环境。首先，海南自由贸易港要以法治保障应对外部环境的挑战，促进自由贸易港的有序高水平开放；其次，海南自由贸易港的法治建设既要体现中国特色，还要借鉴世界先进经验，推动建设成为具有世界影响力的中国特色自由贸易港；同时，海南自由贸易港的法治建设还应当以《中华人民共和国海南自由贸易港法》为基础，在其规定的框架内完善法规体系，推动其高质量地实施。

一、促进海南自由贸易港的有序高水平对外开放

支持海南逐步探索、稳步推进中国特色自由贸易港建设，分步骤、分阶段建立自由贸易港政策和制度体系，是党中央着眼国内国际两个大局，深入研究、统筹考虑、科学谋划作出的战略决策。高水平开放是自由贸易港的本质特征，海南自由贸易港的法治建设，应做到以下几点：为自由贸易港有序、稳定的建设提供有力的保障；充分体现海南的区位优势，使得政策能够对接《区域全面经济伙伴关系协定》（Regional Comprehensive Economic Partnership，RCEP）规则，提高海南的区域竞争力；发挥背靠祖国内地的优势，促进与粤港澳大湾区的联动发展。

（一）大变局下开放环境成为海南自由贸易港营商环境建设的首要条件

1.以高水平开放应对外部环境变化的挑战。

目前，全球化面临严峻挑战，单边主义盛行。自俄乌冲突起，欧美对俄的全面制裁，标志着美国主导的单边主义直接挑战“二战”后建立的以联合国为核心的国际体系和以国际法为基础的国际秩序。俄乌冲突爆发后，大国之间原有的关系和本来就十分微妙的战略平衡被打破，芬兰、瑞典等国都抛弃了传统的中立姿态；传统意义的世界公共产品，如国际资金清算系统（SWIFT），被部分国家用作制裁他国的工具，对全球化的信心造成严重冲击；同时，经济全球化的制度根基被动摇，例如，取消最惠国待遇的制裁，实质是从多边关系退化到“二战”前的双边关系。

新中国成立以来，尤其是改革开放以来，中国的发展成就是在致力于维护世界和平与发展中取得的，是在以更大的开放拥抱发展机遇、以更好的合作谋求互利共赢中取得的，是在平等协商、求同存异、管控分歧、扩大共识中取得的。开放是最大的安全，是现代化的重要动力。从近代经济史看，没有哪个经济体能够在封闭中实现现代化。发展是解决一切问题的基础，是破解一切矛盾的保障，是我国保持战

略定力的条件。作为具有巨大发展潜力的经济大国，未来相当长一个时期，我们必须坚定不移推进高水平对外开放，以开放促改革、促发展、促转型，从而更好应对风险和挑战，推动经济高质量发展。

2.高水平开放是海南自由贸易港的本质要求。

高水平开放是国际知名自由贸易港的基本特征。如中国香港、新加坡都建立了高水平的自由贸易与经济制度，具有较为完善的市场经济制度、开放自由的市场环境。根据美国传统基金会发布的《经济自由度指数》，新加坡在2020—2022年连续3年独占榜首。

高水平开放是海南自由贸易港的基本目标。要将海南自由贸易港打造成为我国的重要开放门户，成为我国深度融入全球经济体系的前沿地带，成为我国制度型开放的新高地，就要以高水平开放做大海南自由贸易港市场流量。以开放促发展是岛屿经济体的基本经验，以开放促改革、促发展也是海南建省办经济特区30多年的基本实践。当前，市场流量不足成为制约海南自由贸易港建设的突出矛盾[1]，故而推进海南自由贸易港的高水平开放不仅是实践经验，也是现实需要。

（二）海南自由贸易港政策与RCEP规则的叠加

促进海南自由贸易港的有序高水平开放，一方面，要推动双“零关税”政策叠加的落实。首先，在海南自由贸易港提前落实我国在RCEP中对东盟国家的“零关税”商品承诺表，便利其他成员国经海南分享中国大市场。其次，率先在海南自由贸易港实行完全累积原则，支持企业在RCEP成员国的加工增值部分计入海南的增值部分，即企业在RCEP其他成员国和海南加工增值累计超过30%，即可以“零关税”进入内地市场。另一方面，需要实现海南自由贸易港服务贸易开放政策与

[1] 2021年，海南外贸依存度为27.3%，不仅低于全国（38.8%）水平，与新加坡、中国香港差距更大；实际使用外商直接投资占GDP的比重为3.5%，与新加坡25.5%（2019年）、中国香港18.5%（2019年）的水平有较大差距。

RCEP规则的叠加。《海南自由贸易港跨境服务贸易特别管理措施（负面清单）（2021年版）》共有70项限制措施，其中金融业方面的限制措施有17项，而《全面与进步跨太平洋伙伴关系协定》（CPTPP）缔约国均采取了更加精简的跨境服务贸易负面清单，与CPTPP相比，RCEP中各国对跨境服务贸易的开放度存在较大差距。要尽快将海南自由贸易港跨境服务贸易负面清单限制措施数量由70项缩减至30项左右。在2025年，形成与国际高标准经贸规则大体相当的跨境服务贸易负面清单，并通过完善国民待遇、标准互认、监管一致性等措施，破除各类模式下的“边境后”壁垒，成为我国融入全球服务贸易规则体系的最前沿。

（三）促进与粤港澳大湾区联动发展

按照《海南自由贸易港建设总体方案》关于“促进与粤港澳大湾区联动发展”的要求，2025年封关运作要把海南自由贸易港与粤港澳大湾区的地缘优势和发展优势相融合，为打造国内国际双循环市场交汇点创造至关重要的条件。粤港澳大湾区不仅经济发展水平全国领先，而且产业体系完备，集群优势明显，可以帮助缓解海南自由贸易港建设产业基础薄弱的突出矛盾，如缺乏产业集群、产业链条短等。强化与粤港澳大湾区联动发展，不仅有利于海南利用国内14亿人口大市场的经济腹地优势，也有利于发挥海南作为RCEP地理中心的优势，在畅通国内国际经济循环的同时，与粤港澳大湾区共同开拓东盟市场，促进有序高水平开放。

二、建设具有世界影响力的中国特色自由贸易港

（一）建设中国特色自由贸易港是海南服务国家重大战略任务的重要使命

海南要担负起国家重大战略任务，其重大使命就是要按照中央要求，探索建设中国特色自由贸易港。《海南自由贸易港建设总体方案》明确“支持海南逐步探索、稳步推进中国特色自由贸易港建设，分步骤、分阶段建立自由贸易港政策和制度体系”。党的十九大报告明确提出，“赋予自由贸易试验区更大改革自主权，探索建设自由贸易港”。因此，海南的法治发展要服务于国家的重大战略任务，在国际国内形势发生深刻复杂变化的背景下，通过中国特色自由贸易港建设走出一条高质量发展的路子。

（二）建设具有世界影响力的中国特色自由贸易港要体现中国特色

海南自由贸易港的建设，是中国特色社会主义制度框架下的探索实践与开拓创新，是社会主义市场经济的重要组成部分。在海南自由贸易港建设中应体现“中国特色”：一是加强党的领导；二是坚持社会主义基本制度；三是坚守政治体制的基本框架。在此前提下，按照习近平总书记提出的“坚持开放为先”“以制度创新为核心”的要求[1]，创新海南自由贸易港的管理体制，为推动海南建设成为新时代全面深化改革开放的新标杆、打开改革开放新格局提供强有力的体制保障。

（三）建设具有世界影响力的中国特色自由贸易港要对标国际高标准

1.对标中国香港、新加坡、迪拜等国际公认的自由贸易港。

实行高水平贸易和投资自由化便利化政策，实现货物、服务、资金、人员、信

[1] 习近平：《在庆祝海南建省办经济特区30周年大会上的讲话》，《人民日报》2018年4月14日第2版。

息等要素流动自由化和便利化是国内外自由贸易港的基本经验。因此，海南自由贸易港的法治建设，在管理体制方面要按着“境内关外”的基本原则，以对标国际自由贸易港的一般规则为基本要求；在内外贸、投融资、财政税务、金融创新、出入境等方面，应探索更加灵活的政策体系、监管模式、管理体制。

2.对标世界最新及未来最高水平的经贸规则。

适应全球经贸规则变化升级趋势，率先在海南探索实施“零关税、零壁垒、零补贴”，全面取消贸易和投资壁垒，为我国更好参与国际贸易与投资规则重构开展高强度压力测试；大胆借鉴并率先实施国际最新投资贸易协定相关条款，尽快开展电信、环保、劳工、政府采购、知识产权保护等领域的先行先试。海南自由贸易港管理体制创新，要为对标全球未来最高开放水平预留制度空间。

（四）建设具有世界影响力的中国特色自由贸易港要服务于打造“两洋”门户的战略目标

1.把海南打造成为我国面向太平洋和印度洋的重要对外开放门户是中央明确赋予海南自由贸易港的重大战略定位。

2018年4月13日，中共中央总书记、国家主席、中央军委主席习近平在庆祝海南建省办经济特区30周年大会上发表重要讲话：“海南要利用建设自由贸易港的契机，加强同‘一带一路’沿线国家和地区开展多层次、多领域的务实合作，建设21世纪海上丝绸之路的文化、教育、农业、旅游等交流平台，在建设21世纪海上丝绸之路重要战略支点上迈出更加坚实的步伐。”[1]因此，海南自由贸易港的法治建设，要服务于把海南打造成为我国面向太平洋和印度洋的重要对外开放门户这一重大战略定位。

2.把加快构建“泛南海经济合作圈”作为海南自由贸易港的战略使命。

[1] 习近平：《在庆祝海南建省办经济特区30周年大会上的讲话》，《人民日报》2018年4月14日第2版。

充分发挥海南地处太平洋和印度洋要冲的独有区位和地理优势，以自由贸易港为平台，加快构建“泛南海经济合作圈”，以经济合作促进政治安全，使海南成为“联通陆海、贯通南北、衔接带路、联系内外”的重要枢纽，进一步提升我国在泛南海区域中的经济、政治、安全治理话语权，维护并巩固来之不易的南海缓和局面。因此，推进海南自由贸易港法治建设，要重点在面向泛南海的服务业市场双向开放、高标准国际化投资管理体制和营商环境、深化物流和航运的对外开放、创新监管模式等方面先行先试，由此推动泛南海高标准、高质量自由贸易网络的形成。

三、推动海南自由贸易港成为连接中国市场与东盟市场的重要枢纽

海南是我国最早对外开放的地区，是古代海上丝绸之路的必经之地和战略要地，也是重要的补给基地，在世界海洋文明中占据重要地位。从地理位置看，海南是中国-东盟自由贸易区的腹地，是连接东北亚和东南亚的地理区域中心，与越南、菲律宾、文莱、马来西亚、新加坡和印度尼西亚等东南亚国家隔海相望；从人文联系看，目前有300多万琼籍华人华侨聚居在东南亚各地，200多个东南亚华人华侨组织与海南保持着经常性友好往来。在亚太区域政治经济格局发生某些重要变化、泛南海区域形势日益严峻的背景下，海南独特的地理位置和战略地位，决定了海南在融入和服务国家重大战略中可以发挥独特作用。

因此，海南自由贸易港的法治建设要充分考虑国家重大发展战略。当前，面对经济全球化逆潮挑战，面对复杂多变的南海形势，与东南亚国家的交流与合作既具有现实性又具有迫切性。未来5—10年，中国14亿人口的巨大内需市场潜力释放将为包括东南亚在内的全球经济注入重要动力。而海南地处“泛南海经济合作圈”中心位置，具有自然资源丰富、地理区位独特，以及背靠超大规模国内市场和腹地经济等优势；同时，海南自由贸易港能够凭借其独特的政策与制度优势，对标国际一

流营商环境，实行高水平贸易和投资自由化便利化政策。因此，建设海南自由贸易港，就是要充分发挥其在连接两个市场、两种资源中的重要门户作用，尤其是要促进东南亚国家与中国双循环发展的有效对接。

海南自由贸易港应当以务实举措尽快实现与东南亚国家交流合作的重要突破，完善法律法规体系，为连接东南亚市场提供法治保障。首先，要以健全的法律法规体系保障海南自由贸易港成为中国与东盟国家商品与要素双向流动的大通道，完善“零关税”“原产地规则”等规定，鼓励支持东南亚企业围绕农产品加工、旅游商品、新能源设备、医疗器械、通信设备、工业机器人的加工制造等在海南投资设厂；以法律法规的建设推动服务贸易自由便利，强化服务业管理标准规则对接，积极引进优质的旅游、医疗健康、文化娱乐等资源，共同服务国内服务型消费大市场。其次，推动海南自由贸易港成为连接中国与东盟国家优质要素的中转、交易、配置大平台，为共建国际数据交易所、建立知识产权交易所等提供法律支撑。再次，海南自由贸易港要尽快实现与东盟国家经贸合作的重要突破，完善数字经济相关规则，支持我国及东南亚国家的企业在海南设立区域性总部，并以此为基地共同开拓区域内大市场，支持旅游、农业、医疗健康、数字经济、研发设计等领域的企业共同打造发展联盟，推进实现资格互认、资源共享。

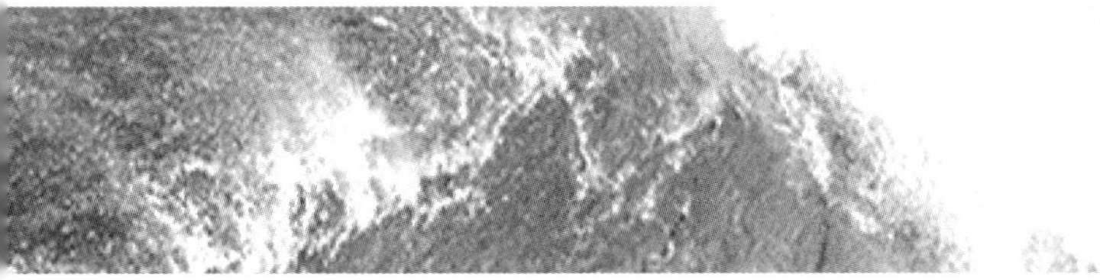

第一章

形成以《中华人民共和国海南自由贸易港法》为基础的立法安排

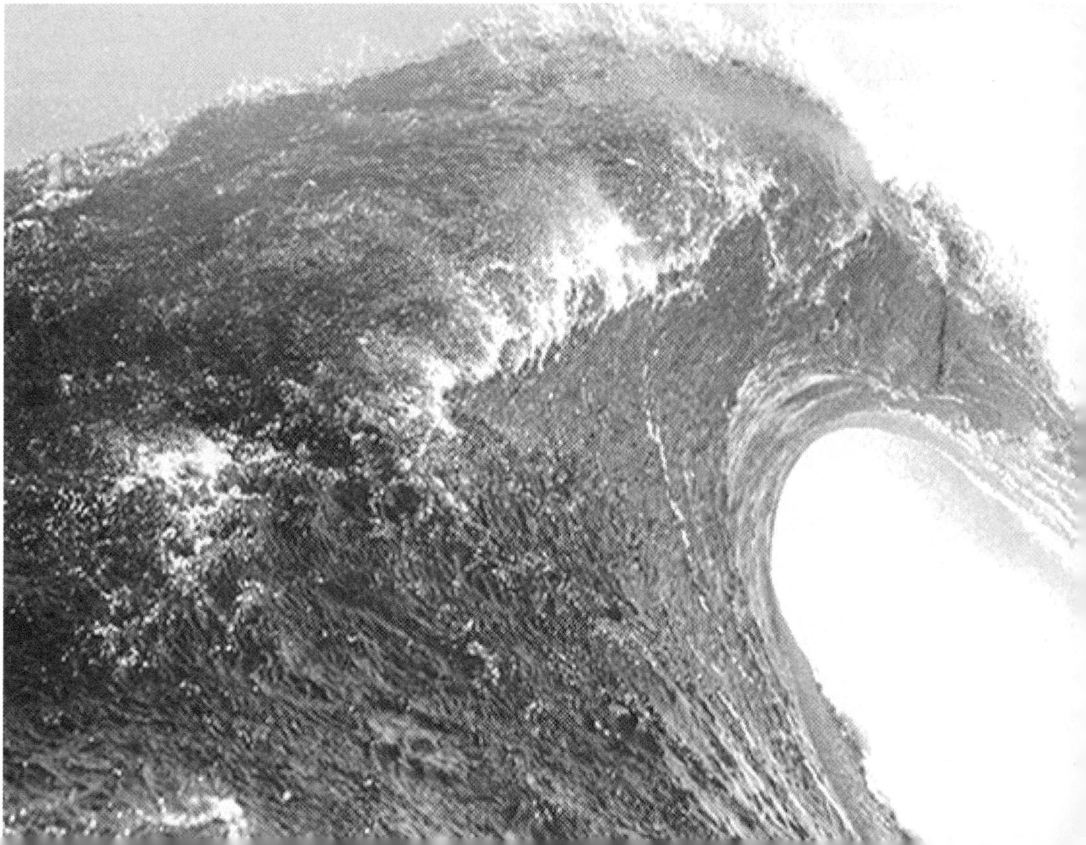

2021年6月10日，《中华人民共和国海南自由贸易港法》正式颁布实施，在国家立法层面为海南自由贸易港建设作出一系列制度安排，确保海南自由贸易港建设在法治轨道上行稳致远。自《中华人民共和国海南自由贸易港法》公布实施以来，在全国人大常委会的指导支持和中共海南省委领导下，海南省人大常委会用好用足《中华人民共和国海南自由贸易港法》赋予的立法授权，坚持立法决策与改革决策精准有效衔接，突出制度集成创新，做好国际高标准经贸规则与中国特色、海南特色相衔接的制度设计，高效有序推进自由贸易港法规体系建设。

然而，在《中华人民共和国海南自由贸易港法》颁布之后，海南便面临着一个较大的挑战——各个区域的制度竞争。一方面，中国香港、新加坡、迪拜等知名世界自由贸易港凭借其成熟的法律法规体系与优越的营商环境吸引了众多的企业；另一方面，中央在国内批准的上海、深圳等一批改革的先行示范区、引领区与试验田各自凭借其地理位置、产业基础不断扩大优势。海南虽然从政策享受的力度和立法权的角度来说优势明显，但存在产业基础较弱、人才紧缺、营商环境不够完善等劣势，故当前处于激烈的区域竞争之中。需要加快贯彻落实《中华人民共和国海南自由贸易港法》，持续优化海南自由贸易港的营商环境，让海南在区域竞争中占据有利地位。

第一节

《中华人民共和国海南自由贸易港法》的制定背景

近年来，百年未有之大变局加速演进，全球政治、经济、安全格局深刻调整，世界进入动荡变革期，发展与冲突逐步成为全球面临的突出矛盾，和平赤字、发展赤字、安全赤字、治理赤字加重，人类社会面临前所未有的挑战。面对不断增多的外部矛盾风险因素，我国坚持推进高水平对外开放，积极构建以国内大循环为主体、国内国际双循环相互促进的新发展格局。

一、新形势下海南自由贸易港的战略区位优势进一步凸显

（一）亚太地区在世界经济政治格局调整中的作用和地位明显提升

一方面，亚太地区经济体量和贸易量在全球占比不断提升，并成为拉动世界经济增长的重要动力。亚太经合组织（APEC）涵盖的21个经济体，总人口接近29.5亿，2021年全球GDP的62%和全球贸易的48%都来自这些地区。1989—2021年，实际GDP从19万亿美元飙升至52.8万亿美元。同期，亚太地区居民的人均收入增长了4倍，数以百万的人口摆脱了贫困，中产阶级的规模也在30年左右的时间里不断扩大。通过拉近区域间的距离，消除贸易壁垒，以及协调法规差异，APEC促进了区域内贸易的蓬勃发展。这些地区的平均关税率从1989年的17%降至2021年的5.3%。

在此期间，APEC区域内的商品贸易总额增长了9倍多，其中超过2/3的贸易是在各成员经济体之间进行的，这一增长速度远超世界其他地区[1]。

（二）东盟已经成为全球及中国投资合作的重点

1.东盟已成为全球投资者关注的重点。

2020年，东盟在全球的外国直接投资（FDI）的占比从2019年的11.9%上升到13.7%[2]，FDI流入量是2008年全球金融危机期间的2倍多，是2023年前后平均水平的近5倍。东盟亦是国际项目融资的重要目的地，主要是基础设施方面，尽管2020年有所减弱，但与2015—2017年相比，2018—2020年东盟国际项目几乎翻番，年均投资额从370亿美元升至740亿美元，占全球份额从7.9%升至12.5%。

2.东盟已成为中国对外投资的重点。

2016—2020年，中国对东盟直接投资额年均增长6.4%，成为东盟第二大外资来源国。《中国-东盟经贸合作企业信心与展望调研报告》显示，超过50%的受访中国企业将开拓东盟贸易作为重要的未来商业战略，有46%的受访中国企业计划在3年内对东盟开展投资；在更长的时间跨度下，则有66%的受访中国企业表达了投资东盟的意向，获取东盟市场和战略多元化配置是相关意向的核心驱动力。中国企业未来在东盟的经营计划如图1-1所示。

[1] 数据来源：APEC。

[2] 数据来源：商务部。

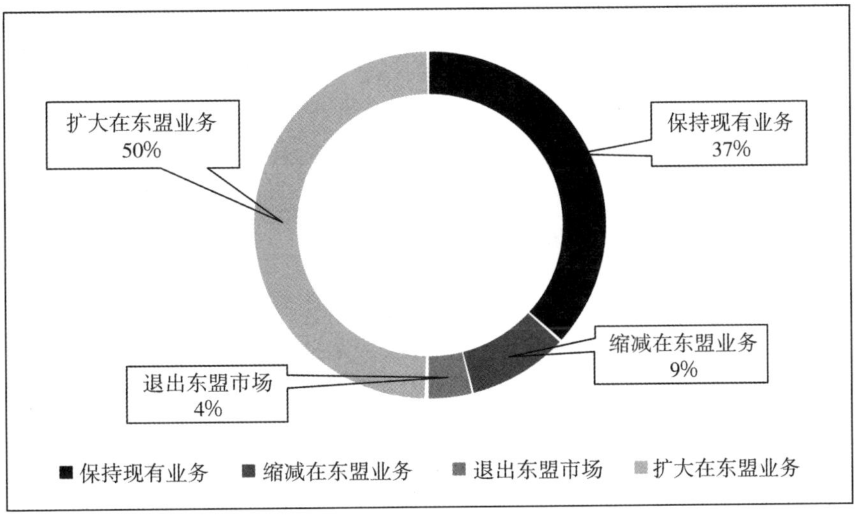

图1-1　中国企业未来在东盟的经营计划

（三）海南是连接东北亚和东南亚的区域中心

从RCEP成员国地理分布看，海南位于区域中心位置（见图1-2）。向北通过海陆空与中国内地紧密相连。向东、向南与东亚两国、东盟10国、澳大利亚和新西兰通过航空与海运便捷地连接。作为中国的重要开放门户，从海南出发，4小时飞行可以覆盖亚洲21个国家和地区，覆盖世界47%的人口和30%的GDP；8小时飞行可以覆盖亚洲、大洋洲和欧洲、非洲等59个国家和地区，覆盖世界67%的人口和41%的GDP。

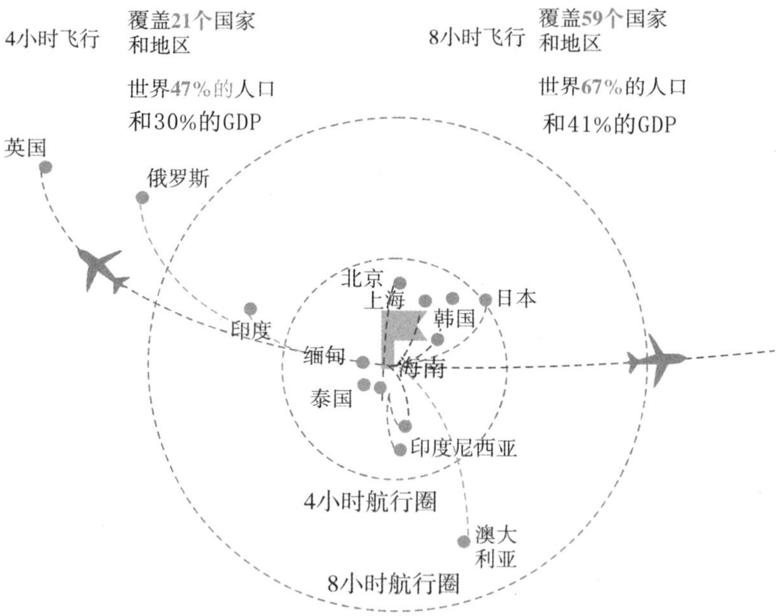

图1-2　海南地处RCEP中心位置

资料来源：《顶层政策支持！大有可为！海南自由贸易港政策讲解2023年》，引自网易网。

二、打造开放合作的重要平台成为稳定南海及周边地区形势的需要

（一）打造稳定的周边环境是确保海南自由贸易港重要开放门户战略目标实现的基本要求

《海南自由贸易港建设总体方案》明确提出，将海南自由贸易港打造成为“重要开放门户”，并要求“加强与东南亚国家交流合作”。从现实看，不仅声索国以“固权、索权”为特征的单边行动时有发生，而且美国围绕南海地缘政治利益争夺而对中国进行的挑衅不断加剧，日本、澳大利亚、英国等国在美国主导的各类双边和多边机制中，也从外交和军事层面介入南海事务或扩大在南海的军事存在，成为搅动南海形势的一个重要变量。未来几年，若南海形势日渐趋稳，并以推进“南海

行为准则”（COC）为重点的地区秩序建设取得重要进展，则海南自由贸易港建设和区域合作就会有一个稳定的地区环境；若南海形势进一步严峻，则海南自由贸易港建设就会受到较大的干扰。

（二）开放合作是稳定周边形势的务实举措

着眼于当前和今后南海问题的全方位较量态势，我国的突出优势在经济领域，战略筹码更多集中在经济领域，可施展的更大空间也在经济领域。纵观国际上绝大部分领土争端问题的解决案例，最终的治本之策仍然是经济与利益融合之道，即通过经济合作手段，对有关争端方的利益诉求作出妥善安排，从而彻底平息争端。

（三）海南有条件以开放合作促进周边形势稳定

从夏威夷岛、济州岛、巴厘岛等世界知名岛屿发展经验看，岛屿的开放水平越高，对周边区域的辐射带动能力就越强，在地区政治、经济、文化及国际事务中的作用就越大。以打造世界最高水平开放形态为基本要求的海南自由贸易港，发挥海南岛扼守太平洋和印度洋海上要冲的区位优势和地理优势，将以海南自由贸易港为开放合作平台，以开放增进交往，以交往带动合作，以合作促进发展，不断扩大人员往来与交流，增多区域内国家经济利益交汇点，强化各方利益联结纽带，进而增进有关国家间政治安全互信，促进南海地区安全局势。

三、国内国际双循环背景下世界经贸格局发生变化

（一）未来几年吸引欧美资本的难度明显增大

2020年，我国来自美、英、法、德、澳5个国家的外商直接投资额仅占我国外商直接投资总额的3.82%（见表1-1）。此外，东盟国家依托自身成本优势、开放

政策和良好的发展势头，成为吸引全球投资的主要区域。

表1-1 2020年来自美、英、法、德、澳5个国家的外商直接投资额占我国外商直接投资额总额的比例

排名	国家	投资占比
1	美国	1.60%
2	德国	0.94%
3	英国	0.68%
4	法国	0.36%
5	澳大利亚	0.24%

数据来源：2021年中国统计年鉴。

（二）发挥背靠国内14亿人口大市场优势

一方面，在有效服务国内居民消费回流、打造国内居民国际化消费重要承接地的同时，积极吸引全球资金、人才、技术等生产要素，服务国内大循环，并在国内企业、资金、人才等“走出去”中发挥平台功能和服务作用；另一方面，依托国内14亿人口大市场，发挥海南自由贸易港制度优势与政策优势，使以东盟为重点的更多产业以海南自由贸易港为平台融入我国双循环发展体系。由此，使国内国际两个市场更深程度连接融合，使海南在服务双循环相互促进中发挥更大作用。

（三）努力成为国内国际双循环的重要交汇点

1.成为中国与东盟市场的连接点。

吸引更多的东盟区域内高质量企业来琼投资，并发挥海南自由贸易港“重要跳板”功能，服务促进国内具有突出比较优势的产能对外投资，联手打造分工合理、稳定安全的区域性产业链与供应链。更加重视国内与东盟市场规则与服务体系的衔接互认，推进商品通关及跨境要素自由便利，推动农业、旅游、健康医疗、金融保险、文化娱乐、航运物流、免税购物、高新技术等商品与服务市场的全面融合。

2.成为促进中国与东盟要素双向流动、优化配置的枢纽集散点。

依托海南地处我国面向东盟的最前沿以及背靠超大规模国内市场和腹地经济等

优势，用好运输来往自由便利及“零关税”、加工增值货物内销免征关税等政策，强化物流体系建设及与东盟国家口岸间的协调合作，提升海南自由贸易港在中国–东盟跨境供应链的促进、服务作用。积极吸引国内外跨境要素在海南自由贸易港内中转、交易、配置、集聚，提升海南自由贸易港在中国–东盟产业链、价值链、创新链的服务管理功能。

3.成为国内与国际高水平经贸规则的对接点。

按打造最高水平开放形态的基本要求，率先全面落实RCEP经贸规则，争取支持开展CPTPP规则的压力测试，突出海南自由贸易港在服务贸易、数字贸易、竞争中性、环境保护等领域的规则探索，使海南自由贸易港尽快成为我国深度融入全球经济体系的前沿地带，并在引领部分经贸规则制定中发挥重要牵引作用。

四、《中华人民共和国海南自由贸易港法》制定的历史沿革

在海南建设中国特色自由贸易港，是习近平总书记亲自谋划、亲自部署、亲自推动的改革开放重大举措。2018年以来，《中共中央 国务院关于支持海南全面深化改革开放的指导意见》和《海南自由贸易港建设总体方案》先后印发，各部委关于海南自由贸易港建设的政策密集出台。但相较于法律，政策的权威性不够高，市场投资者对权益保障力度仍存有疑虑，且建设中国特色自由贸易港没有先例可循，海南肩负着为新一轮改革开放探路的重任，改革开放越是深入，越需要法治保障。在此背景下，全国人大常委会委员王超英表示：“制定海南自由贸易港法，是从国家立法层面为海南自由贸易港实现制度创新、系统协调推进改革提供法律基础的实际需要。”[1]

[1] 凌广志、刘邓：《海南自由贸易港法：为什么立？有什么用？》，《瞭望》2021年第29期。

（一）启动立法调研

2019年两会期间，海南代表团向十三届全国人大二次会议提交了关于制定《中华人民共和国海南自由贸易港法》的议案，此议案被受理为大会二号议案。2019年3月15日，启动海南自由贸易港法立法调研起草工作被写入全国人大常委会工作报告。2019年3月25日，海南省委召开专题会议，正式启动海南自由贸易港法立法调研前期工作。为更好地推进立法，海南省人大常委会先后组织召开省直单位座谈会、专家学者座谈会和有关企业座谈会，就有关立法需求进行研讨论证；派出工作组赴海南博鳌乐城国际医疗旅游先行区、三亚等地调研，听取各方面立法建议；还与4所高等院校合作开展自由贸易港立法课题研究。

全国人大常委会高度重视这项立法工作，将制定《中华人民共和国海南自由贸易港法》列入立法工作计划，成立了由王晨副委员长担任组长的《中华人民共和国海南自由贸易港法》立法调研小组，并于2019年9月18—19日在海南就《中华人民共和国海南自由贸易港法》进行立法调研。调研小组通过召开座谈会听取海南自由贸易港法治建设情况介绍，研究推进相关立法工作，并前往海口综合保税区、免税店等处进行调研。王晨指出，支持海南全岛建设自由贸易试验区，支持海南逐步探索、稳步推进中国特色自由贸易港建设，分步骤、分阶段建立自由贸易港政策和制度体系，是党中央作出的重大决策部署。制定《中华人民共和国海南自由贸易港法》，充分发挥法治的引领、推动、规范和保障作用，对于营造国际一流的自由贸易港法治环境意义重大，彰显了我国扩大对外开放、推动经济全球化的信心和决心，也向世界传递出中国海南将对标世界最高水平开放形态、建设中国特色自由贸易港的强烈信号。

（二）列入立法计划

2020年5月20日，全国人大常委会工作报告提出，加强重要领域立法，围绕推动高质量发展，制定《中华人民共和国长江保护法》《中华人民共和国海南自由贸易港法》等。2020年6月1日，《海南自由贸易港建设总体方案》出台，指出海南自由贸易港的实施范围为海南岛全岛；要求对标国际高水平经贸规则，解放思想、大胆创新，聚焦贸易投资自由化便利化，将海南自由贸易港打造成为引领我国新时代对外开放的鲜明旗帜和重要开放门户。海南自由贸易港建设有了详细“路线图”和“施工图”，这项重大战略将进入全面实施阶段。

（三）形成并审议立法草案

作为一部为中国特色自由贸易港建设提供法治保障的原则性、基础性法律，海南自由贸易港法的立法受到全国人大常委会的高度重视。在全国人大常委会立法调研小组的领导下，起草工作由全国人大常委会法工委承担，具体工作部门为全国人大常委会法工委经济法室、国家法室。全国人大常委会立法调研小组多次听取汇报、召开座谈会并多次赴海南调研，听取对立法工作的意见和建议。2019年9月、2020年9月，王晨两次带队到海南就制定《中华人民共和国海南自由贸易港法》进行调研，听取多方意见，了解实践需求，扎实推进立法工作。

全国人大常委会法工委相关负责人指出，在制定该法时，主要遵循四项基本原则：一是及时将习近平总书记关于海南自由贸易港建设的指示精神和党中央关于海南自由贸易港建设的决策部署法律化、制度化；二是坚持《中华人民共和国海南自由贸易港法》的原则性、基础性定位；三是体现中国特色和借鉴国际经验相结合；四是在保证国家法制统一的前提下赋予海南更大改革自主权。

为了保障立法的高效、高质，全国人大常委会法工委还专门成立起草工作专班。一方面，“走出去”。加强与国家发改委、商务部、海关总署、国家移民局等部门的沟通交流，多次与国务院有关部门和海南省共同研究，国家发改委、商务部、海南省分别提出草案建议稿。另一方面，“请进来”。在起草过程中，将草案拆分成专题，邀请相应部门有关人员来座谈交流。起草工作专班先后两次来琼调研，深入一线园区，听取各方面的立法需求和意见建议，并就法律具体内容、相关条款与海南省有关部门座谈，反复论证，形成共识。

在海南自由贸易港建设中，市场主体是核心组成部分。立法过程中，除了面向社会进行了两次意见征询外，在2021年1月全国人大宪法和法律委员会、全国人大常委会法工委联合召开的座谈会上，以及同年5月召开的法律草案通过前评估会上，全国人大常委会法工委特别邀请国企、民企和律师事务所等市场主体参加座谈，从他们的切实需求出发，听取大家对于法律草案的意见和建议。起草过程中，与相关部门逐条、逐句、逐字推敲成为起草工作专班的工作常态。

为加快立法进度，全国人大常委会同多个部门高效协作，最终推动形成草案，提请审议。《中华人民共和国海南自由贸易港法（草案）》提请2020年12月下旬召开的十三届全国人大常委会第二十四次会议初次审议，于十三届全国人大常委会第二十八次会议进行二次审议。2021年6月10日，在十三届全国人大常委会第二十九次会议上，《中华人民共和国海南自由贸易港法》经表决获得全票通过，充分体现了国家对《中华人民共和国海南自由贸易港法》的重视，多方的积极参与也使得《中华人民共和国海南自由贸易港法》高效形成。《中华人民共和国海南自由贸易港法》为海南自由贸易港的建设提供了充分的法治保障。

第二节

制定《中华人民共和国海南自由贸易港法》的时代意义

法律的支撑与保障是我国自由贸易港改革发展的重要基础[1]。党的十八届四中全会将“重大改革于法有据”作为我国改革法治化的要求，这为自由贸易港的改革提供了明确的路径指引。自由贸易港的建设需要一系列明确、透明、公正且与国际制度接轨的法律规则，这些规则是推动将海南建设成为新时代全面深化改革开放标杆的基础。与传统自由贸易区对外开放的程度不同，自由贸易港是开放程度最高的自由贸易试验区。中国自由贸易试验区在各区实践中碰到的一些共性问题，主要有法治保障的滞后性、部门协同的被动性、改革深度的限制性[2]。自由贸易港除了货物的自由流通以外，还需要进行投资自由、人员流动、信息流动、法律制度、监管模式、运行方式等在内的全方位变革。因此，传统自由贸易区的法律规范在适用范围和效果上难以满足自由贸易港的发展需求，这就迫切地需要一部新的法律规范来解决上述问题，从而确保各个政策的权威性和稳定性，保障各个部门的系统性与协调性。况且，海南自由贸易港本身的发展水平不高，产业、人才、技术对外的依赖程度较高，一部高质量的立法可以对上述问题的解决起到保驾护航的作用。

[1] 饶常林、常健：《我国自由贸易区（港）的模式转变与法治一体建设》，《行政管理改革》2019年第5期。

[2] 王崇敏、曹晓路：《法论海南自由贸易港》，海南出版社，2021。

一、海南自由贸易港建设的“基本法”

《中华人民共和国海南自由贸易港法》具有“母法”或“基本法”、授权法、框架法、创新法等突出特点，明确规定了中央关于海南自由贸易港建设的政策与制度体系，并对海南自由贸易港长远建设中涉及的重大关系作出相关法律规定，从国家立法层面为海南自由贸易港提供法律保障。这是海南自由贸易港建设的最大优势。

（一）《中华人民共和国海南自由贸易港法》是全国人大首次为内地某一经济区域单独立法

在海南之前，全国人大仅对香港和澳门两个特别行政区实行了单独立法，没有对内地某一经济区域单独立法。上海浦东新区则是由全国人大授权上海市人大进行立法。《中华人民共和国海南自由贸易港法》是全国人大常委会行使国家立法权开展的立法实践，从国家立法层面确定了海南自由贸易港的法定地位，在海南自由贸易港建设中居于除宪法外的最高法律位阶和法律效力，一切与海南自由贸易港建设相关的主体、行为等都应遵守本法。应当说，《中华人民共和国海南自由贸易港法》是海南自由贸易港建设的最大优势。

（二）《中华人民共和国海南自由贸易港法》对海南长远建设中涉及的重大关系作出相关法律规定

1.协调中央与地方的关系。

作为国家层面的立法，《中华人民共和国海南自由贸易港法》的落实主体不仅包括海南省，还包括与自由贸易港建设相关的中央部门。《中华人民共和国海南自由贸易港法》第六条明确规定：“……国务院发展改革、财政、商务、金融管理、海关、税务等部门按照职责分工，指导推动海南自由贸易港建设相关工作。”第七条指出："……国务院及其有关部门根据海南自由贸易港建设的实际需要，及时依法授权或者委托海南省人民政府及其有关部门行使相关管理职权。"以充分授权打破现行体制与政策之间的矛盾，强调对海南实施一揽子法律法规授权，以使海关、财税、金融等重要制度创新尽快取得重大突破。

2.明确海南自由贸易港建设的领导机制。

《中华人民共和国海南自由贸易港法》第六条指出，"国家建立海南自由贸易港建设领导机制，统筹协调海南自由贸易港建设重大政策和重大事项"，并强调"海南省应当切实履行责任，加强组织领导，全力推进海南自由贸易港建设各项工作"。赋予海南省在自由贸易港建设中的统筹地位，并就具体事项形成了包含发展改革、财政、商务、金融管理、海关等中央部门与海南省的职责分工。

3.协调政策法规与法律的关系。

《中华人民共和国海南自由贸易港法》第二条明确海南自由贸易港建设和管理活动适用该法，意味着《中华人民共和国海南自由贸易港法》是聚焦海南自由贸易港建设的特别法，具有优先适用性。

（三）《中华人民共和国海南自由贸易港法》为海南自由贸易港的"1+N"法律法规体系的建设提供基本依据

《中华人民共和国海南自由贸易港法》分别就推进贸易自由便利、推进投资自由便利、完善财政税收制度、加强生态环境保护、促进产业发展与加强人才支撑等多个方面作出了规定。颁布实施以来，海南不断建立健全与国家法律法规体系相配套、与国际惯例相接轨、与自由贸易港建设相契合的自由贸易港法规体系，在特殊税制及贸易投资、跨境资金流动、人员进出、运输来往自由便利和数据安全有序流动等方面取得了一定的进展。

目前，海南自由贸易港形成了"1+7+N"的主干框架。"1"是《中华人民共和国海南自由贸易港法》，"7"是特殊税制及贸易投资、跨境资金流动、人才发展、运输来往便利和数据安全流动，“N”是生态环境、产业发展、土地管理、社会信用、风险防范等方面的法规规章（如附件所示）。在贸易领域，海南先后出台了《海南自由贸易港跨境服务贸易特别管理措施（负面清单）（2021年版）》《海南自由贸易港药品进口便利化若干规定》等法规，进一步推动海南自由贸易港的贸易自由化便利化；在投资领域，《中国（海南）自由贸易试验区重点园区极简审批条例》《海南自由贸易港优化营商环境条例》《海南自由贸易港外商投资准入特别管理措施（负面清单）（2020年版）》等有利于激发市场主体活力，吸引更多投资者来琼投资；在生态环境保护领域，海南通过《海南自由贸易港生态环境保护考核评价和责任追究规定》《海南省碳达峰实施方案》等践行“绿水青山就是金山银山”的理念；在产业发展领域，《海南自由贸易港游艇产业促进条例》《关于海南自由贸易港鼓励类产业企业实质性运营有关问题的补充公告》《海南省关于加快区块链产业发展的若干政策措施》《关于促进海南热带特色农业外贸发展的若干措施》等多管齐下，根据重点产业的特点与需求，加快推动其创新发展；在人才领域，海南颁布了《海南自由贸易港高层次人才分类标准（2020）》《海南自由贸易港外籍“高精尖缺”人才认定标准（2020—2024年试行）》《海南自由贸易港聘任境外人员担任法定机构、事业单位、国有企业领导职务管理规定（试行）》《吸引留住高校毕业生建设海南自由贸易港的若干政策措施》等规定，建立健全人才的认定与服务管理体系，引进培养适应海南自由贸易港建设需要的高层次人才。

二、推进高水平开放的法律保障

（一）《中华人民共和国海南自由贸易港法》的出台是推进高水平对外开放的又一重要法治标志

在我国推进高水平对外开放的进程中，有两部法律具有里程碑意义：一是《中华人民共和国外商投资法》。新的《中华人民共和国外商投资法》废止了原来的“外资三法”，确立了国民待遇加负面清单的管理方式。二是《中华人民共和国海南自由贸易港法》。《中华人民共和国海南自由贸易港法》不仅推进了高水平的对外开放，而且推进了制度型开放。《中华人民共和国海南自由贸易港法》与《中华人民共和国外商投资法》共同成为我国对外开放的重要标志性法律。

（二）《中华人民共和国海南自由贸易港法》的出台是我国处理改革与法治关系的一次成功有效的探索

党的十八大以来，我国开启了全面深化改革进程，并作出了“全面依法治国”的战略部署。在推进现代化的过程中，如何处理好改革与法治的关系始终是一个在理论上和实践上都十分复杂的问题。对此，习近平总书记提出了一系列的观点指导我们正确处理改革和法治的关系。他指出：改革和法治如鸟之两翼、车之两轮。我们要坚持走中国特色社会主义法治道路，加快构建中国特色社会主义法治体系，建设社会主义法治国家[1]。《中华人民共和国海南自由贸易港法》把我国对外开放中涉及的一系列改革问题，通过法律规范进行改革，应当说意义重大。以一部整体法规的形式推进改革，是我国一次成功的尝试。

（三）《中华人民共和国海南自由贸易港法》的出台使我国形成了具有国际竞争力的开放政策与制度安排的法律保障

2018年以来，海南逐步推进以贸易投资自由便利为主线的制度创新进程。但总体看，仍然存在制度创新成果“碎片化”、改革创新整体效应不高的突出矛盾。在这个背景下，海南省依据《中华人民共和国海南自由贸易港法》的要求逐步推进投资贸易自由化便利化，提高开放政策与制度安排的国际竞争力，持续优化海南自由贸易港的法治营商环境。

[1] 习近平：《在庆祝中国共产党成立95周年大会上的讲话》，《求是》2021年第8期。

1.自由贸易港政策体系逐步建立。

以“零关税、低税率、简税制”和“五自由便利、一安全有序流动”为主要特征的180多个自由贸易港政策文件落地生效，《中华人民共和国海南自由贸易港法》颁布实施，“零关税”清单、企业和个人15%所得税、加工增值内销免关税等政策使经营主体受益。

2.制度创新取得初步成果。

累计发布134项制度创新案例，其中8项被国务院向全国复制推广，6项得到国务院大督查表扬，“中国洋浦港”船籍港、“南繁种业”知识产权特区等成为海南独有的创新成果。极简审批成为全国标杆。率先探索“承诺即入制”“准入即准营”改革，告知承诺数量全国第一。建立“土地超市”制度，破解“项目等土地”难题。

3.高水平开放压力测试积极推进。

锚定2025年年底前全岛封关运作的总目标，制定实施全岛封关运作准备工作任务清单、项目清单、压力测试清单“三张清单”。31个封关硬件项目在2023年年底实现主体完工。加快推动“封关画像”，启动海关监管办法、进口征税商品目录、销售税改革方案等30多项封关制度设计工作。第一批27项政策压力测试事项有序推进，洋浦保税港区相关政策逐步扩大到洋浦经济开发区，压力测试力度不断加大。

三、应对贸易保护主义的重要尝试

近年来，西方发达国家为应对经济危机而追求国家利益，维护经济霸权，是民粹主义在其间掺杂，引发“逆全球化运动”，致使贸易保护主义在全球范围内抬头。这会使我国国内的市场竞争良性发展受挫，从而阻碍产品、技术、服务的优化与升级，进一步降低我国市场的竞争力，在对外经贸合作上也难以取得理想的效果。正是基于上述国际形势，我国需要积极采取应对措施，持续深化改革、推动开放型经济体制的建设，不断提升我国的竞争力，并加强与各国之间的贸易往来。《中华人民共和国海南自由贸易港法》的出台正是面对国际形势不断变化作出的积极回应，通过打造法治化、国际化、便利化的营商环境，不断优化、简便各要素的流动，从而吸引世界各地的人才与资源聚集于此，实现资源的优化配置。

（一）有助于输出应对贸易保护主义的中国方案

《中华人民共和国海南自由贸易港法》是在贸易保护主义、单边主义的势头增强并威胁全球自由贸易进程的背景下制定的。《中华人民共和国海南自由贸易港法》是中国探索和推进更高水平开放的战略选择，在贸易保护措施数量快速增加与发达国家贸易保护主义势头增强之时，中国没有选择封闭，而是在40多年改革开放的基础上，以更高水平的开放促进更深层次的改革，以实际行动向世界表明，中国开放的大门不会关闭，只会越开越大；以新一轮高水平对外开放支持和推动经济全球化，为维护全球自由贸易、完善全球治理体系、加快世界经济复苏注入新的动力。

（二）为促进区域合作贡献中国力量

《中华人民共和国海南自由贸易港法》能与RCEP产生联动效应，共同引领区域经济建设。RCEP成员国外的市场主体进入RCEP区域（区内）开展贸易活动时，仍将受到关税、要素流动等限制。基于《中华人民共和国海南自由贸易港法》确立的优惠税收政策与“货物完全自由流通”的进出口管理原则，区外企业通过海南自由贸易港进入区内市场具有显著低成本优势，因此《中华人民共和国海南自由贸易港法》和RCEP可以共同推动区内区外经贸往来，为后疫情时代全球经济复苏提供动力。

第三节

《中华人民共和国海南自由贸易港法》的重要目标

建设海南自由贸易港是事关全局的国家重大战略。推进海南自由贸易港的立法，要按照习近平总书记关于自由贸易港的重要讲话精神、《中共中央 国务院关于支持海南全面深化改革开放的指导意见》与《海南自由贸易港建设总体方案》的部署，在立法中明确海南自由贸易港的性质与法律地位，推动海南最大限度创新开放，赋予海南与战略任务相适应的更大权限，形成实施高水平开放政策与推进深层次制度创新的法治保障。而《中华人民共和国海南自由贸易港法》从国家层面为海南自由贸易港的建设立法，赋予海南在宪法框架下针对贸易、投资及相关管理活动的自由贸易港立法权，支持海南依照中央要求和法律规定行使改革自主权，稳定了国际国内市场主体的预期，为新时代海南发展奠定了坚实的法治基础。

一、以服务重大国家战略为目标

《中华人民共和国海南自由贸易港法》在总则中明确指出战略目标，即“建设高水平的中国特色海南自由贸易港，推动形成更高层次改革开放新格局，建立开放型经济新体制，促进社会主义市场经济平稳健康可持续发展”。2022年4月10—13日，习近平总书记在海南考察时提出，“加快建设具有世界影响力的中国特色自由贸易港，让海南成为新时代中国改革开放的示范”[1]。首先，建设中国特色自由贸易港是中央着眼于国内国外大局作出的重大决策；其次，建设中国特色自由贸易港是我国推动经济全球化、扩大开放的重大举措；再次，建设中国特色自由贸易港是海南发展的重大历史机遇；最后，中国特色自由贸易港是习近平总书记亲自谋划、亲自部署、亲自推动的重大国家战略。所以，从自由贸易试验区到中国特色自由贸易港，绝对不是海南自娱自乐，而是国家的一项重大战略。海南只有在改革开放上破题，才能抓住新的重大历史机遇。

（一）重大战略决策

1.推动形成我国全面开放新格局的重大战略决策。

首先，进入工业化后期，我国改革发展面临的矛盾与问题，无论在经济转型升级方面还是在体制改革方面，都具有深刻性、艰巨性和复杂性；其次，改革开放以来，我国实现了对外开放的伟大历史转折，但同时也面临经济全球化的新挑战，贸易摩擦不断加剧、单边主义盛行，在我国对外开放进入新阶段的背景下，要形成对外开放新格局，确实面临更为复杂、更为艰巨的一些重大问题；同时，我国进入新发展阶段，如何处理好各方面的利益关系，面临的矛盾与问题也更为复杂。而海南建设自由贸易港，就是要“努力成为新时代全面深化改革开放的新标杆”。这是党中央要求海南做的一篇大文章，并且党中央对海南寄予厚望。所以说，海南建设中国特色自由贸易港是我国全面深化改革开放的一个重大战略决策。

2.推动经济全球化的重大战略举措。

习近平总书记在“4・13”重要讲话中强调：“中国开放的大门不会关闭，只会越开越大。这是我们对世界的庄重承诺。”[2]在美国贸易保护主义挑战不断加剧

[1] 《解放思想开拓创新团结奋斗攻坚克难 加快建设具有世界影响力的中国特色自由贸易港》，《人民日报》2022年4月14日第1版。

[2] 习近平：《在庆祝海南建省办经济特区30周年大会上的讲话》，《人民日报》2018年4月14日第2版。

的背景下，我国对外开放应该何去何从，应该采取哪些举措，各方都给予极大的关切。这也是全球都关注习近平总书记2018年4月10日在博鳌亚洲论坛年会开幕式上的主旨演讲和4月13日在庆祝海南建省办经济特区30周年大会上的讲话内容的重要原因。所以，在海南建设全球最大的自由贸易试验区和中国特色自由贸易港，是我国在新的背景下积极应对经济全球化新挑战的重大战略举措。

（二）重大发展定位

习近平总书记在“4・13”重要讲话中强调：“建设自由贸易试验区和中国特色自由贸易港，发挥自身优势，大胆探索创新，着力打造全面深化改革开放试验区、国家生态文明试验区、国际旅游消费中心、国家重大战略服务保障区，争创新时代中国特色社会主义生动范例，让海南成为展示中国风范、中国气派、中国形象的靓丽名片。”[1]

1.全面深化改革开放试验区。

海南如何适应我国对外开放和完善社会主义市场经济体制的需求，在全面深化改革开放上先行先试，在习近平总书记“4・13”重要讲话以及《中共中央 国务院关于支持海南全面深化改革开放的指导意见》中都有所提及。比如：加快形成法治化、国际化、便利化的营商环境和公平统一高效的市场环境；深化简政放权、放管结合、优化服务改革，全面提升政府治理能力；实行高水平的贸易和投资自由化便利化政策；加快推进城乡融合发展体制机制、人才体制、财税金融体制、收入分配制度、国有企业等方面的改革。

2.国家生态文明试验区。

习近平总书记在“4・13”重要讲话中要求：“海南要牢固树立和全面践行绿水青山就是金山银山的理念，在生态文明体制改革上先行一步，为全国生态文明建

[1] 习近平：《在庆祝海南建省办经济特区30周年大会上的讲话》，《人民日报》2018年4月14日第2版。

设作出表率。”[1]而《中华人民共和国海南自由贸易港法》也将“生态环境保护”单独作为一章进行规定。近几年来，海南采取了若干举措，在生态文明建设上明显走在了全国前列。现在，中央对海南提出了新的要求：

第一，率先构建绿色产业体系。主要包括绿色热带农业、绿色旅游、绿色海洋产业、绿色能源体系等。比如，由于海南农业生产方式、服务体系的变革和品种变革严重不相适应，同时工业化程度比较低，农产品包装、加工、运输、保鲜储存等工业化处理水平与绿色农业发展的要求不相适应，使得海南绿色农业大打折扣，其价值尚未充分体现。现在，海南要建设绿色产业体系，绿色热带农业将成为全国的一大亮点。未来几年，如果能够明显提升农业工业化程度，实现以生物农药取代或基本取代化肥及传统农药，农业的生产组织形式、服务体系进一步完善，那么海南绿色农业就有条件实现规模化发展，并由此大大提升海南绿色农业的产业价值，使绿色农业成为海南产业发展的一张靓丽名片。但从现实情况看，在绿色热带农业发展上，海南还需要做大量工作才能破题。再比如，绿色能源结构、绿色车联网可以成为海南保持全国一流生态环境最有利的条件。中央提出“在海南岛逐步禁止销售燃油汽车”，目的就是通过取消燃油汽车，推动新能源产业变革，从而使海南在实现新能源技术变革以及形成绿色产业体系中走在全国前列，由此带动海南尽快实现产业变革的重大突破。

第二，率先构建绿色生活方式。不少人反映，海南有些市县脏乱差问题比较严重，乱扔乱丢现象比较普遍。但同时，琼海田园生活方式在构建绿色生活方式方面作了很好的探索。

第三，率先构建生态文明制度。绿色生活方式要建立在绿色文明制度的基础之上，海南需要率先形成生态文明制度，比如资源环境产权制度、生态补偿制度、碳交易制度、热带雨林国家公园制度等。

---

[1] 习近平：《在庆祝海南建省办经济特区30周年大会上的讲话》，《人民日报》2018年4月14日第2版。

3.国际旅游消费中心。

习近平总书记在“4・13”重要讲话中强调：“国际旅游岛是海南的一张重要名片。推动海南建设具有世界影响力的国际旅游消费中心，是高质量发展要求在海南的具体体现。……要培育旅游消费新业态新热点，提升服务能力和水平，推进全域旅游发展，为国内外游客和当地群众提供更多优质服务，使海南国际旅游岛这张名片更亮更出彩。”[1]海南可以和香港加强合作：第一，在免税购物的供应链上可以展开合作，确保免税商品的品质；第二，与香港企业联手建设免税购物中心，由此使香港企业的市场份额明显提升，同时不会对香港造成直接冲击，而是进一步扩大香港免税购物的产业链；第三，引进对标香港免税购物的服务体系，提升海南免税购物的服务质量。

国内居民消费升级对市场的服务质量提出了更高要求。我国进入高质量发展阶段，对消费最本质的要求是服务。习近平总书记在“4・13”重要讲话中也提到“为国内外游客和当地群众提供更多优质服务”[2]。海南建设国际旅游消费中心，一是要对标香港建设具有世界影响力的国际旅游消费中心，二是在制度模式上要学习借鉴香港经验，三是在具体政策、具体发展形态、具体业务发展上要对标香港。所以，《中共中央 国务院关于支持海南全面深化改革开放的指导意见》明确要求海南“大力推进旅游消费领域对外开放，积极培育旅游消费新热点，下大气力提升服务质量和国际化水平，打造业态丰富、品牌集聚、环境舒适、特色鲜明的国际旅游消费胜地”。当前，我国社会主要矛盾发生了历史性变化，消费结构发生了历史性提升，广大居民希望在国内就能够享受到具有国际化品质的产品和服务。对海南而言，吸引境外游客固然是国际化的重要标志，但适应我国国内居民消费结构升级的趋势，为国人提供更多具有国际化品质的产品与服务，更是今天国际化的特殊要

[1] 习近平：《在庆祝海南建省办经济特区30周年大会上的讲话》，《人民日报》2018年4月14日第2版。

[2] 同上。

求。比如，珠海长隆海滨公园就是国际化的代表案例，其99%的消费者都是内地游客，但是其表演人员大部分来自世界各国。

4.国家重大战略服务保障区。

主要表现为海南在海洋强国建设、共建“一带一路”、军民融合发展等国家重大战略中要发挥重要作用。

二、打造重要开放门户

《中华人民共和国海南自由贸易港法》将开放政策上升为法律突破政策落实的体制机制掣肘，以立法提升海南自由贸易港政策与制度的稳定性和可预期性，由此为全世界投资者、创业者打造一个自由、稳定、平等、透明的法治化营商环境，以利于稳定预期、形成合力。为此，海南自由贸易港要显著提升区域影响力，打造双循环重要交汇点，成为推进我国深度融入全球经济体系的前沿地带。

（一）显著提升区域影响力

1.岛屿的开放水平越高，对周边区域的辐射带动能力就越强。

从夏威夷岛、济州岛、巴厘岛等世界知名岛屿的发展经验看，岛屿的开放水平越高，对周边区域的辐射带动能力就越强，在地区政治、经济、文化及国际事务中的作用就越大，在地区交流合作中就扮演着不可或缺的特殊角色。发挥海南岛扼守太平洋和印度洋海上要冲的区位优势和地理优势，以海南自由贸易港为平台，以开放增进交往，以交往带动合作，以合作促进发展，不断扩大人员往来与交流，强化各方利益联结纽带，显著提升以东盟为重点的南海周边国家的影响力、辐射力。

2.提升海南在区域产业链和价值链中的地位。

海南经济合作既要充分发挥区域内在产业、资金、技术、市场等各方面的互补性，实现差异化、错位化发展，也要把握经济发展的新趋势，积极开展数字经济、生物医药等新兴领域的合作，强化在产业链研发端与市场端的布局，推动建立具有开放性、包容性和公平性的生产分工体系和经济发展秩序。

3.提升海南在区域性治理规则策源方面的地位和作用。

例如，争取中央支持，赋予海南更大的海洋经济交往权，在《联合国海洋法公约》等框架下，探索与具备条件的地区在海洋资源开发、海洋生态环境保护、海洋经济合作等领域开展地方政府间磋商，逐步形成包含制度、行动计划、实施项目等在内的海洋治理规则体系，为我国提升海洋治理话语权积累经验。

（二）打造双循环重要交汇点

1.打造国内国际双循环重要交汇点的现实需求。

一方面，从长期看，在亚太区域不稳定性、不确定风险提升的情况下，充分发挥海南自由贸易港在促进中国与东盟经济交往中的独特作用，加强与东盟国家深层次、多领域的务实合作，为打造“重要开放门户”的战略目标奠定重要基础；另一方面，从短期实际需求看，在市场流量小、产业体系不完善的情况下，以面向14亿人口内需大市场为重点，依托海南自由贸易港高水平开放的政策和制度优势，主动服务于国内大循环关键环节的畅通及循环效率和水平的提升，并在此过程中逐步形成适应自由贸易港建设要求的产业体系、服务体系和市场体系。

2.发挥海南自由贸易港在国内大循环与双循环相互促进中的独特作用。

一方面，在有效服务国内居民消费回流、打造国内居民国际化消费重要承接地的同时，积极吸引全球资金、人才、技术等生产要素服务国内大循环，并在国内企业、资金、人才等“走出去”中发挥平台功能和服务作用；另一方面，由于更为自由化的区域贸易协定、贸易保护带来的摩擦增加等多种因素交织，全球贸易投资活动更趋于区域化、近岸化和本土化，东盟将在未来我国参与国际经济大循环中扮演首要角色。依托独特的地理区位优势，发挥海南自由贸易港政策与制度优势，使东盟国家的更多产业以海南自由贸易港为平台融入我国双循环发展体系，使中国与东盟两个市场更深程度联结融合，更好发挥海南在服务双循环相互促进中的作用。

（三）推进我国深度融入全球经济体系的前沿地带

《海南自由贸易港建设总体方案》要求“加快建立开放型经济新体制，增强区域辐射带动作用，打造我国深度融入全球经济体系的前沿地带”。

当前，在全球政治经济格局深刻复杂变化的背景下，建设海南自由贸易港，要充分发挥海南地理区位独特优势以及背靠超大规模国内市场和腹地经济等优势，对标当今世界最高水平的开放形态，实行更加积极主动的开放战略，率先对接国际高水平经贸规则，实施全面深化改革和最高水平开放政策和制度，促进区域内生产要素自由便利流动，积极吸引全世界投资者到海南投资兴业，集聚全球优质生产要素与企业，拓展国际市场，使海南成为我国深度融入经济全球化、开展更高层次区域经贸合作竞争的重要平台，并在推进区域合作方面发挥独特作用。

三、创新管理体制有效防范各类风险

《中华人民共和国海南自由贸易港法》在强调推进高水平开放的同时，还指出要坚持底线思维，“加强风险防范，贯彻创新、协调、绿色、开放、共享的新发展理念，坚持高质量发展，坚持总体国家安全观，坚持以人民为中心，实现经济繁荣、社会文明、生态宜居、人民幸福”，要“建立风险预警和防控体系，防范和化解重大风险”。故海南自由贸易港的建设要以管理体制的创新有效防范各类风险。

（一）有效防范系统性金融风险

推进金融业的全面开放不仅是自由贸易港产业开放的重要内容，更是促进海南金融更好服务实体经济的重大举措。打造高度开放的金融体系，促进投融资和汇兑便利化，并不意味着取消或弱化金融监管，而是对金融监管提出了更高的要求。这就要求在推进金融创新改革与开放的同时，也要研究构建起透明、公平和有效的金融风险防控的监管框架、管理体制与监管模式，切实防控好金融风险和跨境资金流出流入的风险，尤其是防止资金“大进大出”对海南以及全国经济发展的冲击。

（二）有效防范市场监管风险

2019年4月，博鳌乐城国际医疗旅游先行区假疫苗事件凸显了服务业市场全面开放下市场管理体制改革，尤其是市场监管体制改革的必要性与重要性。为适应海南自由贸易港以服务贸易为主导及服务业全面开放的大趋势，需要尽快形成与国际接轨的服务业监管标准体系与管理模式，并建立与之相适应的监管体制，推动海南市场监管、机构监管的重点由以商品为主向以服务为主的转变，实现服务业高水平开放与风险防范的平衡。

（三）有效防范外部输入性风险

当今世界正经历百年未有之大变局。在贸易保护主义与单边主义势头增强、大国博弈长期化、各国围绕新一轮科技革命竞争日趋激烈的背景下，海南自由贸易港建设面临的外部输入性风险明显上升。这需要海南充分借鉴中国香港、新加坡等的经验教训，不仅要以管理体制改革有效防范意识形态等非传统安全风险，也要强化经济、金融、科技、生态、海洋、人员等外部输入性风险。总的来看，海南是一个相对独立的地理单元，有条件在高度开放背景下有效防范各类外部输入性风险。

第四节

《中华人民共和国海南自由贸易港法》的主要内容

《中华人民共和国海南自由贸易港法》是中央从国家层面单独为地区立的法，充分体现了海南自由贸易港的特殊性与重要性。为了落实党中央的决策部署，《中华人民共和国海南自由贸易港法》坚持原则性法律、基础性法律的定位，在立法过程中，体现中国特色并学习借鉴国际先进经验，在保证国家法制统一的前提下赋予海南更大的改革开放自主权。该法明确，国家在海南岛全岛设立海南自由贸易港，分步骤、分阶段建立自由贸易港政策和制度体系，实现贸易、投资、跨境资金流动、人员进出、运输往来自由便利和数据安全有序流动，推进海南自由贸易港建设。

一、《中华人民共和国海南自由贸易港法》总则概述

《中华人民共和国海南自由贸易港法》的总则共十条，明确了《中华人民共和国海南自由贸易港法》的地位与作用，指明海南自由贸易港建设的目标、方式与重点等，为整部法律奠定了基本框架。

（一）赋予海南更大的改革自主权

从《中华人民共和国海南自由贸易港法》第十条可知，海南自由贸易港可以在

遵循宪法和法律法规的前提下制定海南自由贸易港法规，并可以根据自身实际需要对现行的法律、行政法规作必要的变通。在管理体制上，国家建立了海南自由贸易港的领导体制以及相适应的行政管理体制，统筹协调海南自由贸易港建设重大政策和重大事项，国家发改委、财政部、商务部等部门按照职责分工，指导推动相关工作，海南省则需要全力推进自由贸易港建设的各项工作。

（二）以投资贸易自由化便利化为重点

该法突出贸易和投资自由便利，下大力气破除阻碍生产要素流动的体制机制障碍，深入推进商品和要素流动型开放，加快推动规则等制度型开放，以高水平开放带动改革全面深化。通过制定负面清单的方式扩大进出口的货物，全面推行极简审批制和市场准入承诺即入制，给予投资者更大的便利，而且还按照简税制、“零关税”、低税率的原则实施与海南自由贸易港建设相适应的税制体系，对企业、个人税费予以降低或免征。

（三）强调保护生态环境

海南自由贸易港建设特别强调要重视对生态环境的保护，体现了国家对海南自由贸易港生态环境的珍视和国家保护海南生态环境的决心。海南是我国唯一的热带岛屿省份，其生态环境是大自然赐予中华民族的宝贵财富，必须倍加珍惜、精心呵护。

二、《中华人民共和国海南自由贸易港法》所涉领域透视

（一）贸易自由便利

《中华人民共和国海南自由贸易港法》第二章强调在依法有效监管的基础上，

建立自由进出、安全便利的货物贸易管理制度，优化服务贸易管理措施，实现贸易自由化便利化。

1.建立全岛封关运作的海关特殊监管区域。

在实现有效监管的前提下，建设全岛封关运作的海关监管特殊区域。对货物贸易实行以“零关税”为基本特征的自由化便利化制度安排，对服务贸易实行以“既准入又准营”为基本特征的自由化便利化政策举措。

2.畅通货物、物品流通。

在贸易进出口中，境外与海南自由贸易港之间，货物、物品可以自由进出，并制作负面清单，各类市场主体在海南自由贸易港内依法自由开展货物贸易以及相关活动，海关实施低干预、高效能的监管[1]。

（二）投资自由便利

《中华人民共和国海南自由贸易港法》第三章指出，海南自由贸易港实行投资自由化便利化政策，全面推行极简审批投资制度，完善投资促进和投资保护制度，强化产权保护，保障公平竞争，营造公开、透明、可预期的投资环境。

首先，在本章中，为营造法治化、国际化、便利化的营商环境，激发市场主体活力，建设高水平的中国特色自由贸易港，海南自由贸易港对外商投资实行准入前国民待遇加负面清单管理制度。其次，本法的投资自由便利还体现在国家依法保护自然人、法人和非法人组织在海南自由贸易港内的投资、收益和其他合法权益上，加强对中小投资者的保护。同时，国家依法保护海南自由贸易港内自然人、法人和非法人组织的知识产权，促进知识产权创造、运用和管理服务能力提升，建立健全知识产权领域信用分类监管、失信惩戒等机制，对知识产权侵权行为，严格依法追

[1] 《海南自贸港最新政策系列：跨境服务贸易负面清单（政策解读第1期）Cross-Border Trade in Services（Policy Interpretation-Part Ⅰ）》，https://dofcom.hainan.gov.cn/dofcom/Policys/202306/9a23bbd9db97473a92a01097c05d951d.shtml?ddtab=true。

究法律责任。再次，第二十四条明确指出，海南自由贸易港将建立统一开放、竞争有序的市场体系，强化竞争政策的基础性地位，落实公平竞争审查制度，加强和改进反垄断和反不正当竞争执法，保护市场公平竞争。

（三）财政税收制度

《中华人民共和国海南自由贸易港法》第四章指出，按照税种结构简单科学、税制要素充分优化、税负水平明显降低、收入归属清晰、财政收支基本均衡的原则，结合国家税制改革方向，建立符合需要的海南自由贸易港税制体系。《中华人民共和国海南自由贸易港法》第四章对《海南自由贸易港建设总体方案》中提出的“零关税、低税率、简税制”的税收制度，以法治的形式固定了下来。

根据《海南自由贸易港建设总体方案》设计，海南自由贸易港税收制度具有以下特征：

第一，特殊性体现在“零关税”。《中华人民共和国海南自由贸易港法》对于落实“零关税”要求的安排，也是按照封关前后予以区别对待：全岛封关运作前，对部分进口商品进入海南自由贸易港免征进口关税；全岛封关运作后，对进口征税商品实行目录管理，对目录之内的货物征收进口关税，对目录之外的货物免征进口关税。

第二，特殊性体现在“低税率”。根据《海南自由贸易港建设总体方案》设计，“低税率”主要是针对企业所得税和个人所得税，即对在海南自由贸易港实质性运营的企业实行企业所得税优惠税率，对符合条件的个人实行个人所得税优惠税率。《海南自由贸易港建设总体方案》发布后，财政部和国家税务总局以联合发布的《关于海南自由贸易港企业所得税优惠政策的通知》（财税〔2020〕31号）《关于海南自由贸易港高端紧缺人才个人所得税政策的通知》（财税〔2020〕32号）等规范性文件的方式先行落实了“双15%税负上限”政策，即对注册在海南自由贸易港并实质性运营的鼓励类产业企业减按15%的税率征收企业所得税，对在海南自由贸易港工作的高端人才和紧缺人才个人所得税实际税负超过15%的部分予以免征。鉴于这两个所得税的前期优惠政策已经实施并且在全岛封关运作后还将进一步深化调整，《中华人民共和国海南自由贸易港法》对此问题采用了稳妥周全的表述：“对注册在海南自由贸易港符合条件的企业，实行企业所得税优惠；对海南自由贸易港内符合条件的个人，实行个人所得税优惠。”

第三，特殊性体现在“简税制”。“简税制”是特殊税收制度的重中之重。纵观世界其他自由贸易港，税种结构普遍非常简单。我国现有18个税种，已有12个税种实现了狭义上的立法，即由全国人大及其常委会以法律的形式予以规定。显而易见，如此复杂的税制结构与海南自由贸易港的定位和要求是不匹配的，必须大力简化。但是，根据《中华人民共和国立法法》和《中华人民共和国税收征收管理法》的规定，税种的开征权和停征权属于法律保留事项，应由税收法律和行政法规加以规定。如果要在海南自由贸易港实行迥异于内地的简化税制，必须通过法律的形式予以明确。因此，《中华人民共和国海南自由贸易港法》规定：“全岛封关运作时，将增值税、消费税、车辆购置税、城市维护建设税及教育费附加等税费进行简并，在货物和服务零售环节征收销售税；全岛封关运作后，进一步简化税制。”这里将流转环节的四税一费简并为零售环节销售税，减少了3个税种。《中华人民共和国海南自由贸易港法》颁布之前与海南相关的财税政策见表1-2。

表1-2　《中华人民共和国海南自由贸易港法》颁布之前与海南相关的财税政策

发布单位	发布或实施时间	名称	相关政策
财政部、海关总署、税务总局	2020年7月1日	《关于海南离岛旅客免税购物政策的公告》	免税购物额度从每年每人3万元提高至10万元；离岛免税商品品种由38种增至45种；取消单件商品8000元免税限额规定；以额度管理为主，大幅减少单次购买数量限制的商品种类；鼓励适度竞争，具有免税品经销资格的经营主体均可平等参与海南离岛免税经营；加强事中事后监管，明确参与倒卖、走私的个人、企业、离岛免税店将承担的法律责任

续表

发布单位	发布或实施时间	名称	相关政策
财政部、交通运输部、税务总局	2020年9月3日	《关于海南自由贸易港国际运输船舶有关增值税政策的通知》	在“中国洋浦港”登记并从事国际运输和港澳台运输业务的境内建造船舶，实行增值税退税政策
财政部、海关总署、税务总局	2020年11月11日	《关于海南自由贸易港原辅料“零关税”政策的通知》	对包括椰子等农产品、煤炭等资源性产品、二甲苯等化工品及光导纤维预制棒等原辅料，以及飞机、其他航空器和船舶维修零部件共169项8位税目商品，免征进口关税、进口环节增值税和消费税
财政部、海关总署、税务总局	2020年12月25日	《关于海南自由贸易港交通工具及游艇“零关税”政策的通知》	对符合条件的海南自由贸易港企业进口《海南自由贸易港“零关税”交通工具及游艇清单》内的交通工具及游艇免征进口关税、进口环节增值税和消费税
财政部、海关总署、税务总局	2021年1月1日	《关于海南自由贸易港试行启运港退税政策的通知》	符合条件的出口企业从启运地口岸（启运港）启运报关出口，由符合条件的运输企业承运，从水路转关直航或经停指定口岸（经停港），自海南洋浦港区（离境港）离境的集装箱货物，在启运港（经停港）出口退税（所退税种为增值税）
财政部、交通运输部、商务部、海关总署、税务总局	2021年2月26日	《关于海南自由贸易港内外贸同船运输境内船舶加注保税油和本地生产燃料油政策的通知》	对以洋浦港作为中转港从事内外贸同船运输的境内船舶，允许其在洋浦港加注本航次所需的保税油；对其在洋浦港加注本航次所需的本地生产燃料油，实行出口退税政策。对不含税油（上述保税油和本地生产燃料油）免征关税、增值税和消费税
财政部、海关总署、税务总局	2021年2月24日	《关于海南自由贸易港自用生产设备“零关税”政策的通知》	对符合条件的海南自由贸易港企业进口自用的生产设备，除法律法规和相关规定明确不予免税、国家规定禁止进口的商品，以及本通知所附《海南自由贸易港“零关税”自用生产设备负面清单》所列设备外，免征关税、进口环节增值税和消费税
财政部、海关总署、税务总局	2021年4月26日	《关于中国国际消费品博览会展期内销售的进口展品税收优惠政策的通知》	对国际消费品博览会展期内销售的规定上限以内的进口展品免征进口关税、进口环节增值税和消费税

续表

发布单位	发布或实施时间	名称	相关政策
海关总署	2021年7月8日	《关于印发〈海关对洋浦保税港区加工增值货物内销税收征管暂行办法〉的通知》	在特定区域（目前为洋浦保税港区、海口综合保税区、海口空港综合保税区）的鼓励类产业企业生产的不含有进口料件或者含有进口料件且加工增值超过30%（含）的货物，出区内销的，免征进口关税
财政部、海关总署、税务总局、民航局	2021年7月8日	《关于海南自由贸易港进出岛航班加注保税航油政策的通知》	全岛封关运作前，允许进出海南岛国内航线航班在岛内国家正式对外开放航空口岸加注保税航油，对其加注的保税航油免征关税、增值税和消费税，自愿缴纳进口环节增值税的，可在报关时提出

数据来源：中改院课题组整理。

（四）生态环境保护

根据《中华人民共和国海南自由贸易港法》第三十二条至第三十七条的要求，海南省坚持立法先行，制定一系列生态领域法律法规和不断完善的制度措施，既把方向、管全局，也重落地、重实干，有力推动海南生态环境保护工作步入制度化、规范化、科学化的轨道。

《中华人民共和国海南自由贸易港法》对生态环境保护以专章进行规定，体现“绿水青山就是金山银山”的理念，充分发挥立法对生态环境保护的作用。除了本法颁布前的《海南热带雨林国家公园条例（试行）》《海南经济特区禁止一次性不可降解塑料制品规定》等法规政策，《海南省碳达峰实施方案》《海南自由贸易港生态环境保护考核评价和责任追究规定》等政策法规都在具体或细化《中华人民共和国海南自由贸易港法》生态环境保护专章的要求。

（五）产业发展与人才支持

根据《中华人民共和国海南自由贸易港法》第三十八条可知，国家支持海南自由贸易港建设开放型、生态型、服务型产业体系，积极发展旅游业、现代服务业、高新技术产业以及热带特色高效农业等重点产业。首先，《中华人民共和国海南自由贸易港法》强调海南旅游业的发展应当与文化体育、健康医疗等其他产业深度融合，培育旅游业态新模式，体现海南自由贸易港的特色与优势。其次，现代服务业要充分开放，不断完善其基础设施，构建具有国际竞争力的海洋服务体系。同时，支持境外高水平院校在海南设立理工农医类学校，建立完善的科研创新管理制度和国际科技合作机制。再次，《中华人民共和国海南自由贸易港法》强调要依法建立安全有序、自由便利的数据流动管理制度与高度自由便利开放的运输政策。此外，《中华人民共和国海南自由贸易港法》还明确要求实施更加开放的人才和停居留政策，放宽境外人员参加执业资格考试的限制等，为人才的发展提供了一个广阔的平台，有利于吸引各类人才共同建设自由贸易港。

（六）综合措施

根据《中华人民共和国海南自由贸易港法》第四十八条至第五十五条可知，海南省可以就土地采取一定的改革措施，在不突破生态保护红线等前提下可以对全省耕地、永久基本农田、林地、建设用地布局调整进行审批，推进农垦土地资产化。还强调海南要坚持金融服务实体经济，推动金融业开放，建立适应高水平贸易投资自由化便利化需要的跨境资金流动管理制度，开展离岸金融业务。同时探索司法体制改革，建立多元化商事纠纷解决机制。并要求海南建立风险预警和防控体系，防范化解重大风险，在坚持高水平开放的同时也要坚守底线。

第五节

以《中华人民共和国海南自由贸易港法》为基础构建海南自由贸易港法规体系的基本原则

海南自由贸易港法律法规体系要以《中华人民共和国海南自由贸易港法》为基础来构建，要坚持对标“最高水平开放形态”这个基本要求，实现海南自由贸易港政策与制度的法律化，并在最高水平经贸规则方面取得实质性进展。为推动海南自由贸易港法律法规体系的高质量建设，需要从海南自由贸易港的长远发展出发，既借鉴国际经验又体现中国特色，既不断开放又谨守底线，坚持法治化原则、合理性原则、公平原则、自由原则与风险防控原则，稳步推进海南自由贸易港法律法规体系的建设与完善。

一、法治化原则

2013年，习近平总书记在党的十八届三中全会第二次全体会议上指出：“凡属重大改革要于法有据，需要修改法律的可以先修改法律，先立后破，有序进行。有的重要改革举措，需要得到法律授权的，要按法律程序进行。”[1]2014年2月，在中央全面深化改革领导小组第二次会议上，习近平总书记进一步强调，凡属重大改革都要于法有据。在整个改革过程中，都要高度重视运用法治思维和法治方式，发挥法治的引领和推动作用，加强对相关立法工作的协调，确保在法治轨道上推进

[1] 中共中央文献研究室编《习近平关于协调推进“四个全面”战略布局论述摘编》，中央文献出版社，2015。

改革[1]。法治化原则有利于推进国家治理体系和治理能力现代化，有力地体现了国家全面依法治国、重大改革于法有据的治国理念。法治是自由贸易港建设的制胜法宝，将为积极推动中国特色自由贸易港建设提供根本性、基础性的法律保障，进一步彰显我国继续扩大开放、对接高标准国际经贸规则、推动形成全面开放新格局的坚定决心。建设好中国特色的自由贸易港离不开完备的法律保障体系、高效的法治实施体系和严密的法治监督体系。

（一）坚持法治化原则是优化海南自由贸易港营商环境的必然要求

1.营商环境是海南自由贸易港建设的重要内容。

一方面，营商环境国际化是海南自由贸易港法律法规体系的明确要求。《中共中央 国务院关于支持海南全面深化改革开放的指导意见》《中国（海南）自由贸易试验区总体方案》《海南自由贸易港建设总体方案》和《中华人民共和国海南自由贸易港法》等文件都把营商环境的国际化摆置于优先地位予以强调；另一方面，海南自由贸易港建设的成败从一定意义上讲取决于营商环境的优劣。营商环境好了，企业和人才就纷至沓来；营商环境如果不尽如人意，企业和人才就会远走他乡。所以，营商环境的重要地位和决定性作用显而易见。习近平总书记曾明确提出“赋予更大改革自主权，支持海南大胆试、大胆闯、自主改，加快形成法治化、国际化、便利化的营商环境和公平开放统一高效的市场环境”[2]。

2.改善营商环境离不开法治。

从借鉴国际惯例和别国成功经验的视角来看，法治是奠定可持续和有序发展的体制机制基础，是营商环境建设的“牛鼻子”。以阿联酋为例，该国政府在设立自由区之初，即于联邦和地方层面分别完成了修法、创法工作，将涉及金融、税收等

---

[1] 《把抓落实作为推进改革工作的重点　真抓实干蹄疾步稳务求实效》，《人民日报》2014年3月1日 第1版。

[2] 习近平：《在庆祝海南建省办经济特区30周年大会上的讲话》，《人民日报》2018年4月14日第2版。

国家层面的立法事项通过授权立法的方式授予地方，同时通过设立迪拜国际金融中心法院、引入伦敦国际仲裁院等方式建立起多元化的国际商事争端解决机制，为迪拜自由区的可持续发展打牢了法治根基。

（二）法治化原则引领海南自由贸易港建设

1.依据《中华人民共和国海南自由贸易港法》用好改革开放自主权与特殊立法权。

新加坡、迪拜等世界知名自由贸易港均建立起了完善的法律框架与体系，海南自由贸易港的有序建设也离不开完善的法律法规体系。近年来，在《海南自由贸易港建设总体方案》《中华人民共和国海南自由贸易港法》等顶层设计的基础上，海南围绕自由贸易港建设法治保障的现实需求，按照“一本三基四梁八柱”的战略框架，在《中华人民共和国海南自由贸易港法》颁布实施两年以来，出台了24部自由贸易港建设急需的法律法规，使得海南自由贸易港的发展有法可依，夯实了自由贸易港的法治之基。

海南应当依据《中华人民共和国海南自由贸易港法》用好改革开放自主权与特殊立法权。一是《中华人民共和国海南自由贸易港法》是海南自由贸易港建设的“基本法”，从国家立法层面明确了自由贸易港各项制度安排；二是《中华人民共和国海南自由贸易港法》是海南自由贸易港法治体系建设的“母法”，是自由贸易港法治体系建设的“法源”；三是《中华人民共和国海南自由贸易港法》是一部特别法，在海南岛全岛范围内具有优先适用权；四是《中华人民共和国海南自由贸易港法》是一部“最高水平开放法”，海南自由贸易港需要在对标世界最高水平开放形态中大胆推进制度集成创新；五是《中华人民共和国海南自由贸易港法》是一部“授权法”“创新法”，要充分用好本法赋予海南自由贸易港改革开放自主权、立法权及协调机制，大力推进变通性立法与创制性立法，服务于海南自由贸易港制度集成创新的实际进程。

2.构建“线上+线下”自由贸易港大普法格局。

践行法治原则，不仅需要合理完善的法律法规体系，还需使法治的思想深入人心。近年来，海南省司法厅、省普治办一方面通过组织相关法规起草单位、立法机构相关人员、法律专家等开展“谁立法谁普法”的“自贸港法微课堂”活动、“筑梦公益 普法先行”暨自贸港法律法规普法云直播等活动，并组织全省各级国家工作人员参与线上学法考法、建立“海南普法”公益短信平台等手段进行普法；另一方面通过深入企业园区普及法律知识，为企纾困，将普法融入小品、舞台巡演中，通过线下的方式进行法律普及，全方位扩展受众面，切实提高群众对法律法规的知晓度与对法治精神的认同感。

3.把营造一流法治环境作为贯彻《中华人民共和国海南自由贸易港法》的重大任务。

一方面，海南已出台多项措施优化营商环境，在激发市场活力方面取得了初步成效；另一方面，由于行政效率不高、专业性较低、政策落地效果有限、法律法规体系不健全等因素的制约，海南营商环境评价结果与企业实际感受差距较大，影响各方投资海南的信心与预期。例如，根据中改院课题组对海南某市的企业问卷调查，52.59%的受访者表示“政府信息查找不到”，56.03%的受访者认为“政府信息获取费时、费力”，61.00%的受访者表示“与政府开展项目合作时担心政府换届”，70.00%的受访者担心“政府搁置合作项目、更改合作内容”。因此，尽快营造高效、便利、稳定、透明的法治环境，成为贯彻《中华人民共和国海南自由贸易港法》的重大任务。

二、合理性原则

（一）坚持合理性原则的必要性

法治原则使得海南自由贸易港的立法具备合法性，但并不能保证立法是否合理[1]。而合理性原则要求海南自由贸易港在创新运用立法权限建设海南自由贸易港法规体系、满足海南自由贸易港发展需要的同时，处理好改革创新与法律稳定之间的关系。海南自由贸易港是深化改革的前沿地带，属于改革试验的样本区和先行区，所以其还承担着维系法治建设与改革试验之间稳定性关系的责任。因此，在建构海南自由贸易港法规体系时，要坚持合理性原则。

（二）海南自由贸易港立法中的合理性原则

1.以《中华人民共和国海南自由贸易港法》协调政策法规与法律的关系。

近年来，海南按照“高法优于低法”“特别法优于一般法”等原则，以《中华人民共和国海南自由贸易港法》为依据，启动对现行法律、行政法规、地方性法规与规章等的清理工作，使得现有的法律法规体系更加协调，更加符合海南自由贸易港的发展需要。

2.借鉴国际自由贸易港的成功经验。

例如，近20多年来，尽管新加坡土地等要素成本快速上涨，但依赖于一流的营商环境，新加坡成为吸引外商投资最有力的地区之一。2020年，新加坡仍然是全球第四大吸引外资国。法治是保障新加坡一流营商环境和高水平贸易投资自由化便利化的核心要件。新加坡营商环境建设，不是局限于世界银行所定义的“狭义”营商环境指标，而是以服务企业为导向，通过以法律强化产权与知识产权保护，保

[1] 姚建宗、何坤：《海南自由贸易港法规制定的原则遵循》，《哈尔滨工业大学学报》（社会科学版）2023年第3期。

障政策执行的连续性与稳定性，并通过大力推进立法与司法体制创新保证创新、监管及政府管制的平衡。

3.以“急用先立”为原则，以“短平快”和“首创式”为特色制定系列法规[1]。

在海南自由贸易港建设初期，立法资源有限，因此海南将有限的力量聚集在当前较为重要的生态环境领域、贸易投资领域等，先后制定并颁布了24部海南自由贸易港法规。

三、公平原则

（一）公平原则的必要性

公平，是塑造优良营商环境的基础，与高标准现代化市场体系互为内在逻辑，能极大地激发经营主体的主动性和创造性。公平集中体现在政府制定的对市场主体营商活动具有约束力的法规政策中。例如，经济政策的实施和执行是否会导致本土企业和外资企业之间出现差别待遇，要素资源的流动性有无被设置不合理的管制和政策壁垒，各类市场主体能否享受相同的税收、土地、人才、资金等优惠政策，监管部门是否采用统一执法标准公平对待各类市场主体等。但从我国的现实情况看，各类市场主体在竞争中仍然存在着某些事实上不平等甚至严重不平等的问题，地方保护、行业壁垒、违法给予政策补贴等有违市场公平原则的现象至今依然频频发生。因此，减少法规政策的不公平导向，在要素获取、准入许可、经营运行、政府采购和招投标等方面平等对待各类所有制企业，破除制约市场竞争的各类障碍和隐性壁垒，营造各种所有制主体依法平等使用资源要素、公开公平公正参与竞争、同等受到法律保护的市场环境[2]，是优化海南自由贸易港营商环境的重点。

[1] 韩伟：《海南自由贸易港法规体系建设分析》，《银行家》2023年第1期。

[2] 《中共中央 国务院关于新时代加快完善社会主义市场经济体制的意见》，https://www.gov.cn/zhengce/2020-05/18/content_5512696.htm?eqid=bd8ba46d00355e92000000026472c0d8。

（二）公平原则在海南自由贸易港法律法规体系中的体现

《中华人民共和国海南自由贸易港法》第四条强调要建设公平统一高效的市场环境；第十八条则指出要营造公开、透明、可预期的投资环境；第二十四条明确要建立统一开放、竞争有序的市场体系，体现了海南自由贸易港对维护公平竞争、优化营商环境的重视程度。除此之外，海南还通过《海南自由贸易港公平竞争条例》首创性地单章规定公平竞争审查内容，整合了反不正当竞争和反垄断立法，对保护和提升市场整体公平竞争环境具有重要意义。

（三）完善自由贸易港法律法规体系中的公平原则

从细节着手，围绕营商环境的各个节点开展立法，通过法规体系构建与实施消除企业投资过程中事实上的不公平与不公平感。例如：在出台外商投资准入负面清单的基础上，对负面清单内事项实行中外资一致的投资准入审批制度；提升政府采购的国际化水平与透明度，在海南率先全面实施世界贸易组织（WTO）《政府采购协定》的相关政策；等等。

四、自由原则

“自由”是自由贸易港的生命特征和生存价值[1]。纵观世界知名自由贸易港，无不在投资贸易、金融货币与人员进出等方面落实自由原则。而海南自由贸易港同样也将投资自由便利化、贸易自由便利化、人员往来自由便利化等作为发展目标，并以此不断完善法律法规体系。

[1] 梁洪龙、刘云亮：《〈自由贸易港法〉立法原则探析》，《今日海南》2020年第4期。

（一）自由原则在海南自由贸易港法律法规体系中的体现

1.金融自由。

《中华人民共和国海南自由贸易港法》第五十一条指出：“建立适应高水平贸易投资自由化便利化需要的跨境资金流动管理制度，分阶段开放资本项目，逐步推进非金融企业外债项下完全可兑换，推动跨境贸易结算便利化，有序推进海南自由贸易港与境外资金自由便利流动。”有助于海南实现资金流动自由化，建立未来的离岸人民币业务中心。

2.财税体制。

《海南自由贸易港建设总体方案》确定了以“零关税、低税率、简税制”为主要特征的自由贸易港税收政策制度体系，进一步构建优化公开、透明、可预期的营商环境。

3.人员流动自由。

《中华人民共和国海南自由贸易港法》第二条强调要实现人员进出自由便利。目前，海南已对俄罗斯、法国、英国等59个国家实施入境免签政策。

4.贸易自由。

《海南自由贸易港建设总体方案》明确要求：“到2025年，初步建立以贸易自由便利和投资自由便利为重点的自由贸易港政策制度体系。”《中华人民共和国海南自由贸易港法》《海南自由贸易港优化营商环境条例》等皆从海关监管、货物运输等方面体现了贸易自由。

（二）以高水平开放推动自由原则的落实

未来，海南自由贸易港应当以更专业、更精细化的立法来推动自由原则的落实，逐步实现以“零关税”为特征的货物贸易自由便利的财税体制，大幅放宽市场准入，分阶段开放资本项目，实施更加便利的出入境管理政策，实现高水平的开放。

在投资贸易自由化便利化方面，不仅要按着“境内关外”的基本要求，在海南实行高水平贸易和投资自由化便利化政策，保障货物、服务、资金、人员、信息、数据等要素流动自由化和便利化，还要大胆借鉴并率先实施国际最新投资贸易协定的相关条款，比如对标CPTPP等国际高水平经贸规则，不仅要在以准入前国民待遇加负面清单管理制度为重点的经贸领域进行对标，明确提出相关标准，同时要尽快开展竞争中性、政府采购、生态环境保护等非经济、敏感领域的先行先试。对于较为敏感的劳工政策、数据流动、透明度等一些条件尚不具备但符合全球经贸规则重构趋势的规则，采用原则性条款说明，为未来对标世界最高水平开放形态预留制度接口。表1-3为中国香港、新加坡自由贸易港特征。

表1-3　中国香港、新加坡自由贸易港特征

<table>
<tr><th colspan="2">具体体现</th><th>中国香港</th><th>新加坡</th></tr>
<tr><td rowspan="5">高度自由</td><td>投资自由</td><td>1.赌博业受管制最严格；电信、广播、交通、能源、酒制品销售、餐厅、医药和金融等少数行业实行有条件进入
2.外资可100%控股</td><td>1.对外国投资禁止或限制的行业主要包括新闻媒体、法律服务和住宅行业（组屋）
2.对银行、新闻、广播、公共事业等有外资股比限制</td></tr>
<tr><td>贸易自由</td><td>1.除因履行国际义务及维护安全（武器、毒品、食品卫生等）等需要对贸易实行必不可少的管制外，没有其他进出口贸易管制
2.没有企业进出口经营权限制
3.没有主动的进出口配额限制
4.除烟、酒、甲醇和若干碳氢油类等4类商品外，实行零关税</td><td>1.允许企业自由开展进出口贸易业务
2.没有进出口配额限制
3.除石油、酒、烟和机动车辆等4大类商品外，其他进入自由贸易区的货物实行“零关税”</td></tr>
<tr><td>金融自由</td><td colspan="2">1.没有外汇管制，资金自由进出
2.资本项下完全开放
3.贸易结算自由
4.融资汇兑自由</td></tr>
<tr><td>人员进出自由</td><td>1.约170个国家和地区可免签赴港
2.国际化人才流动便利，允许双国籍</td><td>1.对旅游签证实行负面清单管理制度
2.实施工作签证制度</td></tr>
<tr><td>信息自由</td><td>电信市场完全放开</td><td>电信市场完全放开</td></tr>
</table>

续表

具体体现		中国香港	新加坡
高度便利	投资便利	1.企业注册条件少 2.自主选择企业注册形式 3.企业注册简单快捷	1.企业注册条件宽松 2.自主选择企业注册形式 3.企业注册手续简单 4.企业可自由经营任何业务，可自行变更经营范围，无须审批
	贸易便利	1.进出口手续简便。除少数受贸易管制的商品需要事前申请外，一般商品进口无须报批 2.报关便利，设有豁免报关商品 3.通关便捷	1.建立贸易交换网系统 2.报关便利 3.通关效率高
	融资便利	1.具有成熟稳健的金融系统 2.对银行提供信贷融资并不订立任何准则 3.金融机构对借贷没有额度限制	1.众多金融机构集聚 2.只要符合条件，企业就可以在新加坡交易所发行股票或债券 3.针对不同类型贸易企业提供不同的融资业务模式 4.融资成本低。基础贷款利率为5.35%

数据来源：中改院课题组整理。

五、风险防控原则

（一）坚持风险防控原则的必要性

居安思危，思则有备，有备无患。习近平总书记在“4·13”重要讲话中嘱托海南：“加强风险防控体系建设”[1]。2022年4月，习近平总书记考察海南时再次强调：“要坚持维护国家安全不动摇，加强重大风险识别和防范，统筹改革发展稳定，坚持先立后破、不立不破”[2]。一以贯之的关怀嘱托，充分反映出风险防控对海南自由贸易港建设的重要性。全岛封关运作前后，既是压力测试期和风险高发期，也是能力锻炼和经验积累的关键期。唯有深入贯彻落实党中央和省委的决策部

[1] 习近平：《在庆祝海南建省办经济特区30周年大会上的讲话》，《人民日报》2018年4月14日第2版。

[2] 《解放思想开拓创新团结奋斗攻坚克难　加快建设具有世界影响力的中国特色自由贸易港》，《人民日报》2022年4月14日第1版。

署，坚定不移把风险防控作为最关键变量，做到风险防控和政策落实一体谋划、一体部署、一体推进，确保各项重大风险防控机制的有效运转，才能牢牢守住安全发展底线，蹄疾步稳推动自由贸易港建设。

（二）风险防控原则在海南自由贸易港法律法规体系中的体现

《中华人民共和国海南自由贸易港法》第三条强调，需要围绕海南战略定位，加强风险防范，并在第三十四条、第五十五条等条文中明确指出，要加强生态风险防控、走私风险防控与金融风险防控，建立外商投资安全审查制度等。出台《海南自由贸易港土地管理条例》《海南自由贸易港生态环境保护考核评价和责任追究规定》《海南自由贸易港知识产权保护条例》等对各领域的风险防控进行更加精细的立法规定。除此之外，近年来，海南将风险防控作为事关自由贸易港建设成败得失的关键变量，针对贸易、投资税收、房地产、公共卫生、生态环境等领域的风险方案作出系统安排，成立多个风险防控专项小组，落实相关法律法规中关于风险防控的规定。

（三）海南自由贸易港如何坚持风险防控原则

面对复杂多变的外部环境和艰巨繁重的改革发展任务，既要有防范风险的先手，也要有应对和化解风险挑战的高招，下好先手棋、打好主动仗，确保风险找得准、防得住、控得牢。为此，我们要始终心系“国之大者”，锚定“一本三基四梁八柱”战略框架，紧紧扭住风险防控这一关键变量，从底线出发，不断强化风险意识，常观大势、常思大局，既要高度警惕“黑天鹅”事件，也要防范“灰犀牛”事件，科学预见发展形势和应对隐藏其中的风险挑战。

▶▶▶

第六节

用足用好海南自由贸易港法规制定权

《中华人民共和国海南自由贸易港法》第十条是本法当中皇冠上的明珠。这一条款相当于赋予了海南针对自由贸易港建设中的贸易、投资等事项单独立法权，并在海南原有的经济特区立法权与地方立法权基础上创建了第三种立法权——海南自由贸易港法规制定权。其内涵表现在五个方面：一是有来自国家权力机关的立法授权；二是把权力授予了国务院有关部门、海南省人民代表大会及其常务委员会、海南省人民政府及其有关部门；三是运用应当根据《中华人民共和国海南自由贸易港法》的授权规定；四是运用要符合海南自由贸易港建设的具体情况和实际需要；五是制定的法规只能在海南岛实施。

一、授权海南自由贸易港法规制定权的时代意义

（一）为中国授权改革的法律模式提供了实施机制

我国先后对五个经济特区进行了改革授权，应当说，授权幅度是充分的，但是，落实效果却不尽如人意。因为改革涉及多方面的单项立法和政策，因此在一个地方很难实行。海南自由贸易港建设同样遇到了这个问题。所以，《中华人民共和国海南自由贸易港法》第十条作了授权规定，为改革授权立法的落实提供了程序和机制。《中华人民共和国海南自由贸易港法》第十条规定：海南省人民代表大会及其常务委员会可以根据本法，结合海南自由贸易港建设的具体情况和实际需要，

遵循宪法规定和法律、行政法规的基本原则，就贸易、投资及相关管理活动制定法规，在海南自由贸易港范围内实施。从规定上看，立法以宪法的规定为依据，以法律和行政法规为基本原则。换言之，法律和行政法规的具体内容是可以进行改革的，理论限定在贸易投资领域；海南自由贸易港法规应当报全国人大常委会和国务院备案，变通的情况需要在备案时说明，涉及法律行政法规的改变，需要分别报全国人大常委会和国务院批准。由此，通过法律的形式确定了完整的和法律冲突对接的路径，将来在海南自由贸易港建设过程中，涉及法律法规变通的情况就可以按照这个路径来推进。这是党的十八大以来，处理改革和法治关系、进行授权立法的重要经验总结。

（二）为我国地方性法规提供新形式

《中华人民共和国立法法》中，“经济特区法规”“海南自由贸易港法规”“浦东新区法规”都属于特殊地方立法。在研究审议《中华人民共和国立法法》的过程中，对于能否将海南自由贸易港法规写入《中华人民共和国立法法》，有不同的意见。全国人大常委会综合考虑后认为这是我国立法形式的创新，也是改革开放的成果，应当以法律的形式固定。但是，固定下来只是一个形式，更重要的是实质性意义。从制定的主体看，无论是“浦东新区法规”还是“海南自由贸易港法规”，都只是由地方立法制定，而特殊的一些内容应当要由法律确定，但实际法律效力需要进一步验证。

（三）有利于打造具有中国特色的经济贸易规则体系

《中华人民共和国海南自由贸易港法》是一部授权法，赋予海南较大改革开放自主权，蕴含较大的政策与制度创新空间。一方面，《中华人民共和国海南自由贸易港法》有助于我国在国际舞台上输出中国方案和中国智慧。《中华人民共和国海南自由贸易港法》虽强调海南自由贸易港应主动适应国际经济贸易规则发展，但这并不代表海南自由贸易港法规是对国际经济贸易规则的简单移植。海南自由贸易港应结合自身发展将国际经济贸易规则本土化，打造具有中国特色的经济贸易规则体系。在海南自由贸易港成为具有国际影响力的自由贸易港后，这套规则体系将成为他国建立自由贸易港的重要参考。另一方面，《中华人民共和国海南自由贸易港法》将为我国深化区域经济建设提供动力。《中华人民共和国海南自由贸易港法》能与RCEP产生联动效应，共同引领区域经济建设。RCEP成员国外的市场主体进入RCEP区域（区内）开展贸易活动时，仍将受到关税、要素流动等限制。基于《中华人民共和国海南自由贸易港法》确立的优惠税收政策与“货物完全自由流通”的进出口管理原则，区外企业通过海南自由贸易港进入区内市场具有显著低成本优势，因此《中华人民共和国海南自由贸易港法》和RCEP可以共同推动区内区外经贸往来，为后疫情时期全球经济复苏提供动力。《中华人民共和国海南自由贸易港法》涉及授权的部分条款内容见表1-4。

表1-4 《中华人民共和国海南自由贸易港法》涉及授权的部分条款内容

领域	条款	具体内容
行政管理体制	第六条	国家建立海南自由贸易港建设领导机制，统筹协调海南自由贸易港建设重大政策和重大事项。……国家建立与海南自由贸易港建设相适应的行政管理体制，创新监管模式
	第八条	海南自由贸易港构建系统完备、科学规范、运行有效的海南自由贸易港治理体系，推动政府机构改革和职能转变，规范政府服务标准，……国家推进海南自由贸易港行政区划改革创新，优化行政区划设置和行政区划结构体系
	第二十一条	海南自由贸易港按照便利、高效、透明的原则，简化办事程序，提高办事效率，优化政务服务
	第四十四条	海南自由贸易港深化人才发展体制机制改革，创新人才培养支持机制，建立科学合理的人才引进、认定、使用和待遇保障机制
司法体制	第五十四条	国家支持探索与海南自由贸易港相适应的司法体制改革。海南自由贸易港建立多元化商事纠纷解决机制，完善国际商事纠纷案件集中审判机制，支持通过仲裁、调解等多种非诉讼方式解决纠纷

续表

领域	条款	具体内容
自主权	第七条	国家支持海南自由贸易港建设发展，支持海南省依照中央要求和法律规定行使改革自主权。国务院及其有关部门根据海南自由贸易港建设的实际需要，及时依法授权或者委托海南省人民政府及其有关部门行使相关管理职权
	第十条	海南省人民代表大会及其常务委员会可以根据本法，结合海南自由贸易港建设的具体情况和实际需要，遵循宪法规定和法律、行政法规的基本原则，就贸易、投资及相关管理活动制定法规（以下称海南自由贸易港法规），在海南自由贸易港范围内实施

二、海南自由贸易港法规制定权的性质、位阶与权限

（一）海南自由贸易港法规制定权的性质

2021年，全国人大常委会审议通过了《中华人民共和国海南自由贸易法》，授予海南省人大及其常委会制定海南自由贸易港法规的权力。2023年3月13日，十四届全国人大一次会审议通过了《全国人民代表大会关于修改〈中华人民共和国立法法〉的决定》，修改后的《中华人民共和国立法法》对经济特区立法权进行了扩围，涵盖“海南自由贸易港法规”“浦东新区法规”，将海南自由贸易港法规制定权纳入立法体制。

1.在立法权限的划分方面，海南自由贸易港法规制定权属于地方立法权范畴。

从《中华人民共和国海南自由贸易港法》授权条款规定的立法主体、立法根据、立法事项、适用范围和报备报批程序等方面综合来看，海南自由贸易港法规制定权仍属地方立法权范畴。海南自由贸易港法规制定权是全国人大常委会通过法律专门授予的立法权，虽然该种立法权可以对授权主体专属立法事项进行规定，但是其行使主体仍然是海南省人大及其常委会，其行使需要结合海南自由贸易港建设的具体情况和实际需要，且海南自由贸易港法规的适用范围限于海南自由贸易港建设

和管理活动，而海南自由贸易港的地理范围为海南岛全岛。

但由于授权立法实质上是国家最高权力机关让渡部分国家立法权，是全国人大立法权在逻辑上的衍生，因此立法权限高于一般地方立法权，可以突破法律和行政法规的非原则性规定，可视为海南自由贸易港建设的特别法，特别之处就在于与其他法律规定不一致时，作为特别法的海南自由贸易港法律法规在海南自由贸易港建设和管理活动中优先适用。

2.在立法权的来源方面，海南自由贸易港法规制定权是授权性立法权。

根据立法权的来源，地方立法在类型上分为职权性立法和授权性立法。前者来源于宪法、组织法的固有职权；后者来源于其他单行法或授权决定的授权，授权内容为具体特定的，往往具有从属性、优先性与特定性的特征。海南自由贸易港法规制定权来源于《中华人民共和国海南自由贸易港法》的规定，而该法的制定主体为全国人大常委会，并未创设新的职权，故而属于授权性立法。2023年《中华人民共和国立法法》修改后，将海南自由贸易港法规和浦东新区法规纳入原经济特区法规的条款中（第八十四条），并在对授权制定法规的备案程序规范中，将经济特区法规、浦东新区法规和海南自由贸易港法规并列（第九十八条）。这充分表明，经济特区立法权、浦东新区立法权、海南自由贸易港法规立法权都属于授权性立法权，只是因为具体承载的中央授予任务不同而具有不同的名称表述[1]。

（二）海南自由贸易港法规制定权的位阶

法律位阶指的是某类法律规范在法律体系中的纵向排序，表示它和其他法律形式的位置关系，其价值在于明确法律效力高低的关系之后，一旦发生法律冲突，可以按照“上位法优先于下位法”的规则进行适用，遇到同位阶法律形式则可能动用裁决等机制。在我国，授权立法源自全国人大及其常委会的“第二次授权”，权力

[1] 陈志英：《海南自由贸易港法规制定权之性质定位与合宪性审视——从2023年〈立法法〉修改来看》，《江汉大学学报》（社会科学版）2023年第4期。

的本源为国家立法权，且《中华人民共和国立法法》第一百零六条制定的对授权与法律规定不一致时的处理方法作出规定，实定法所反映的位阶等同效应较为明显。2023年《中华人民共和国立法法》修改，在原经济特区立法权条款基础上增加了海南自由贸易港法规制定权与浦东新区法规制定权的内容。《中华人民共和国立法法》第八十八条明确规定法律的效力高于行政法规、地方性法规、规章，并无授权之例外。从这些规定上看，对于授权立法，授权行为已经使立法权发生转移，需要根据其制定机关来判断立法权的层级和规范位阶。因此，自由贸易港法规在位阶上等同于法律。

（三）海南自由贸易港法规制定权的权限

立法权限是提出、筛选和确定立法项目的前提条件。《中华人民共和国立法法》规定的立法权，除中央层面的行政法规外，还包括地方层面的立法权，如普遍性的地方立法权、经济特区立法权和民族区域自治地区立法权等，这次修订还特别增加了海南自由贸易港立法权和上海浦东新区立法权。本次修订使得海南自由贸易港获得了一个“超级立法权”。经济特区立法，需要得到全国人大常委会的个案授权后才能发布；民族区域自治地区虽然可以直接根据自身情况制定自己的法律，但是必须经过全国人大常委会批准，法律才能生效；海南自由贸易港法规，根据《中华人民共和国海南自由贸易港法》，海南省人大制定法规后，只需到全国人大常委会和国务院备案即可。所以，从《中华人民共和国立法法》规定的各组立法机构而言，海南拿到的特权是超级特权，任何地方都无法跟海南相比。

三、与其他立法权的对比

目前，地方立法（一般地方性法规）主要包括三大类。一是实施性立法：为保证法律、行政法规在本区域遵守和执行，制定某一法律或行政法规的实施办法。

二是自主性立法：在地方事权范围制定地方性法规，具有地域性特征。三是先行先试性立法：就国家尚未制定法律或行政法规的事项，通过地方先行先试，为国家立法积累经验。就特殊立法而言，主要有四类。第一类为民族自治地方立法（自治条例和单行条例），第二类为经济特区立法（经济特区法规），第三类为浦东新区立法（浦东新区法规），第四类为海南自由贸易港立法（海南自由贸易港法规）。这四类立法权的最大特点在于，在不违背宪法和法律、行政法规的基本原则前提下，都可对法律、行政法规予以变通。可以说，实施性立法的灵魂是强调细化落实，自主性立法则是具有地域性特征，先行先试性立法则是先行立法探索，而海南自由贸易港法规则呈现革故鼎新、开辟未来的特点，因此其自主立法权限最大、含金量最高。海南自由贸易港法规立法权与其他地方立法权对比见表1–5。

表1–5　海南自由贸易港法规立法权与其他地方立法权对比

对比内容	一般地方性法规	自治条例和单行条例	经济特区法规	浦东新区法规	海南自由贸易港法规
权力来源	具有宪法基础的职权立法	具有宪法基础，赋予自治地方少数民族以立法管理民族事务的权力	由全国人大或全国人大常委会授权；法律规定	全国人大常委会授权	国家专门单行立法
立法主体	省、自治区、直辖市和设区的市级人大及其常委会	民族自治地方的人民代表大会（含自治州、自治区、自治县）	海南省人大及其常委会，深圳、厦门、珠海、汕头等市人大及其常委会	上海市人大及其常委会	海南省人大及其常委会
立法事项	省级人大及其常委会根据本行政区域的具体情况和实际需要制定；对城乡建设与管理、环境保护等事项制定（设区的市）	自治条例是民族自治地方的综合性法规，单行条例是民族自治	与经济特区相关的经济领域	根据浦东改革创新实践需要，遵循宪法规定及法律和行政法规基本原则，制定浦东新区法规，在浦东新区实施	结合海南自由贸易港实际需要，遵循宪法规定和法律、行政法规基本原则，就贸易、投资及相关管理活动制定法规，在海南自由贸易港范围内实施

续表

对比内容	一般地方性法规	自治条例和单行条例	经济特区法规	浦东新区法规	海南自由贸易港法规
立法权限	不与宪法法律、行政法规相抵触，或针对城乡建设管理等事项	可依照当地民族特点，对法律和行政法规规定作变通，但不得违背法律或行政法规基本原则，不得对宪法和民族区域自治法规定及其他有关法律等就民族自治地方所作的规定作变通	根据经济特区实际需要，遵循宪法的规定以及法律和行政法规基本原则，制定法规，在经济特区实施，并报备案（海南还需遵循全国人大及其常委会有关决定和国务院有关行政法规的原则）	遵循宪法规定以及法律和行政法规基本原则制定，在浦东新区实施	既可对法律、行政法规作出变通，也可涉及国家立法或行政法规保留事项
报备报批程序	自行发布即生效（事后备案）；或批准生效（设区的市）	批准后生效（事后备案）	自行发布即生效（事后备案）	自行发布即生效（事后备案）	自行发布即生效（事后备案）；或报全国人大或国务院批准后生效

资料来源：中改院课题组整理。

四、用足用好海南自由贸易港法规制定权

海南自由贸易港法规制定权既是机遇，也是使命，更是责任。获得立法权，制定好海南自由贸易港法规，能为海南自由贸易港发展提供更好的支撑和保障。未来，要以习近平新时代中国特色社会主义思想为指导，坚决扛起自由贸易港建设先行示范责任担当，大力推动高水平开放压力测试，大力开展制度集成创新，大力提振市场信心，推动现代产业体系构建，推动区域协调发展，推动民生福祉持续增进，加快建设具有世界影响力的中国特色自由贸易港，成为新时代中国改革开放的示范和展示中国风范的靓丽名片。

（一）运行机制与行使机制

在运行机制上，一是自由贸易港法规制定权在指导思想上要体现习近平总书

记“4·13”讲话精神。二是在具体运行要求方面：首先，要保证法制统一，要依法履行相应的授权备案程序，如《中华人民共和国海南自由贸易港法》第十条第2款与第3款的规定；其次要明确变通的范围，要重点聚焦在贸易、投资领域，促进相应领域配套制度的完善或构建，持续优化海南自由贸易港的发展环境；同时，海南自由贸易港法规制定权的行使要坚持创新，对接最高水平经贸规则，如CPTPP、DEPA（数字经济伙伴关系协定）等。

在行使机制上，一是要依法立法。经过党委领导、人大主导、政府依托、公众参与、专家论证和会议表决等程序，在省人大常委会的立法规划中，明确需要提前审议、研究起草，推动国家部委的法规有130部。未来，海南有近1000部自由贸易港法规出台，为保证立法的科学、合理与民主，要依法立法，即建立海南立法程序，确保海南超级立法权在固定的法律程序轨道下进行。海南省人大或海南省人大常委会要出台海南自由贸易港制定法规条例，政府层面应该发布规章制定的程序条例。二是要开展立法后评估。这有利于梳理过去5年立法项目实施情况，有利于发现问题、总结成效、引领立法。建议开展立法规划的评估，系统梳理，承上启下，为下一个五年规划的编制打好基础；强化过程性管理，开展立法规划年度常态化评估工作，每年对立法规划开展评估工作，实施简易化评估，适时调整立法规划以适应社会经济发展需要。建议由海南省人民代表大会或者中共海南省委全面依法治省委员会办办室组织专班对上一个五年立法规划进行评估。

（二）明确海南自由贸易港立法思路

海南自由贸易港立法，需要明确以下思路：

一要有全局意识，考虑历史使命与立法自信，立足自由贸易港实际，树立立法自信，不断学习创新，在以宪法为核心的中国特色社会主义法律体系下不断完善。

二要有长远观念，考虑区域联动与多元发展，在现有的立法基础上根据改革创新的需要进行变通立法，并完善现有规定可突破的范围；不被国际规则束缚，充分利用国际规则中的例外条款，制定产业政策和其他政策法规，实现国际规则为我所用。

三要有前瞻意识，考虑自身优势与不足，目前海南自由贸易港法治体系部分领域的相关制度建设不足。一是海南自由贸易港数据相关制度缺失，符合海南自由贸易港需求的数据基本法规缺失，优化营商环境相关法规未关注到数字营商环境的法治体系建构；二是金融制度供给不足，未出台海南自由贸易港金融条例等相关规定；三是商事纠纷解决制度在系统性与国际性方面欠缺，《海南省多元化解纠纷条例》更多的是框架性、管理性、宣示性内容，无统一仲裁规则、调解规则。

（三）形成全岛封关运作的立法安排

1.相关立法安排要服务于做大市场流量的目标。

市场流量小是海南自由贸易港建设的突出矛盾。2021年，海南实际利用外资额虽比2020年增长16.2%，达到35.2亿美元，但仅占全国的1.98%，相当于广东的12.3%、上海的15.6%、山东的16.4%；货物贸易和服务贸易进出口额占全国的比重仅为0.38%和0.54%。在特定背景下，封关运作后提升市场流量存在较大不确定性，尤其要防止因“一线放不开”导致“外资进不来”的问题。为此，贸易投资及监管领域立法要以不降低海南与内地货物流动的便利性为底线，确保海南与境外间要素与商品流动的自由与便利，确保海南与内地市场在要素流动上的自由与便利。

2.立法安排要服务于海南自由贸易港的战略定位。

海南面向东盟最前沿，地处RCEP中心位置，推进RCEP进程成为我国高水平开放的战略抓手。要充分释放海南自由贸易港与RCEP叠加效应，将海南自由贸易港建设成为中国与东盟经贸合作的自由经济区、公共卫生与健康合作示范区、蓝色伙伴关系核心区以及全面人文交流特区，适时制定出台海南自由贸易港海关监管条例、海南自由贸易港检验检疫条例、海南自由贸易港南海资源共同开发条例、海南自由贸易港出入境管理条例等。

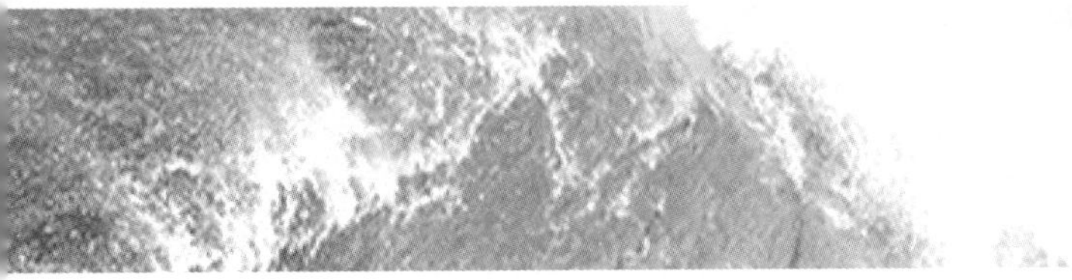

第二章

以减少“边境上”的壁垒为关键吸引全球要素向海南流动

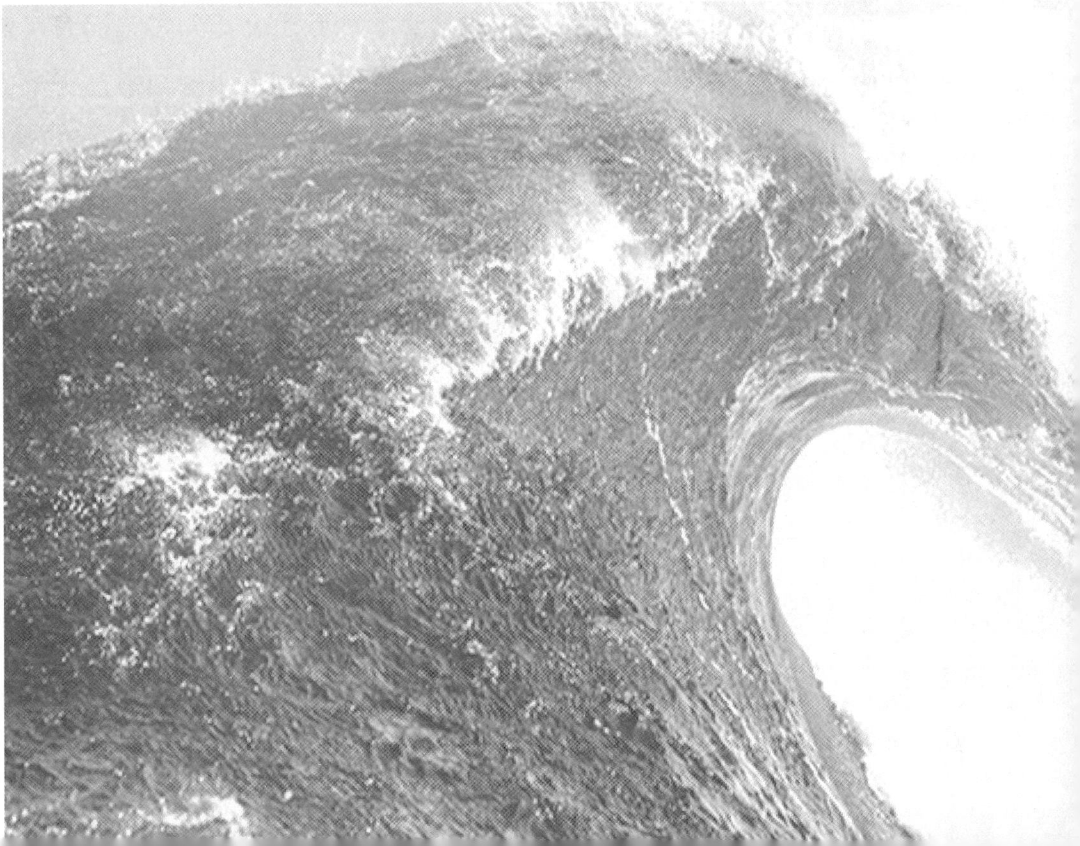

习近平主席在第二十五届圣彼得堡国际经济论坛全会上致辞时指出，推动经济全球化进程和坚持创新驱动，要“消除贸易壁垒”“打破创新要素流动壁垒”[1]。传统贸易规则都是以“边境上”的措施为主要对象的，主要包括WTO框架下的关税、非关税壁垒、市场准入等，往往更加关注经济因素。减少“边境上”的壁垒有利于增加国际贸易，优化资源配置，使资源自由流向最需要的地方；有利于增进国家之间的合作，在一定程度上能够加深各国之间的关系；有利于降低企业的交易成本，最终使消费者受益。纵观中国香港、新加坡与迪拜等国内外知名自由贸易港，其“边境上”的壁垒几乎为零，而海南自由贸易港要想提高区域竞争力、充分体现自由贸易港的优势，就要通过法治尽可能地减少“边境上”的壁垒，吸引来自全球各地的要素。

[1] 《习近平出席第二十五届圣彼得堡国际经济论坛全会并致辞》，《人民日报》2022年6月18日第1版。

第一节

建立以“零关税”为主要特征的货物贸易自由化便利化制度

实施以“零关税”为主要特征的货物贸易自由化便利化的政策与制度，不仅是CPTPP传统议题中的核心内容，也是自由贸易港的基本要求。全面对接CPTPP货物贸易及通关便利化规则，有利于形成海南自由贸易港货物自由便利的突出优势，也将为我国扩大“零关税”商品比例、优化海关监管及通关程序、完善配套制度提供重要示范。

一、“零关税”政策是货物贸易自由化便利化的重要内容

（一）CPTPP形成了更高标准的货物贸易自由化便利化措施

1.实现98%以上的货物“零关税”。

CPTPP中缔约方最终实施“零关税”的税目超过98%，明显高于RCEP中90%以上的水平。其中，生效第一年立即降为“零关税”商品的比例高达86%，明显高于我国在RCEP中53%左右的承诺水平。

与RCEP相比，过渡期较短。CPTPP中不同国家关税减让的过渡期也有较大差异，但总体过渡期远少于RCEP。例如，澳大利亚承诺在3年内实现99.87%的商

品“零关税”，日本和越南承诺在20年内分别实现93.02%和98.11%的商品“零关税”。RCEP关税过渡期为21—36年，也就是说，RCEP最短过渡期也已超过CPTPP中最长过渡期（见表2-1）。

表2-1 CPTPP各国“零关税”情况

国家	基准期	第一年	最后一年	过渡期/年
澳大利亚	47.54%	93.21%	99.87%	3
文莱	75.83%	91.93%	100.00%	10
加拿大	57.58%	93.99%	98.66%	11
智利	0.42%	89.85%	94.81%	7
日本	38.28%	81.12%	93.02%	20
马来西亚	64.70%	85.58%	99.87%	15
墨西哥	55.02%	76.39%	98.85%	15
新西兰	58.60%	95.09%	100.00%	6
新加坡	100.00%	100.00%	100.00%	0
秘鲁	53.81%	81.06%	99.38%	15
越南	32.46%	65.10%	98.11%	20

2.复杂严格的原产地规则促进形成成员国间供应链。

CPTPP中更为精细和严格的原产地认定标准将形成排他性效应，并带动企业在本区域内进行生产与采购。例如，与RCEP提出扣减法、累加法及40%以上的价值增值不同，CPTPP中提出价格法、扣减法、增值法、净成本法（仅适用于汽车产品）四种方法，并按照不同方法分别要求区域价值增值在35%—55%之间不等。

CPTPP原产地规则将立即生效。RCEP协定明确累计规则，即“除缔约方另有共识外，缔约方应当自开始之日起五年内结束审议”。而CPTPP中并无相关要求，意味着其生效后立即实施。

（二）对标CPTPP明确海南自由贸易港传统议题压力测试重点

1.海南自由贸易港通关便利化水平已接近CPTPP标准。

海南自由贸易港建设以来，以“单一窗口”通关便利化水平明显提升，整体通关时间由2017年的126.94小时压缩至目前的35.3小时，已符合CPTPP中48小时通关时限的要求。此外，海南自由贸易港通过上线自由贸易协定优惠关税查询系统等方式实现了通关程序透明度的明显提升，但在自动化、电子化方面仍有提升空间。

2.“零关税”商品比例仍有待提升。

2022年1月RCEP正式生效后，海南自由贸易港将与内地同步实现56%的商品“零关税”，与CPTPP第一年实现86%商品“零关税”水平仍有30个百分点的提升空间。即便叠加海南自由贸易港“一负两正”“零关税”清单，海南实施“零关税”商品的比例仍不足60%。按进口商品涉及的8位HS商品编码数量来看，2021年1—10月，海南口岸进口8位HS编码商品1627个。其中，以“零关税”原辅料政策进口编码7个，占0.43%；以“零关税”交通工具政策进口编码10个，占0.61%；以“零关税”生产设备政策进口编码43个，占2.64%。

3.原产地规则仍有进一步细化空间。

根据《海关对洋浦保税港区加工增值货物内销税收征管暂行办法》，目前海南自由贸易港结合扣减法和价格法形成了加工增值比例计算公式，存在计算方式单一、与RCEP区域累积规则不能对接等问题。

（三）RCEP生效将弱化海南自由贸易港货物贸易自由便利政策

在“零关税”政策方面，《海南自由贸易港“零关税”原辅料清单》共有169个税目，是RCEP税目总数的2%，且60%以上的商品在RCEP生效后第一年立即降为0（见表2-2）；《海南自由贸易港“零关税”交通工具及游艇清单》共有100个税目，是RCEP税目总数的1.2%。虽然RCEP中对大部分交通工具未作“零关税”承诺，但由于税目数量少且企业营运自用等的制约，其政策优势相对较小。

表2-2 “零关税”原辅料清单与RCEP承诺对比

税则号列	基准税率	RCEP生效后税率	税则号列	基准税率	RCEP生效后税率
0801	10%	第一年降为0	2920	6.5%	第十年降为0
1002	3%	第一年降为0	3815	6.5%	第一年降为0
1003	3%	第一年降为0	4401	0	—
1004	2%	第九年降为0	4403	0	—
1007	2%	第一年降为0	4404	8%	第一年降为0
1008	2%—3%	第一年降为0	4407	0	—
1202	15%	第一年降为0	7002	6%	第一年降为0
1204	15%	第一年降为0	7610	6%	第一年降为0
1206	0	—	8302	12%	第一年降为0
1207	10%—20%	第一年降为0	8407	8%	第二十年降为0
2505	3%	第一年降为0	8408	5%	第二十年降为0
2614	0	—	8409	5%—6%	第二十年降为0
2615	0	—	8421	10%	第二十年降为0
2701	3%—5%	第一年降为0	8425	5%	第十年降为0
2702	2%	第一年降为0	8479	0	—
2703	5%	第一年降为0	8487	6%	第十年降为0
2704	5%	第一年降为0	8501	5%	第一年降为0
2707	6%	第一年降为0	8502	10%	第一年降为0
2709	0	—	8503	8%	第一年降为0
2710	6%	第一年降为0	8511	—	—
2711	3%—5%	第一年降为0	8517	0	—
2902	2%	—	8526	5%	第一年降为0
2905	5.5%	—	8527	27%	第一年降为0
2907	5.5%	第二十年降为0	8529	1.5%	第一年降为0
2909	5.5%	第十年降为0	8803	0—1%	第一年降为0
2914	5.5%	—	9013	5%	第二十年降为3.8%
2917	6.5%	—			

二、推进以“零关税”为特征的自由便利安排

（一）出台相关政策法规

出台精简的海南自由贸易港禁止、限制进出口的货物、物品清单；对标国际自

由贸易港，出台海南自由贸易港进口商品征税目录，率先在海南自由贸易港全面实行RCEP"零关税"清单，并逐步向全面"零关税"过渡；实行全链条式的国际贸易"单一窗口"管理制度；实行以信用管理为核心的便捷通关制度。例如，率先在海南自由贸易港"一线"口岸对易腐货物和快件、空运货物实行6小时内放行便利措施。

（二）全面开展以"零关税"为重点的货物贸易规则压力测试

1.率先在海南自由贸易港全面实行RCEP"零关税"清单。

在RCEP框架下，我国将最终实现88.5%的商品"零关税"，达到CPTPP中生效后第一年86%的"零关税"商品比例。建议在海南自由贸易港立即实施我国在RCEP中对东盟国家的"零关税"商品承诺表，实施对象为包含东盟在内的全球经济体或单独关税区（见表2-3）。

表2-3　RCEP中我国"零关税"商品承诺比例

经济体	基准	第一年	最后一年	过渡期/年
东盟	8.45%	67.91%	90.50%	21
澳大利亚	8.45%	65.82%	89.98%	21
日本	8.45%	25.01%	86.00%	21
韩国	8.45%	38.64%	86.00%	36
新西兰	8.45%	66.14%	89.98%	21
平均	8.45%	52.70%	88.49%	24

资料来源：中改院课题组整理。

2.逐步将"零关税"商品比例提升至99%。

对标新加坡等自由贸易港。全面"零关税"管理不仅是自由贸易港的基本要求（见表2-4），也是CPTPP的最终目标，例如，新加坡在CPTPP中实现了100%的"零关税"。为全面对接CPTPP中98%以上商品"零关税"的最终目标，在海南自由贸易港内可考虑利用5年左右的时间将"零关税"商品比例提升至99%。

表2-4　货物贸易自由便利的相关要求

文件	原则	具体要求
《海南自由贸易港建设总体方案》	实行以“零关税”为基本特征的自由化便利化制度安排	制定海南自由贸易港进口征税商品目录，目录外货物进入自由贸易港免征进口关税
《中华人民共和国海南自由贸易港法》	在依法有效监管基础上，建立自由进出、安全便利的货物贸易管理制度	在境外与海南自由贸易港之间，货物、物品可以自由进出，海关依法进行监管

重点推进非农产品“零关税”。若海南自由贸易港将RCEP中非零关税工业品全部实现“零关税”，则“零关税”商品比例将达到98.8%；若将农产品中非热带农产品剔除，该比例将提升至99%以上。建议在我国RCEP关税承诺表基础上，逐步对非零关税工业品全部实行“零关税”管理（见表2-5），并对这类产品实行现有的“二线”管理制度，即进入内地照章纳税。

表2-5　我国在RCEP中非的零关税产品分布

行业名称	非零关税数量/个	行业名称	非零关税数量/个
动物产品	1	纺织品，服装	39
植物产品	66	石头/玻璃	21
食品	31	金属	40
矿产品	1	机械	109
燃料	3	电子产品	68
化学品	69	运输设备	124
塑料/橡胶	18	玩具	1
兽皮	1	杂项	21
木制品	173	农业品	98
工业品	668	—	—

3.以农业为重点形成符合CPTPP规则的贸易救济制度。

随着海南自由贸易港“零关税”商品比例的大幅提升，将不可避免地对部分产业形成冲击。我国贸易调整救济制度仍处于探索阶段。CPTPP对国内遭受严重损害（国内产业状况的重大全面减损）的情况允许缔约国采取为期3年的过渡性保障措施。建议以农业为重点尽快制定应对“零关税”的贸易保障措施体系，并在此基础上逐步降低剩余非零关税热带农产品关税税率。

三、对接先进规则确定海南自由贸易港原产地规则

原产地规则是指一国根据国家法令或国际协定确定的原则制定并实施的，以确定生产或制造货物的国家或地区的具体措施或规定[1]。一般而言，原产地规则的构成要素包括实体性规则与程序性规则。前者又可细分为包括完全获得、实质性改变标准在内的原产地标准，以及包含累计规则[2]、微量条款等在内的辅助规则；后者则包括直接运输、原产地证明等为满足实体性规则需要的操作手续[3]。而RCEP所采用的统一的原产地规则同样包括完全获得或生产的货物（WO，Wholly Obtained），能够由企业灵活选择适用的、包含税则归类改变（CTC，Change in Tariff Classification）、区域价值成分（RVC，Regional Value Content）、加工工序要求（TT，Technical Test）在内的产品特定规则[4]、较为宽松的区域累积规则、微小加工和处理、微小含量、直接运输等条款，以及包括原产地证明、原产地证书等条款在内的签证操作程序[5]。

（一）对标CPTPP推进加工增值货物内销免征关税政策创新

建议引入RCEP中的累加法和CPTPP中的净成本法，以便于各类企业根据自身业务特点自主选择不同计算方法提交加工增值证明。

[1] 罗先云：《原产地规则的法律问题研究》，中国政法大学出版社，2014。

[2] 在RCEP的中文文本中，“累积规则”与“累计规则”皆有出现，两者本质上无较大区别，可互换使用。

[3] 厉力、刘平、郑冬阳编著《原产地规则的原理与实践指南》，中国海关出版社，2020；罗先云：《原产地规则的法律问题研究》，中国政法大学出版社，2014。

[4] RCEP第三章附件一。

[5] 俞子荣、袁波、王蕊、宋志勇等：《RCEP：协定解读与政策对接》，中国商务出版社，2021。

（二）海南自由贸易港加工增值内销免关税政策与RCEP原产地规则的叠加

将企业在RCEP成员国的加工增值部分列入海南的增值部分，只要企业在RCEP和海南自由贸易港加工增值累计超过30%，即可享受“零关税”进入内地的政策。同时，逐步实现与RCEP其他成员国间的完全累积，将服务环节等纳入增值计算范围。海南、RCEP、CPTPP原产地规则总体比较见表2-6。

表2-6　海南、RCEP、CPTPP原产地规则总体比较

项目	海南	RCEP	CPTPP
认定标准	实质性改变	完全获得、完全生产、实质性改变	完全获得、完全生产、实质性改变
增值比例	30%以上	40%以上	35%、45%、55%不等
区域累计规则	—	区域内原产地累积 （RCEP第三章第四条第二款，目前并非RCEP的生效条文，而是留待缔约方在五年之内审议，目前对非原产材料进行的生产活动，尚未计入原产成分进行累积）	区域内完全累积 （各缔约方内的所有生产和货物增值，不仅包括原产货物，也包括非原产货物）
计算方法	扣减法：（货物出区内销价格－Σ境外进口料件价格－Σ境内区外采购料件价格）÷（Σ境外进口料件价格＋Σ境内区外采购料件价格）×100%≥30%	直接法（累加法）：（原产材料价格+直接人工成本+直接经营费用成本+利润+其他成本）÷出口产品之出境口岸价格×100%≥40% 间接法（扣减法）：（出口产品之出境口岸价格-非原产材料价格）÷出口产品之出境口岸价格×100%≥40%	价格法：（货物价格-特定非原产材料价格）÷货物价格×100% 扣减法：（货物价格-非原产材料价格）÷货物价格×100% 增值法：原产材料价格÷货物价格×100% 净成本法：（净成本-非原产材料价格）÷净成本×100%

第二节

形成具有海南特色的投资自由便利制度

投资自由化便利化是指通过放宽对跨境投资的限制和约束，鼓励和支持国内外投资者在符合相关法律法规的前提下进行更多的跨国投资活动。投资自由便利是自由贸易港建设的基本要求。《中华人民共和国海南自由贸易港法》以专章规定了海南自由贸易港要实施投资自由化便利化的政策。旨在打造当今世界最高水平开放形态的海南自由贸易港，需要按着《海南自由贸易港建设总体方案》《中华人民共和国海南自由贸易港法》的要求，以形成具有国际竞争力的投资自由便利政策与制度安排为目标，完善投资自由便利法律法规体系建设，为加快建设具有世界影响力的中国特色自由贸易港提供重要法治保障。

一、海南自由贸易港投资自由便利制度建设的基本要求

（一）形成“非禁即入”的投资自由便利制度

1.完善以“非禁即入”为特征的市场准入管理模式。

市场准入制度是自由贸易港的基础性制度。“非禁即入”既是高标准市场经济体制的基本特征，也是自由贸易港的基本要求。“非禁即入”意味着负面清单之外的市场领域，各类市场主体均可依法平等进入。从实践看，“非禁即入”管理模式

仍有待进一步完善，特定领域和关键环节的“准入不准营”等隐性壁垒依然较多。为此，需要聚焦市场主体进入意愿强、准入限制多的焦点行业、领域和业务，在严格落实“非禁即入”基础上，支持海南自由贸易港探索并逐步建立与世界最高开放水平相适应的市场准入管理模式。

2.建立以“开放、透明”为特征的市场准入环境。

自2018年以来，我国将负面清单管理模式由外商投资管理领域引入市场准入环节，探索“非禁即入”管理模式。从实践看，部分行业、领域、业务的准入限制依然过多、过严。《市场准入负面清单（2022年版）》列有禁止准入事项6项，许可准入事项111项。

3.建立以信用为核心的市场准入事中事后监管制度。

适应海南自由贸易港实施市场准入承诺即入制的目标要求，针对当前把备案变成变相审批，告知承诺流于形式、名不副实的倾向，在免除市场管理部门事前对市场主体预判和行政审批基础上，梳理特定产业市场准入及准入后经营环节面临的体制机制障碍，通过取消审批、审批改告知承诺、明确经营范围、创新监管方式等，在明显降低企业制度性交易成本的同时，推动政府建立并完善与之相适应的过程监管的规则和标准。

（二）明确开放底线，实现开放与安全相统一

1.严格管制影响国家安全与生态安全的投资。

除严格禁止破坏生态环境的投资外，对影响国家安全和生态安全的投资实行严格管制。影响国家安全和生态安全的投资如武器、爆炸物、放射性物质等的生产与销售等威胁公共安全类的投资，野生动植物和微生物资源采集与收购及影响海南生物平衡的生态安全类的投资，广播、新闻、宣传、出版与宗教、政治等涉及意识形态安全的投资。

2.限制涉及重大公共利益和公共事业领域的投资。

例如，矿产、石油、核能等战略性资源能源开发，战略物资储备，信息安全设备制造，公共卫生，义务教育，供电供气，公共交通等涉及重大公共利益和公共事业的领域，可以考虑采用牌照管理、特许经营、保留优先股权利、明确高级管理人员和董事会任职资格等方式，实现开放与安全的有效平衡。

3.审慎弱化涉及经济安全领域的投资限制。

例如，下一代信息技术研发、人工智能系统服务、战略性新材料研发制造、战略性产品出口以及离岸金融、法律服务等特殊专业服务业领域，在明确标准的前提下，通过强化审批、限定内外资持股比例、设立单一股份份额、强化安全审查、加强事中事后监管、列入未来可能变动的例外条款等方式，在保证经济安全的同时强化压力测试。

（三）突出海南自由贸易港最高水平开放制度安排优势

1.在现有投资制度基础上突破创新。

海南自由贸易港投资自由便利制度，是依托海南自由贸易港的政策与制度安排优势，在《海南自由贸易港外商投资准入特别管理措施（负面清单）（2020年版）》《市场准入负面清单（2022年版）》的基础上，以最高水平开放为目标，在进一步缩减负面清单限制措施数量、弱化限制强度、丰富限制措施种类等方面先行先试。

2.加大敏感领域的压力测试力度。

在目前正在实施的《海南自由贸易港外商投资准入特别管理措施（负面清单）（2020年版）》中，服务业限制措施有22项，远超新加坡在CPTPP附件1中的限制措施数量（9项）。海南自由贸易港投资自由便利的法治安排，依托自由贸易港的开放政策优势，大胆借鉴国际高标准贸易协定的相关规则，加大对电信、文化体育娱乐、金融、信息等敏感领域的压力测试力度。

3.除特殊领域外实现内外资一视同仁。

内外资一视同仁、平等对待是《中华人民共和国外商投资法》确立的基本原则。“海南版”投资负面清单在明确内外资不一致的相关行业，细化对外资的额外限制措施、权限部门、违背的正面义务等前提下，全面实现准入前国民待遇加极简负面清单加准入后国民待遇，除例外条款外，内外资按统一清单实行一致管理。

（四）体现高度透明与可操作性

现有投资管理制度与政策内容描述模糊、法律依据缺乏、措施限制强度大等是各方诟病我国负面清单透明度不高、可操作性不强的突出因素。例如，海南自由贸易港外商投资准入负面清单仍然沿用“说明+列表”模式，主要包括以行业大类标注出的部门以及不符措施描述等内容。而从CPTPP、USMCA（《美墨加三国协议》）等投资负面清单看，其主要内容包括行业及分部门、正面义务、政府层级、现行措施的法律依据及具体不符措施描述。海南自由贸易港投资制度与投资相关法律安排，应力求在提升清单透明度与可操作性方面实现重要探索。

（五）最大限度与国际接轨

1.形成与国际接轨的投资负面清单基本框架。

除当前实施的特别管理措施外，适应未来新业态、新模式的出现，增加未来可能予以限制的措施条款。

2.形成与国际接轨的投资限制措施类别。

从现有自由贸易试验区外商投资准入负面清单限制措施分类看，我国更多采用禁止进入等刚性限制措施，难以体现开放的广度与深度。海南自由贸易港投资限制措施应大幅缩减完全禁止类事项，更多采用限制类措施，由此实现更大程度的开放。

3.形成与国际接轨的负面清单限制方式。

从目前我国负面清单的实践看，业绩要求、高管与董事会要求、资格约束性质的国民待遇等国际通常采用的柔性限制措施运用不足，制约了负面清单的实际开放效果。海南自由贸易港投资管理制度与法律安排的具体内容应既包含原有行业大类、不符措施描述等内容，也应参照CPTPP、USMCA的基本做法，新增牌照管理、高管与董事会要求等多元化限制措施[1]，并对具体限制措施描述进行规范性、准确性校正，使其最大限度与国际接轨。

（六）突出海南产业特色

1.突出服务贸易主导的产业特色。

按照中央提出的以旅游业、现代服务业、高新技术产业为主导的要求，大幅减少旅游业、教育、文化体育娱乐、医疗健康、数字经济等领域的限制措施，进一步弱化准入条件、股比要求与经营范围等限制强度。

2.突出陆海统筹的地理区位特色。

进一步放宽海洋渔业、海洋旅游、海洋能源开发、海洋生物、海水淡化与综合利用、海洋工程装备研发与应用、海洋基础设施建设等产业的投资限制，推动建立现代海洋经济体系，为海南打造21世纪海上丝绸之路重要战略支点、推动泛南海经济合作提供产业支撑。

3.突出绿色发展的生态特色。

增加或加强涉及生态破坏或环境污染产业的投资限制，严格禁止落后工业与不符合主体功能区建设要求的各类投资行为；放宽新能源汽车、绿色热带高效农业、绿色金融等生态产业投资限制，推动海南率先形成生态型产业体系。

[1] 迟福林：《建设更高水平开放型经济新体制》，《当代经济科学》2021年第1期。

二、投资自由便利制度建设的经验借鉴

（一）成熟自由贸易港的基本实践

1.新加坡。

高度开放的投资准入。第一，新加坡对外资持开放态度，鼓励外国投资。新加坡主体可充分享受外资利益，且成立新加坡公司不受最低投资金额的限制；本地和外国投资者均适用相同的法律和法规；新加坡给予个人投资者以外资国民待遇，对外资进入新加坡的方式无限制，外国自然人依照法律可申请设立独资企业或合伙企业。第二，限制外商投资的领域少。目前公用事业如公共交通、电力、供水等，以及新闻传播、国防、武器制造、金融等领域限制外商投资（见表2-7），其他经济领域基本放开。

表2-7　新加坡对外资禁止或限制的部分行业

行业	禁止或限制措施
广播	外资持股比例不得超过49% 对公司或其控股公司进行督导、控制或管理的所有或多数人不得由外方任命或习惯于按照任何外方的指示行事
新闻	外资持股比例不得超过30%
银行	禁止新增外资银行进入本地零售业务市场 限制外资银行对本地银行持股比例
公共事业	外资持股比例不得超过49% 有关港口和机场运营的公司外资股权比例不得超过5%
印刷媒体	本地报刊业外资私有股权不得超过5% 报业公司所有董事必须为新加坡人 报业公司的管理股仅可向由媒体局授予书面批准的新加坡公民或公司发行或转让
住宅房地产	未经新加坡土地管理局土地交易审批部门批准，外国人不能购买某些受限制的住宅房地产，如空置住宅用地、有地住宅房地产、不是规划法令下经批准的公寓开发的分层有地住宅、店屋（非商业用途）、协会场所、礼拜场所及未在酒店业法令规定下登记的工人宿舍或服务公寓或寄宿公寓
法律服务	外国律师事务所不允许雇用有新加坡执业资格的律师或通过某些类别的注册律师提供与新加坡法律相关、超出国际商业仲裁范围或有关新加坡国际商业法庭的法律服务

资料来源：《对外投资合作国别（地区）指南 新加坡（2019年版）》。

通过部门法对某些行业和战略性产业的外商投资予以限制。新加坡一般不限制外商投资范围，也没有针对外商投资的单独立法或负面清单，但外商投资在某些行业和战略性产业上可能受到部门法的限制。第一，对于受管制行业，部门法要求相关领域投资需取得政府批准。这些行业主要包括银行和金融服务、保险、电信、广播、报纸、印刷、房地产、游戏等。如金融须经新加坡金融管理局（MAS）许可，部分制造业（爆竹、钢材、啤酒、光盘、香烟等）须经新加坡经济发展局（EDB）许可。第二，对于受管制行业，部门法对其设置外国股权限制、特殊许可或其他要求作出规定。对限制进入行业除实施资格、股比限制外，还包括岗位限制、企业注册地限制等措施。例如，新加坡《法律职业规章》规定，国际律所需要获得合格外国律师事务所（QFLP）执照的才能够在新加坡执业，外国律师事务所在家庭法、刑法、争议解决等领域的执业受到限制。（见表2-8、表2-9）

表2-8　新加坡对部分受限制行业的执照要求

限制行业	主管单位及执照要求
银行与金融服务业	须取得新加坡金融管理局的营业许可执照、交易执照、投资顾问执照或经济执照
旅行社	须取得新加坡旅游促进局发放的旅行社执照
录像带摄制与出租业	须取得新闻通讯及艺术部电影检查局发放的执照

资料来源：中改院课题组整理。

表2-9　新加坡针对部分受限制行业的法律规定

限制行业	法律依据	相关规定
法律服务	法律职业规章	国际律所需要获得合格外国律师事务所执照的才能够在新加坡执业 外国律师事务所在家庭法、刑法、争议解决等领域的执业受到限制
广播	广播法令	未经新加坡资讯通信媒体发展局（IMDA）授予广播执照，任何人不得在或向新加坡提供任何受许可的广播服务 如果公司中任何外方持有或控制不少于公司或其控股公司49%的股权或表决权，或对公司或其控股公司进行督导、控制或管理的所有或多数人由任何外方任命或习惯于按照任何外方的指示行事，则不予授予该等执照

续表

限制行业	法律依据	相关规定
印刷媒体	报业和印刷法令	在每个报业公司中，所有董事均为新加坡人 股份分为管理股和普通股。管理股仅可向由媒体局授予书面批准的新加坡公民或公司发行或转让，外资持有上市印刷公司管理股的上限为3%

资料来源：中改院课题组整理。

2.中国香港。

高度开放的投资准入。作为全球最开放的外向型经济体系之一，除赌博业外，香港特别行政区政府鼓励外来投资者参与任何行业的投资。在中国香港所有现行法律允许经营的商业活动中，极少行业是完全禁止私人或外来投资者参与的。

主要采取牌照管理与经营者资格限制方式。香港特别行政区政府没有通过统一立法对各行业市场准入条件作出规定；但电信、广播、交通、能源、酒制品销售、餐厅、医药和金融等行业，除商业登记外，需要向有关政府部门申请牌照[1]。

专栏2-1　中国香港部分行业执业资格限制

医生

根据《香港法例》第161章《医生注册条例》，任何人在由医务委员会主办的执业资格试中考取合格，并已完成评核期，可获接受注册为医生。任何人获香港大学或香港中文大学颁授内科及外科学位，并获得相应的经验证明书，可获接受注册为医生。如果无法满足以上条件，只有当香港卫生署、医院管理局、香港大学及香港中文大学拟聘用这类人才以专门为该机构执行临床教学或研究工作，可获暂时注册，暂时注册期不超过14天，且不发出证明书或执照。（此外，还有临时注册、有限度注册。）任何注册医生除非持有当时有效的执业证明书，否则不得在香港内科、外科或助产科执业或在香港内科或外科的任何分科执业。

牙医

根据《香港法例》第156章《牙医注册条例》，任何人在许可考试中达到合格，或者获香港大学颁授牙医学士学位，可提出注册申请。

[1]　商务部国际贸易经济合作研究院课题组：《中国（上海）自由贸易试验区与中国香港、新加坡自由港政策比较及借鉴研究》，《科学发展》2014年第9期。

律师

根据《香港法例》第159章《法律执业者条例》，香港仅允许在英国及适用普通法的英联邦国家和地区取得法律专业资格的人士，获认许以香港执业大律师的资格执业。而其他国家和地区的律师，则既无条件获授香港律师资格，也不能以外国律师的资格在港执业，且对执业范围及执业方式加以严格的限制。

根据《香港法例》第159章《法律执业者条例》，外国律师除了被允许就其本国法律事务提供咨询以外，不得从事有关香港法律业务，不得雇用香港事务律师。如果涉及香港法律事务，只能转由香港律师行办理，或与香港事务律师组建合伙律师行或联营组织。

会计师

要成为香港注册会计师，必须得到香港会计师公会的认可。无论是会计专业学位持有者还是非会计专业学位持有者，都必须通过公会的会计师资格考试。非会计专业学位持有者在参加会计师资格考试前还要参加指定的文凭课程。

在其他国家和地区注册的会计师也可以取得香港会计师的资格，但必须通过公会专为此类申请人设立的专门考试。通过资格考试的申请人在取得3～5年经验后就可以成为注册会计师。

内外资一致原则。对于外来及本地投资者的经营活动，中国香港一视同仁，既不干预，也不给予任何补贴。只要遵守香港的法律法规，外来或本地投资者都可以从事任何行业。

形成了以《香港法例》为核心的法律法规体系。中国香港既没有关于外国投资的基本法，也没有外资领域的专门法，对于外国投资关系和活动的调整，都是通过一般国内法律、法规开展，主要由公司法、税法和其他相关法律（如银行法、证券法）等调整。

专栏2-2　中国香港部分与投资相关法律

商业组织相关法律

1865年，香港立法会通过了《公司条例》，并于1984年完成修改。《公司条例》重点对商业组织的基本形态（即私人企业、合伙企业及公司企业）、企业的类型、企业的成立程序、企业内部的社会组织机构与运营管理制度，以及企业的撤销与清算等作了规范。

商业管理有关法规

目前主要由《工厂及工业经营条例》《商品说明条例》《商业登记条例》等构成，重点对工业生产和企业经营活动的监督管理、货物与产品的经营管理和商务登记注册的监督管理等方面加以规定。

金融相关法律

香港颁布了《银行业条例》《证券条例》《保障投资者条例》《外汇基金条例》等多个关于金融市场管理制度的法规，并重点对香港地区金融机构管理制度、货币制度、数字金融市场的监管和保险制度等加以规定。

知识产权保护相关法规体系

专利法、商标法和版权法，均由成文法、判例法和国际知识产权公约等三个方面组成。在成文法层面，著作权法对获得知识产权的基本要件、发明专利的办理手续、知识产权保护的效力、发明专利的侵权和担保等都有具体规定。香港于1873年颁布《商标条例》，对商标的要求与程序、注册商标专用权、注册商标的转换与授权使用、企业注册登记的延期和注销，以及著作权的维护管理等进行了规范。香港的《版权条例》就获得著作权的前提、版权保护的时间和方式、版权所有人和著作权活动的内容，以及对使用著作权的限制等进行了规范。在不成文法领域，香港地区司法机构借助自身的判例积淀产生了香港地区的一般法与衡平法，如《香港判例汇编》等，当中许多关乎专利诉讼的判决原则，也成为香港地区专利立法的主要组成部分。

（二）国际经贸协定投资规则的基本要求与特点

1.RCEP。

一方面，对于非服务业领域投资，15个成员国采用负面清单方式对制造业、农业、林业、渔业、采矿业作出较高水平的开放承诺；另一方面，对于服务业领域投资，成员国通过立即采用负面清单或承诺在协议6年内采用负面清单的方式，扩大服务业开放。同时，根据RCEP文本，投资便利化的主要方式包括：简化投资申请、批准程序；设立或维持联络点、一站式投资中心、联络中心或其他实体，向投资者提供帮助和咨询服务[1]；接受并适当考虑外商提出的与政府行为有关的投诉，以及在可能的范围内帮助解决外商和外资企业的困难。

[1] 张礼卿、孙瑾：《RCEP投资便利化条款及其影响》，《长安大学学报（社会科学版）》2021年第2期。

2.CPTPP。

在CPTPP投资章节中，不仅包括传统自由贸易协定投资规则的全部领域，还在投资者-国家争端解决等新议题上取得较大进展；投资范围不仅包括传统的企业、股权、建设项目，还包括金融资产、特许权、租赁、抵押、知识产权等[1]，较《中华人民共和国外商投资法》中列明的投资行为有很大的拓展（见表2-10、表2-11）。

表2-10　CPTPP与《中华人民共和国外商投资法》内涵对比

序号	CPTPP	《中华人民共和国外商投资法》
1	企业	外国投资者单独或者与其他投资者共同在中国境内设立外商投资企业
2	企业中的股份、股票和其他形式的参股	外国投资者取得中国境内企业的股份、股权、财产份额或者其他类似权益
3	债券、无担保债券、其他债务工具和贷款	不含
4	期货、期权和其他衍生品	不含
5	交钥匙、建设、管理、生产、特许权、收入分成及其他类似合同	外国投资者单独或者与其他投资者共同在中国境内投资新建项目
6	知识产权	不含
7	根据该缔约方法律授予的批准、授权、许可和其他类似权利	不含
8	其他有形或无形财产、动产或不动产及相关财产权利，例如租赁、抵押、留置和质押	法律、行政法规或者国务院规定的其他方式的投资

资料来源：根据CPTPP文本与《中华人民共和国外商投资法》整理。

表2-11　CPTPP投资规则重点核心条款简介

条款名称	条款内容简介
国民待遇	在设立、获得、扩大、管理、经营、运营、出售或以其他方式处置投资时，另一缔约方投资者和涵盖投资所得待遇不低于本国
最惠国待遇	在设立、获得、扩大、管理、经营、运营、出售或以其他方式处置投资时，另一缔约方投资者和涵盖投资所得待遇不低于其他缔约方或任何非缔约方
业绩要求	一缔约方对投资的设立、获得、扩大、管理、经营、运营、出售或其他处置，不得在出口、生产资料获取、技术等业绩方面，强制投资者作出承诺

[1]　王晓红：《加入CPTPP：战略意义、现实差距与政策建议》，《开放导报》2022年第1期。

续表

条款名称	条款内容简介
高级管理人员和董事会	一缔约方不得要求企业任命具有特定国籍的自然人担任高级管理职务，在不实质损害投资者控制其投资能力的条件下，可以要求企业董事会的半数以上成员具有特定国籍或在该缔约方领土内居住
不符措施	减让表中所列内容不适用于国民待遇、最惠国待遇、业绩要求、高级管理人员和董事会条款
征收和补偿	对投资直接征收或国有化的，应当根据正当法律程序、以非歧视的方式进行充分有效补偿外
转移	一缔约方应允许与涵盖投资相关的所有转移可自由进出其领土且无迟延

三、海南自由贸易港初步形成了投资自由便利制度体系

（一）全面实行外商投资准入前国民待遇加负面清单管理制度

《中华人民共和国海南自由贸易港法》明确提出，“海南自由贸易港对外商投资实行准入前国民待遇加负面清单管理制度”。2020年12月31日，《海南自由贸易港外商投资准入特别管理措施（负面清单）（2020年版）》正式发布，并自2021年2月1日起施行。与2020年版全国外资准入负面清单的33条和自由贸易试验区外资准入负面清单的30条相比，海南自由贸易港外商投资负面清单仅27条。这提高了海南自由贸易港投资自由化便利化水平，是加快形成具有国际竞争力开放政策和制度的重要举措。

（二）投资自由便利政策体系更加完善

1.市场准入进一步放宽。

2021年4月，国家发展改革委、商务部联合出台《关于支持海南自由贸易港建设放宽市场准入若干特别措施的意见》，大幅放宽多领域市场准入，围绕医疗、金融、文化、教育等领域推出22条具体举措（见表2-12）。这22条特别措施针对《市场准入负面清单（2020年版）》在30条准入事项中进行了放宽，以支持海南先行先试、率先破局。

表2-12 海南自由贸易港建设放宽市场准入22条措施涉及放宽的事项

领域	市场准入特别措施	涉及放宽的事项
医疗领域	1.开展互联网处方药销售 2.支持海南国产化高端医疗装备创新发展 3.加大对药品市场准入支持 4.全面放宽合同研究组织(CRO)准入限制 5.支持海南高端医美产业发展 6.优化移植科学全领域准入和发展环境 7.设立海南医疗健康产业发展混改基金	1.未获得许可或履行法定程序，不得从事药品、医疗器械等特定产品的批发零售、经营和进出口（项目号44，事项编码206006） 2.未获得许可或资质条件，不得设置医疗机构或从事特定医疗业务（项目号94，事项编码217001） 3.未经许可或检验，不得从事药品的生产、销售或进出口（项目号25，事项编码203008） 4.未获得许可，不得从事医疗器械或化妆品的生产与进口（项目号24，事项编码203007） 5.未获得许可，不得发行股票或进行特定上市公司并购重组（项目号66，事项编码210008）
金融领域	1.支持金融业在海南发展 2.开展支持农业全产业链发展试点	1.未获得许可，不得设立银行、证券、保险、基金等金融机构或变更其股权结构（项目号59，事项编码210001） 2.未获得许可，不得从事特定金融业务（项目号62，事项编码210004） 3.未获得许可，不得从事特定渔业养殖、捕捞及相关生产经营活动（项目号11，事项编码201006） 4.未获得许可或检疫，不得从事动物饲养、屠宰和经营（项目号14，事项编码201009） 5.未获得许可或资质，不得超规模流转土地经营权（项目号16，事项编码201011）
文化领域	1.支持建设海南国际文物艺术品交易中心 2.鼓励文化演艺产业发展 3.鼓励网络游戏产业发展 4.放宽文物行业领域准入	1.未获得许可或资质条件，不得从事拍卖、直销业务（项目号43，事项编码206005） 2.未获得许可，不得从事特定金融业务（项目号62，事项编码210004） 3.未获得许可或资质条件，不得从事考古发掘、文物保护和经营等业务（项目号98，事项编码218001） 4.未获得许可或资质条件，不得从事特定文化产品的进出口业务（项目号100，事项编码218003） 5.未获得许可、资质条件或通过内容审核，不得从事特定文体演艺活动、业务或社会艺术水平考级活动，不得设立娱乐场所、销售游戏游艺设备或经营文体业务（项目号104，事项编码218007） 6.未获得许可或资质条件，不得设立出版传媒机构或从事特定出版传媒相关业务（项目号99，事项编码218002）

续表

领域	市场准入特别措施	涉及放宽的事项
教育领域	1.鼓励高校科研成果市场化落地海南 2.支持国内知名高校在海南建立国际学院 3.鼓励海南大力发展职业教育	未获得许可，不得设立、分立、合并、变更、终止学校、幼儿园（项目号92，事项编码216001）
其他领域	1.优化海南商业航天领域市场准入环境 2.放宽民用航空业准入 3.放宽体育市场准入 4.放宽海南种业市场准入 5.支持海南统一布局新能源汽车充换电基础设施建设和运营 6.开展乡村旅游和休闲农业创新发展试点	1.未获得许可，不得从事武器装备、枪支及其他关系公共安全相关产品设备的研发、生产制造、配售、配置、配购和运输（项目号27，事项编码203010） 2.未获得许可，不得从事航空、航天器及相关设备制造及使用（发射）相关业务（项目号29，事项编码203012） 3.未获得许可，不得从事民用机场建设、民航运输业务或其辅助活动（项目号50，事项编码207005） 4.未获得许可或资质，不得从事特定植物种植或种子、种苗的生产、经营、检测和进出口（项目号6，事项编码201001） 5.未获得许可，不得调运农林植物及其产品，不得从国外引进动物、动物产品、农业产品、林木种子、苗木及其他繁殖材料（项目号7，事项编码201002） 6.未获得许可，不得从事农林转基因生物的研究、生产、加工和进口（项目号8，事项编码201003） 7.未获得许可，不得从事动物诊疗、进出境检疫及引种试种等业务（项目号12，事项编码201007） 8.未取得许可或履行法定程序，不得从事建筑业及房屋、土木工程、海洋工程等相关项目建设（项目号38，事项编码205001） 9.未获得许可或资质条件等，不得从事食品生产经营和进出口（项目号18，事项编码203001） 10.未取得许可或履行法定程序，不得从事建筑业及房屋、土木工程、海洋工程等相关项目建设（项目号38，事项编码205001） 11.未获得许可，不得经营旅馆住宿业务（项目号53，事项编码208001）

2.持续深化“放管服”改革，使投资更加便利。

深化“证照分离”改革，将实行告知承诺的涉企经营许可事项拓展至111项，并将5项非涉企经营许可事项在全省范围按“证照分离”改革方式实施。涉企经营许可事项由“优化审批服务”改为“实行告知承诺”后，审批环节平均压减60%以上，时间平均压减95%以上；推进全省政务服务事项标准化、政务服务事项优化再造，完善线上线下“一窗受理”运行机制等，推动政务服务“零跑动”改革，政务服务事项可网办率超90%，“零跑动”率达55.6%；通过整合审批职权、调整组织机构、优化资源配置，全省15个市县（县级）、8个市辖区和洋浦全部实施“一枚印章管审批”改革[1]。上线海南国际投资“单一窗口”，为投资者提供“一站式”全流程服务。

（三）与投资自由便利相适应的法律法规体系正在构建

为增强海南自由贸易港投资自由便利政策与制度实施的法治保障，2018年以来，按照《中共中央 国务院关于支持海南全面深化改革开放的指导意见》《海南自由贸易港建设总体方案》《中华人民共和国海南自由贸易港法》的要求，海南出台了系列法规。例如，在市场准入环节，在实施《海南自由贸易港外商投资准入特别管理措施（负面清单）（2020年版）》《海南自由贸易港跨境服务贸易特别管理措施（负面清单）（2021年版）》的同时，出台《海南省农作物种子管理条例》《海南热带雨林国家公园特许经营管理办法》等法规。

（四）与最高水平开放要求仍有差距

1.投资准入限制措施数量多。

虽然海南已全面实施外商投资准入前国民待遇加负面清单管理制度，但与CPTPP这一高水平经贸规则相比，限制措施数量相对较多。例如，在CPTPP附件1中，新加坡涉及投资的限制措施有14项、澳大利亚有10项、日本有22项，而《海南自由贸易港外商投资准入特别管理措施（负面清单）（2020年版）》限制措施总数为27项。

[1] 《加速打造营商环境“金饭碗”》，《海南日报》2021年12月27日第3版。

2.外资准入限制措施强度高。

从《海南自由贸易港外商投资准入特别管理措施（负面清单）（2020年版）》看，限制措施主要采取股比限制、禁止投资等高强度限制方式，其中股比限制10项、禁止投资16项，分别占全部措施的37%、59%。而CPTPP中发达国家对于外资准入的限制则采用外资特别筛选程序、行政许可、对等开放、特定企业组织形式等其他方式[1]。

3.业绩要求仍然广泛存在。

CPTPP要求对投资行为“不得施加或强制执行任何要求，或强制要求作出任何承诺或保证”。从海南实践看，在部分政策中依然可以出现“对赌协议”、投资规模要求、“一事一议”等相关措施。

四、对标最高水平开放，完善投资自由便利制度

（一）对标最高水平开放，完善外商投资负面清单管理制度

1.进一步精简外商投资准入负面清单。

在全面落实准入前国民待遇的基础上，按照打造最高水平开放形态的目标要求，在现行的《海南自由贸易港外商投资准入特别管理措施（负面清单）（2020年版）》基础上，进一步缩减负面清单限制措施数量，扩大投资准入，特别是适应我国服务贸易开放大趋势及海南自由贸易港以服务贸易为主导的要求，进一步放宽服务业领域外商投资准入。在CPTPP附件1中，新加坡涉及服务业投资的限制措施仅9项，而《海南自由贸易港外商投资准入特别管理措施（负面清单）（2020年版）》中涉及服务业的限制措施数量达22项。为此，建议逐步放开互联网信息服务、法律、医疗、文化等CPTPP成员国限制较少而海南限制较多的领域。

[1] 王晓红：《加入CPTPP：战略意义、现实差距与政策建议》，《开放导报》2022年第1期。

2.弱化部分行业负面清单限制强度。

改变目前外商投资准入负面清单过多采用禁止准入、股比限制等方式的现状，更多采用牌照管理、保留优先股权利、明确高级管理人员和董事会任职资格等柔性、多元化限制措施，探索外商投资特定条件下准入模式，在通过渐进方式推动行业进一步开放的同时实现开放与安全的有效平衡，并推进限制措施最大限度与国际接轨。

3.推进外商投资准入负面清单与跨境服务贸易负面清单合并。

从《海南自由贸易港外商投资准入特别管理措施（负面清单）（2020年版）》和《海南自由贸易港跨境服务贸易特别管理措施（负面清单）（2021年版）》文本看，两者在金融、租赁商务服务、文化体育娱乐等领域的限制措施大多相关或重叠。建议将其合并，并在法律、会计、专利、咨询、调查、测绘、统计、建筑设计、教育、医疗、公证、出版、广播、电视、互联网信息服务等领域率先实现商业存在模式下的开放，并逐步向跨境服务开放过渡。

4.逐步形成与国际接轨的外商投资准入负面清单基本框架。

第一，借鉴国际经贸规则将负面清单分成现有不符措施、未来不符措施、金融部门不符措施三张清单的一般做法，将海南自由贸易港外商投资准入负面清单调整为由内外资一致的限制性措施和附件1及附件2三部分构成。其中，附件1为外商投资的额外规定，是单独为外商投资设立的限制措施；附件2为未来保留措施，针对未来可能变动的领域。

第二，借鉴CPTPP等的通行做法，针对每条限制措施补充违背义务（国民待遇、市场准入、最惠国待遇、当地存在、高级管理人员与董事会）、政府层级（中央、地区、地方）、措施来源等要件，并进一步细化描述措施。特别是尽可能将“等”“符合我国相关法律法规”等话语以举例的方式详细列明，以减少投资者对负面清单的理解偏差。

（二）以《中华人民共和国海南自由贸易港法》为基础对现行投资领域法律法规进行梳理

1.争取支持对上位法中与投资自由便利不相适应的条款在海南自由贸易港暂停适用。

《中华人民共和国立法法》第十三条规定："全国人民代表大会及其常务委员会可以根据改革发展的需要，决定就行政管理等领域的特定事项授权在一定期限内在部分地方暂时调整或者暂时停止适用法律的部分规定。"在相关法律法规尚未有重大突破的情况下，提请全国人大对投资、税收、金融、入出境、仲裁等现行有关法律、行政法规进行暂停适用。

2.全面清理与海南自由贸易港投资自由便利不相适应的地方性法规。

建议海南省组织相关部门，对照《中华人民共和国海南自由贸易港法》，对现行的法律、行政法规、部门规章甚至部门的内部文件，分门别类地提出具体处理意见，主动和中央有关部门协调，尽快取得实效。

（三）以《中华人民共和国海南自由贸易港法》为基础形成投资自由便利相关地方性法规体系

第一，服务最高水平开放，以及《中华人民共和国海南自由贸易港法》对"投资自由便利"的要求，着眼促进外商投资，保护外商投资合法权益，规范外商投资管理，持续优化外商投资环境，对标国际高水平外商投资管理制度，尽快制定出台海南自由贸易港外商投资条例，对海南自由贸易港外商投资促进、投资保护、投资管理等作出明确规定。

第二，聚焦投资准入、市场准入、准入后全过程，对标国际成功自由贸易港基本做法，尽快形成全面放开投资准入、放宽市场准入等方面的具体法规。例如，尽快出台海南自由贸易港外商投资准入特别管理措施（2024年版），结合《关于支持海南自由贸易港建设放宽市场准入若干特别措施的意见》，制定出台内外资一致的海南自由贸易港市场准入负面清单。

第三，落实《中华人民共和国海南自由贸易港法》提出的“国家支持海南自由贸易港主动适应国际经济贸易规则发展和全球经济治理体系改革新趋势”的要求，率先围绕服务贸易、数字贸易、知识产权保护、竞争政策等领域，运用自由贸易港法规制定权开展变通性立法，率先对接CPTPP等高标准自由贸易协定先行先试，开展压力测试。

（四）形成海南自由贸易港外商投资安全审查法规体系

按照《中华人民共和国外商投资法》“建立外商投资安全审查制度，对影响或者可能影响国家安全的外商投资进行安全审查”的要求，制定海南自由贸易港外商投资安全审查实施细则，明确安全审查主管部门、审查内容、标准及程序，重点加强网络与信息、金融、意识形态与文化、国防等领域的安全审查。

（五）形成投资法律法规体系建设的时间表、路线图

1.争取出台海南自由贸易港投资管理条例。

在《中华人民共和国外商投资法》与《国务院关于实行市场准入负面清单制度的意见》（国发〔2015〕55号）的相关规定框架内，争取出台实施海南自由贸易港投资管理条例，明确与投资负面清单相适应的相关管理权限。包括投资负面清单发布权、动态调整权、暂停适用相关法律政策权限与适用某些国际公约、经贸协议等方面的特别权限，为全面落实海南版投资负面清单管理制度创造重要条件。

2.开展投资领域高水平开放压力测试的立法研究。

总的来看，我国加入CPTPP、DEPA等的时间窗口期有限。一方面，美国已启动印度-太平洋经济框架，以通过一种超越传统贸易协定的方式加强同印太地区盟友的关系；另一方面，未来相关规则和条款仍有可能进一步升级。因此，建议以

2025年全面对标CPTPP为目标，在全面评估基础上形成海南自由贸易港开展高水平开放压力测试行动方案，在《中华人民共和国海南自由贸易港法》及《海南自由贸易港建设总体方案》等框架下，率先在全国明确以对标CPTPP为重点开展高水平开放压力测试的路线图，在此基础上形成相关立法安排。例如对数字经济、土地征收、国有企业、政府采购、产业补贴、劳工标准等开展立法研究。

3.同步制定《海南自由贸易港投资促进条例》。

明确投资促进的具体范围，明确公平竞争前提下的重点产业鼓励发展政策。借鉴新加坡经验，对互联网、医疗健康、医药、旅游、金融等海口市重点产业制定专项鼓励发展政策，如制定重点产业总部奖励、服务贸易专项发展基金、重点产业投资奖励、海外企业奖励计划等政策，加大对重点领域重大投资项目的金融服务与税收优惠的支持力度。

第三节

优化跨境服务贸易负面清单管理制度

《海南自由贸易港建设总体方案》提出“推进服务贸易自由便利”，并明确要求海南“在告知、资格要求、技术标准、透明度、监管一致性等方面，进一步规范影响服务贸易自由便利的国内规制”。《服务贸易总协定》（GATS）将服务贸易划分为跨境交付、境外消费、商业存在和自然人移动等四种提供方式。在区域贸易协定（RTA）实践中，服务开放往往包括正面清单开放形式与负面清单开放形式，前者以GATS为代表，后者则常以《北美自由贸易协定》（NAFTA）为依据，即“服务开放包括除‘商业存在’以外的其他三种提供方式，商业存在被纳入投资章节”[1]。近年来由于WTO多哈回合服务贸易谈判迟迟未能取得实质性成果，一些成员纷纷转向区域和双边服务贸易规则构建，其中最主要的特点就是将负面清单应用于跨境服务贸易管理。在经济全球化新形势与我国开放转型大趋势下，服务贸易自由化便利化不仅直接体现海南自由贸易港开放成效，也是推进海南自由贸易港与区域合作的重要内容，同时在我国以服务贸易为重点的开放转型中发挥引领示范作用。因此，优化跨境服务贸易负面清单管理制度既是形成海南自由贸易港对标世界高水平开放的重要保障，也是落实《海南自由贸易港建设总体方案》的重大任务。

[1] 李杨、任财君：《跨境服务贸易负面清单国际比较及对中国的启示》，《国际贸易》2023年第1期。

一、跨境服务贸易负面清单在国际经贸规则中愈发重要

由正面清单向负面清单的转变是全球服务贸易规则变革的基本特征。按照打造当今世界最高水平开放形态的基本要求，海南自由贸易港推进服务贸易创新发展，需要主动适应全球服务贸易规则演变大趋势，充分学习借鉴国际自由贸易港的先进经营方式、管理方法和制度安排，形成具有国际竞争力的服务贸易开放政策和制度。

（一）把握全球服务贸易规则重构大趋势

1.负面清单成为服务贸易规则的核心要素。

负面清单和准入前国民待遇是新一代贸易协定中服务业开放的主要特征。《服务贸易总协定》以正面清单为主。但从全球区域性自由贸易协定看，服务贸易已成为区域性自由贸易协定的标配。例如，CPTPP、USMCA等在服务贸易和投资领域均采用了负面清单模式；RCEP在兼顾各方利益和承受度的前提下，实行了正面清单加负面清单的混合模式，但要求采取正面清单开放模式的成员国在六年内转变为负面清单。

2.数字贸易规则成为国际经贸规则重构的焦点。

数字议题成为全球主要国际组织的关注点。随着数据流动、人工智能、数字贸易等议题的兴起，G20（二十国集团）、G7（七国集团）、OECD（经济合作与发展组织）、APEC等国际组织均已常设数字议题，涉及发展、监管、治理等6大类22个方向（见表2-13）。

表2-13　全球主要国际组织常设数字议题情况

议题	WTO	G20	OECD	G7	APEC
人工智能		√	√	√	
区块链			√		

续表

议题	WTO	G20	OECD	G7	APEC
加密资产		√	√		
宽带/数字基础设施		√			√
消费者政策		√	√	√	√
数字经济		√	√	√	√
数字政府		√	√		
数字税		√	√		
数字隐私					
跨境贸易/电子商务	√	√	√	√	√

资料来源：中改院课题组整理。

3.规则措施由“边境上”向“边境后”转移。

从最新签订的区域贸易协定内容看，不仅涵盖传统的关税、配额、数量限制、海关监管等“边境上”措施，也更多强调知识产权、国有企业、政府采购、劳工标准、环境标准、竞争中性等“边境后”规则（见表2-14）。

表2-14 WTO＋与WTO-X条款议题

分类	涉及议题或条款
WTO＋条款	工业产品、农业产品、海关程序、出口税、卫生和植物检疫、国有贸易企业、技术性贸易壁垒、反补贴、反倾销、公共补助、政府采购、与贸易有关的投资措施协议、服务贸易、与贸易有关的知识产权协定
WTO-X条款	反腐败、竞争政策、环境法规、知识产权、投资政策、劳动市场管制、资本流动、消费者保护、数据安全、农业、国内立法和国际法的对接、音像产品、文化保护、创新政策、文化合作、经济政策对话、教育培训、能源、金融支持、健康、人权、非法移民、反毒品、产业合作、信息传播、采矿业、反洗钱、核安全、政治对话、公共行政、区域合作、科研与技术、中小企业、社会事务、统计、税收、恐怖主义、签证与政治庇护

资料来源：根据2011年WTO《世界贸易报告》整理得到。

（二）主动对接CPTPP服务贸易规则

1.精简的跨境服务贸易负面清单。

CPTPP通过附件1详细列明各国将对跨境服务贸易采取的相关限制措施。同RCEP对比看，CPTPP缔约国均采取了更加精简的跨境服务贸易负面清单。例如，日本在CPTPP中的承诺比在RCEP中少16项，澳大利亚少11项，新加坡少7项，马来西亚少3项。在CPTPP中，负面清单限制措施数量最多为日本的41项，最少的为新西兰，仅4项（见表2-15）。

表2-15　CPTPP与RCEP跨境服务贸易负面清单（附件1）限制措施数量

单位：项

协定	日本	加拿大	新西兰	澳大利亚	新加坡	马来西亚	文莱	智利	秘鲁	越南	墨西哥
CPTPP	41	16	4	8	25	17	20	20	25	5	31
RCEP	57	—	—	19	32	20	—	—	—	—	—

2.具体可操作的“边境后”规制大幅降低跨境服务贸易壁垒。

CPTPP通过国民待遇、最惠国待遇、国内规制、承认、透明度等相关条款，确保跨境服务贸易自由便利。例如：CPTPP明确给予境外服务提供者的待遇不得低于本国，不得以数量配额、垄断、专营服务提供者的形式限制服务提供者的数量，不得以当地存在作为跨境服务提供的条件；要求一缔约方对服务提供者在另一缔约方领土内或一非缔约方领土内获得的学历、经历和职业资格等以自主、协调或其他方式予以承认；等等（见表2-16）。

表2-16　CPTPP跨境服务贸易相关条款分类

第10章　跨境服务贸易	准入条款	准入后条款	其他条款
10.1　定义			√
10.2　范围			√
10.3　国民待遇	√	√	
10.4　最惠国待遇	√	√	

续表

第10章　跨境服务贸易	准入条款	准入后条款	其他条款
10.5　市场准入	√		
10.6　当地存在	√		
10.7　不符措施			√
10.8　国内规制		√	
10.9　承认		√	
10.10　拒绝给予利益			√
10.11　透明度		√	
10.12　支付和转移		√	
10.13　其他事项			√

3.以“棘轮机制”等措施确保服务贸易开放度只能越开越大。

CPTPP对负面清单形成了严格约束，避免各方对负面清单的滥用。如不符措施的修正，应当保证与该措施紧接修正前的情况相比未降低该措施开放度。

（三）明确完善跨境服务贸易负面清单的重点任务

1.跨境服务贸易负面清单数量较多。

《海南自由贸易港跨境服务贸易特别管理措施（负面清单）（2021年版）》共有70项限制措施，其中金融17项，与CPTPP中缔约国承诺水平仍有较大差距。

2.国内规制限制措施较严。

从跨境服务贸易限制措施的内容看，“不得”“经批准”等表述与CPTPP中的国民待遇、市场准入、当地存在等有所冲突。例如，“未经中国政府批准，任何外籍船舶不得以任何方式经营中国港口之间的拖航”，与CPTPP中“如为许可程序，则此类程序本身不成为对服务提供的限制”的要求不符。

3.认可制度有待进一步优化。

海南自由贸易港实行境外人员参加职业资格考试、境外人员执业管理等制度是重大制度创新，有利于大幅降低服务贸易壁垒。从实际看，这些制度仍有待进一步完善。例如，参加职业资格考试的境外人员需“已被海南自由贸易港用人单位聘用且已取得境外职业资格”，且放开的职业资格考试行业仍然较少；认可境外职业资格数量较少，特别是对日本、澳大利亚、新加坡等CPTPP成员国的职业资格认可数量严重偏少。

4.与跨境服务贸易相配套的资金支付与转移制度差距较大。

目前，我国居民每人每年对外汇款额度为5万美元，与CPTPP提出的“应允许所有与跨境服务提供相关的转移和支付自由进出其领土且无迟延”的要求相比，有巨大差距；由于资本项目尚未完全开放，实现CPTPP中“每一缔约方应允许与跨境服务提供相关的转移和支付使用自由流动货币按转移时的现行市场汇率进行”等要求仍有较大困难。

（四）形成海南自由贸易港特有的跨境服务贸易负面清单

按照有利于促进四大主导产业的要求，大幅减少旅游、教育、文化体育娱乐、医疗健康、热带特色高效农业等领域的限制措施，进一步弱化限制强度，大幅降低上述领域的“边境后”壁垒。服务于打造中国–东盟全面战略合作重要枢纽的战略需求，在数字经济、金融等领域开展高水平开放压力测试。同时，明确环保底线与安全底线，更多采用牌照管理、保留优先股权利、明确高级管理人员和董事会任职资格等方式，实现开放与安全的有效平衡。

二、建立更加精简透明的跨境服务贸易负面清单

海南自由贸易港对标新加坡、中国香港等自由贸易港，制定实施与CPTPP服务贸易开放水平基本相近的跨境服务贸易负面清单。同时，在海南自由贸易港探索实行外商投资准入负面清单与跨境服务贸易负面清单的一体化管理。

（一）体现“精简、透明、可操作、可预见”的基本要求

1.适应海南自由贸易港建设进程。

按照海南自由贸易港建设进程要求，需要在2025年初步建立以“既准入又准营”为基本特征的服务贸易制度。未来1—2年内跨境服务贸易负面清单管理制度很大可能会在全国自由贸易试验区推广。建议在2025年前，形成与国际高标准经贸规则相当的30项左右的跨境服务贸易负面清单，并通过完善国民待遇、标准互认、监管一致性等措施，破除各类模式下的“边境后”壁垒，成为我国融入全球服务贸易规则体系的前沿。

2.推进跨境服务贸易负面清单与国际接轨。

详细列明跨境服务贸易负面清单的管理措施与相关描述及其所对应的正面义务、不符措施、现行不符措施的法律依据、政府层级，完善负面清单的附件体系，为关键领域及未来新业态预留空间。

3.强化跨境服务贸易负面清单的稳定性与可预期性，提升海南版负面清单的法律效力。

对跨境服务贸易负面清单实行政府政策承诺诚信制度，凡是与负面清单的开放承诺相冲突的部门现行规章，一律按照负面清单执行；建立定期调整机制，逐步拓展服务贸易开放范围；建立“棘轮机制”，明确负面清单限制措施“只减不增”。

（二）缩减海南自由贸易港跨境服务贸易限制措施数量

1.按照于法有据的原则清理部分限制措施。

对照国内相关法律，建议删除“境外服务提供者不得提供建筑及相关工程服务”“跨境交付方式下计算机订座系统服务”“境外企业或个人不得成为证券交易所的普通会员”“境外个人不得参加国家统一法律职业资格考试”等相关法律并未规定的限制措施。

2.按照有利于发挥海南自由贸易港战略作用的要求清理或弱化部分限制措施。

例如：适应总部基地建设对以会计、审计、法律为重点的国际化商务服务体系的需要，取消“只有中国公民才可担任公证员”“只有中国公民才可从事司法鉴定业务”“只能通过商业存在方式提供法定审计、代理记账服务”等限制；在明确外国律师只能从事国际商事法律服务的前提下，取消“境外律师事务所驻华代表机构及分支机构不得聘用中国执业律师”“不得派员入驻中国律师事务所从事法律服务活动”等限制。

3.适应海南自由贸易港产业发展需要清理或弱化部分限制措施。

例如：适应旅游业发展需要，取消“境外个人不得报考全国导游资格考试”限制；适应教育发展需要，取消“境外个人教育服务提供者须具有学士以上学位”限制，实行内外资统一管理，允许境外教育服务提供机构举办职业类学历考试，并逐步实现职业资格与国际接轨；适应医疗健康产业发展需要，进一步放宽“外籍医师在琼执业”时间限制，并增加取得停居留资格的境外医师。

4.弱化金融、电信等领域限制强度。

例如，将“货币经纪业务”“非金融机构支付业务”由商业存在模式放宽至跨境交付模式，探索跨境资金自由便利流动管理制度。将“区域性股权市场运营机构不得超过1家”调整为“海南自由贸易港根据市场情况对区域性股权市场运营机构实行总量控制”（见表2-17）。

表2-17 《海南自由贸易港跨境服务贸易特别管理措施（负面清单）（2021年版）》调整建议

调整内容	特别管理措施	调整方法	原因
修改某些与海南自由贸易港建设现实要求不相适应的规定	境外个人不得报考全国导游资格考试	删除	不符合《中华人民共和国海南自由贸易港法》第四十七条的规定
	境外服务提供者不得提供建筑及相关工程服务	删除	与《海南自由贸易港建设总体方案》表述不一致

续表

调整内容	特别管理措施	调整方法	原因
修改某些与海南自由贸易港建设现实要求不相适应的规定	只允许境外服务提供者在对境外船舶开放的港口从事国际运输	删除	适应海南自由贸易港2025年前全岛封关运作的需求，海南全岛港口升级为对外开放口岸，允许境外服务提供者在海南全岛各港口从事国际运输
	境外个人教育服务提供者受海南自由贸易港内学校和其他教育机构邀请或雇佣，可入境提供教育服务，须具有学士以上学位，且具有相应的专业职称或证书	删除	实行内外资一致规定
参考新加坡、中国香港等的做法，取消或放宽某些跨境服务贸易的限制	跨境交付方式下计算机订座系统服务的限制	删除	参考中国和新加坡自由贸易协定中新加坡服务贸易承诺减让做法
	在外国取得合法行医权的外籍医师，应邀、应聘或申请来华从事临床诊断、治疗业务等活动，注册有效期不超过一年，注册期满需要延期的，可以按规定重新办理注册	删除；仅对服务提供者居住地作出要求	参考新加坡在CPTPP中的做法，仅对服务提供者的居住地提出要求，规定在海南自由贸易港范围内从事临床诊断、治疗业务等活动，需通常居住在海南自由贸易港
	只有通过中国司法考试或统一法律职业资格考试的中国公民才可担任公证员	删除；允许在海南自由贸易港的任何人申请中国司法考试	借鉴中国香港“允许任何人向公证人协会申请参加考试，考试合格可申请获委任为公证人”的做法
	境外个人不得参加国家统一法律职业资格考试取得法律职业资格证书	删除；针对境外个人设立“海外律师”资格考试	借鉴中国香港的做法，针对境外个人设立“海外律师”资格考试，允许具有境外法律职业资格的个人申请资格考试，考核通过后即可在海南自由贸易港范围内执业
落实国家相关法律规定，降低跨境服务贸易的限制强度	中国籍船舶的船长应当由中国籍船员担任	删除	按照《中华人民共和国海船船员适任考试和发证规则》的规定，对在海南自由贸易港的中国籍船舶，允许雇佣外籍船员担任船长，但需按要求取得承认签证
将关于商业存在的限制措施合并表述	第24、26、27、28、31、32、33、35、44、46、47、50条	合并	相关特别管理措施均为商业存在模式下的服务提供

资料来源：中改院课题组整理。

（三）推进跨境服务贸易负面清单内容与国际接轨

1.实现限制措施描述由“行”到“表”的拓展。

建议借鉴CPTPP、USMCA等的通行做法，针对每条限制措施补充违背义务（国民待遇、市场准入、最惠国待遇、当地存在、高级管理人员与董事会）、政府层级（中央、地区、地方）、措施来源等要件，并进一步细化描述措施。特别是尽可能将“等”“符合我国相关法律法规”等话语以举例的方式详细列明，以减少投资者对负面清单的理解偏差。

2.增加未来可能施加限制措施的兜底条款。

例如，海南省政府保留对影响国家安全、生态环境的相关投资与跨境服务贸易业务增加限制措施的权利，但应遵循必要性原则；在金融、电信等领域保留对未来可能出现的新业态增加限制措施的权限。

3.实现产业分类与国际通行分类的对接。

《海南自由贸易港跨境服务贸易特别管理措施（负面清单）（2021年版）》采用《国民经济行业分类》（GB/T 4754—2017）标准，可能会因国内国际分类标准不同而引起纠纷。建议在现有分类基础上，将业务进一步具体化；同时，制定国内国际分类转换表，明确与国际通行分类的转换关系，尽可能做到与国际接轨。

（四）合并投资准入负面清单与跨境服务贸易负面清单

CPTPP的11个缔约方都采用了投资与服务贸易一体化的负面清单形式。从《海南自由贸易港跨境服务贸易特别管理措施（负面清单）（2021年版）》内容看，金融、租赁商务服务、文化体育娱乐等领域的限制措施大多与投资相关或重叠。建议将它们合并，并在法律、会计、专利、咨询、调查、测绘、统计、建筑设计、教育、医疗、公证、出版、广播、电视、互联网信息服务等领域率先实现商业存在模式下的开放，并逐步向跨境服务开放过渡。建议逐步推进外商投资准入负面清单、放宽市场准入特别措施（清单）、跨境服务贸易负面清单等的一体化管理；对标CPTPP制定海南自由贸易港商务人士临时入境清单，实现跨境交付、境外消费、商业存在、自然人移动的清单制管理全覆盖。

三、逐步完善跨境服务贸易负面清单配套管理体系

（一）对标CPTPP形成跨境服务贸易的境内规制

1.明确细化国民待遇标准。

明确在海南自由贸易港范围内，给予境外服务提供者的待遇不低于在相似情况下给予本国服务和服务提供者的待遇；以清单形式列明国民待遇的具体标准，包括要素供给、融资方式、进出口权、税收政策、法律保护、司法救济等一系列细化的待遇标准。

2.明确跨境服务贸易市场准入及当地存在标准。

例如：明确提出除负面清单内规定的措施外，在海南自由贸易港内不得以数量配额、垄断、专营服务提供者的形式，对服务提供者的数量、交易额、人员数量等进行限制；除负面清单内规定的措施外，不得要求另一缔约方的服务提供者在海南自由贸易港内设立或维持代表处或任何形式的企业或成为居民，作为跨境服务提供的条件等。

（二）开展海南自由贸易港服务贸易立法

1.充分利用海南自由贸易港立法权，制定出台海南自由贸易港服务贸易条例，就跨境交付、境外消费、商业存在、自然人移动等不同服务贸易模式作出详细法律安排。

2.确立《海南自由贸易港跨境服务贸易特别管理措施（负面清单）（2021年

版）》的法律效力，明确凡是与负面清单相冲突的各类规章，一律按照负面清单执行，提升投资负面清单的稳定性与可预期性。

（三）建立海南自由贸易港服务贸易救济制度

1.成立海南自由贸易港投资与贸易救济评估委员会。

评估与自由贸易港开放政策实施和压力测试相关的投资、货物贸易、服务贸易等对产业的影响。

2.建立海南自由贸易港贸易投资救济基金。

在明确退出机制的前提下，对经评估会对岛内造成严重冲击的产业实行资金补偿。明确补偿标准与程序，确保内外资企业获得一致待遇。

（四）建立与跨境服务贸易负面清单相适应的风险防控体系

1.针对服务贸易四类模式实施分类监管。

例如，在跨境交付模式下强化境外服务贸易内容监管，在境外消费模式下强化跨境资金流动监管，在商业存在模式下强化市场主体经营行为监管，在自然人移动模式下强化人员资格监管。

2.尽快完善服务贸易及服务业监管体制机制。

强化专业监管与综合监管的协调，建立跨部门联合审查、监管、执法机制；发挥行业协会作用，建立服务业企业“吹哨人”制度，强化对“吹哨人”的司法保护与救济。

3.实现靶向性、智能化信用监管。

建立企业健康状况评级系统与风险智能预警系统，并通过实施“白名单”“黑名单”计划等，提升监管的有效性、针对性。

专栏2-3 《海南自由贸易港跨境服务贸易特别管理措施（负面清单）（2021年版）》（部分）

批发和零售业

1.境外服务提供者不得在国内从事经营烟叶、烟草制品的批发、零售、进出口。

交通运输、仓储和邮政业

2.除游艇外的外籍船舶进出海南自由贸易港或者在其内河航行、港口航行、移泊以及靠离港外系泊点、装卸站等，应当向当地的引航机构申请引航。如中国与船籍所属国另有协定，则先遵守相关协定规定。

3.境外个人不得注册成为引航员。

4.境外服务提供者须通过与中方打捞人签订共同打捞合同的方式，参与打捞沿海水域沉船沉物。境外服务提供者为履行共同打捞合同所需船舶、设备及劳务，在同等条件下，应当优先向中方打捞人租用和雇佣。

5.境外服务提供者不得从事包括空中交通管制、通信导航监视、航行情报等中国民用航空空中交通管理服务，不得从事民用航空空中交通管制、航空情报培训服务。

6.境外个人不得申请民用航空情报员、民用航空空中交通管制员执照。

7.境外服务提供者不得经营信件的国内快递业务。

8.境外服务提供者不得提供邮政服务。

信息传输、软件和信息技术服务业

9.从事国际通信业务，必须通过中国信息产业主管部门批准设立的国际通信出入口局进行。国际通信出入口局应当由国有独资的电信业务经营者申请设置、承担运行维护工作，并经工业和信息化主管部门批准设立。

10.境外组织或个人不得进行电波参数测试或电波监测。

11.境外单位向中国境内单位提供通信卫星资源出租服务，应在遵守中国卫星无线电频率管理的规定，并完成与中国申报的卫星无线电频率协调的前提下，将通信卫星资源出租给境内具有相应经营资质的单位，再由境内卫星公司转租给境内使用单位并负责技术支持、市场营销、用户服务和用户监管等。不允许境外卫星公司未经中国政府批准直接向境内用户经营卫星转发器出租业务。

12.境外服务提供者不得从事互联网新闻信息服务、互联网公众发布信息服务。

13.未满足设立商业存在和相关股比要求的，境外服务提供者不得提供互联网信息搜索服务。

金融业

14.未经中国银行监督管理机构批准，境外服务提供者不得以跨境交付方式从事银行业金融机构、金融资产管理公司、信托公司、财务公司、金融租赁公司、消费金融公司、汽车金融公司以及经中国银行监督管理机构批准设立的其他金融机构的业务活动。

15.仅经批准在中国境内设立的货币经纪公司可从事货币经纪业务。

16.仅依中国法在中国设立的证券公司经批准可经营下列证券业务：（1）证券经纪；（2）证券投资咨询；（3）与证券交易、证券投资活动有关的财务顾问；（4）证券承销与保荐；（5）证券融资融券；（6）证券做市交易；（7）证券自营；（8）其他证券业务。

17.以下情形不得通过跨境交付方式提供：（1）仅依中国法设立的基金管理公司或者中国证券监督管理机构按照规定核准的其他机构可担任公开募集证券投资基金的管理人；（2）仅符合法定条件的在中国境内设立的公司或者合伙企业可申请登记为私募证券基金管理人；（3）仅依中国法设立并取得证券投资基金托管资格的商业银行或中国证券监督管理机构核准的其他金融机构可担任证券投资基金托管人；（4）经批准的合格境外机构投资者投资境内证券期货，应当委托符合要求的境内机构作为托管人托管资产。经批准的境内机构投资者开展境外证券投资业务，应当由境内商业银行负责资产托管业务；（5）仅依中国法设立并经中国证券监督管理机构及其派出机构注册取得公募基金销售业务资格的机构（含公募基金管理人）可以从事基金销售业务；（6）未经批准或登记，境内机构、个人不得从事境外有价证券发行、交易。

18.仅在中国境内设立的商业银行可申请期货保证金存管银行资格。

19.仅依据中国法成立的期货公司、其他期货经营机构可以从事期货投资咨询业务。在海南自由贸易港居住的境外个人可以申请取得期货投资咨询从业资格。

20.企业年金法人受托机构、托管人、投资管理人应当经中国金融监管部门批准，并为中国法人。

21.企业年金账户管理人应当经中国政府批准，并为中国法人。

租赁和商务服务业

22.境外律师事务所、境外其他组织或个人不得以境外律师事务所驻华代表机构以外的其他名义在中国境内从事法律服务（海南律师事务所聘请外籍律师担任外国法律顾问和港澳律师担任法律顾问除外）。

23.境外组织或个人不得直接进行社会调查，不得通过未取得涉外调查许可证的机构进行社会调查。境外服务提供者经资格认定，取得涉外调查许可证的可进行市场调查。

24.境外服务提供者不得提供人力资源服务（包括但不限于人才中介服务、职业中介服务），不得直接招收劳务人员赴国外工作。

25.境外个人不得担任保安员从事保安服务，境外服务提供者只能通过商业存在方式提供保安服务。

科学研究和技术服务业

26.境外服务提供者可提供除总体规划以外的城市规划服务，但须与中方专业机构合作。法定规划以外的城市设计和法定规划编制的前期方案研究，可不受此限制。

27.未经批准，境外组织或个人不得在中国领域和中国管辖的其他海域从事测绘、气象、水文、地震及生态环境监测、海洋科研、铺设海底电缆和管道、自然资源勘查开发等活动。

教育

28.境外教育服务提供机构除与中方教育考试机构合作举办面向社会的非学历的教育考试外，不得单独举办教育考试。

卫生和社会工作

29.在外国取得合法行医权的外籍医师，应邀、应聘或申请来华从事临床诊断、治疗业务等活动，注册有效期不超过一年，注册期满需要延期的，可以按规定重新办理注册。

文化、体育和娱乐业

30.境外服务提供者不得从事图书、报纸、期刊、音像制品、电子出版物的编辑、出版、制作业务，不得从事网络出版（含网络游戏）服务。中国加入世贸组织承诺内容除外。

中外新闻出版单位进行新闻出版合作项目，须经中国政府批准，并确保中方的经营主导权和内容终审权，并符合中国政府批复的其他条件。网络出版服务单位与境内外商投资企业或境外组织、个人进行网络出版服务业务的项目合作，应当事前报中国政府批准。未经审核许可，境外服务提供者不得复制音像制品、电子出版物。

31.放映电影片，应当符合中国政府规定的国产电影片与进口电影片放映的时间比例。电影院年放映国产影片的时长不得低于年放映电影片时长总和的三分之二。境外服务提供者不得从事电影引进业务。

32.国产故事片、动画片、科教片、纪录片、特种电影等，其主创人员一般应是中国境内公民。因拍摄特殊需要，经批准可聘用境外主创人员，但主要演员中聘用境外的主角和主要配角均不得超过主要演员总数的三分之一。对外合作摄制的故事片、动画片、纪录片、科教片等，因拍摄特殊需要，经中国电影主管部门批准可聘用境外主创人员。除已有特别协议规定的国家和地区外，境外主要演员数量不得超过主要演员总数的三分之二。

中国对对外合作摄制电影实行许可制度。境内任何单位未取得批准文件，不得与境外单位合作摄制电影。未经批准，境外单位不得独立摄制电影。

33.境外服务提供者不得从事网络视听节目服务。单个网站年度引进专门用于信息网络传播的境外电影、电视剧总量，不得超过该网站上一年度购买播出国产电影、电视剧总量的30%。引进用于信息网络传播的境外电影、电视剧及其他视听节目，必须经省级以上广播电视行政部门审查批准。

34.用于广播电台、电视台播放的境外电影、电视剧，必须经中国广播电视行政部门审查批准。用于广播电台、电视台播放的境外其他广播电视节目，必须经中国广播电视行政部门或者其授权的机构审查批准。广播电台、电视台以卫星等传输方式进口、转播境外广播电视节目，必须经中国广播电视行政部门批准。中国对引进境外影视剧进行调控和规划。引进境外影视剧和以卫星传送方式引进其他境外电视节目，由指定单位申报。播出按规定引进的境外广播电视节目，须符合有关时间比例、时段安排等规定。

35.境外服务提供者不得跨境从事网络文化产品进口业务。中国加入世贸组织承诺内容除外。

36.境外服务提供者不得从事广播电视节目制作经营（含引进业务）服务，但经批准，境内广播电视节目制作机构可与境外机构及个人合作制作电视剧（含电视动画片）。中外合作制作的电视剧主创人员（编剧、制片人、导演、主要演员）中中方人员不得少于25%。聘用境外个人参加境内广播电视节目制作，由广播电视行政部门审批。

37.境外服务提供者不得从事新闻服务，包括但不限于通过通讯社、报纸、期刊、广播电台、电视台提供的新闻服务，但是（1）经中国政府批准，境外新闻机构可设立常驻新闻机构，仅从事新闻采访工作，向中国派遣常驻记者；（2）经中国政府批准且在确保中方主导的条件下，中外新闻机构可进行特定的业务合作。经中国政府批准，境外通讯社可向中国境内提供经批准的特定新闻业务，例如，向境内通讯社供稿。

资料来源：中国政府网。

第四节

形成适应“一线”放开、“二线”管住的海关监管体制

《海南自由贸易港建设总体方案》要求“建设具有国际竞争力和影响力的海关监管特殊区域”。“一线”放开、“二线”管住的方案设计与制度安排，不仅直接决定海南实施全面深化改革和最高水平开放政策的实际成效，更对实现打造重要开放门户的战略目标有重大影响。要以“一线”与“二线”的合理化安排，形成与高水平自由贸易港相适应的政策制度体系与监管模式。海关作为进出关境的监管机关，在“一线”放开、“二线”管住制度设计中的任务至关重要，故而要不断提高海南自由贸易港海关的监管效能，尽可能兼顾贸易便利与贸易安全。

一、关键在于形成封关运作格局

（一）发挥重要枢纽作用的关键在于放开“一线”、用好“一线”

以总部基地建设为例。目前，海南自由贸易港总部基地建设的大势尚未形成的主要掣肘在于“一线”尚未充分放开。截至2020年底，在海南设立公司的世界500强企业为30家左右，且核心业务转移相对缓慢；经认定的总部企业为49家，但面临着国际贸易合作网络相对较小等问题，主要为其在国内的业务服务，并不具有区

域性市场的特点，受制于资金、信息、人员等进出成本高的问题，其突出表现为订单中心、投资中心设在海南自由贸易港境内，贸易中心、结算中心却在其他地区。

（二）以有利于用好内地大市场为目标合理设置“二线”

“二线”设置要使得海南充分利用东南亚国家不具备的超大规模国内腹地优势，形成自身的吸引力与竞争力，尤其是要使得内地企业及相关要素自由便利地进入海南自由贸易港。“二线”高效管住并不是管死，而是要加快推进“放管服”改革，以不降低与内地的连通性为底线，实现与内地间物畅其流、人便于行。例如，“二线”的金融监管制度，不仅要有效防范境外资金冲击内地金融市场而影响全国金融稳定，也要服务于海南自由贸易港与内地资金的自由便利流动及内地企业以海南自由贸易港为平台开展国际融资、对外投资等活动的便利。

（三）切实防范因不合理的“二线”监管造成的“外资不愿进，内资进不来”问题

一方面，特殊政策叠加背靠国内大市场是海南吸引境外优质资源集聚的重要优势。境外企业通过海南自由贸易港这个平台，以更低成本、更自由便利地进入内地市场。若全岛封关运作后因“二线”监管制度过严，阻碍海南与内地市场的有效流通，海南对境外要素的吸引力将大打折扣。另一方面，做大市场流量，不仅要依托国际市场，更离不开巨大的国内市场支撑。若全岛封关运作后的监管方案设计过度强调风险防控而造成海南与内地货物、资金等要素双向流动的制度性壁垒，不仅将影响国内资源要素的流入，也难以实现打造双循环重要交汇点的目标。

二、明确“一线”放开、“二线”管住的方案思路

服务于打造国内国际双循环重要交汇点的目标要求，谋划“一线”放开、“二

线”管住的方案设计，关键是要处理好“一线”与“二线”的关系，以“一线”与“二线”的合理化安排，建立与国际竞争力和影响力的海关监管特殊区域相适应的海关监管制度和模式。

（一）海南集中精力放开“一线”、用好“一线”

1.海南的主要职责在“一线”。

无论是加强与东盟交流合作、努力打造国内国际双循环的重要交汇点，还是自身建设发展，海南自由贸易港海关监管的主要精力都应放在如何在安全前提下更好推动“一线”高水平开放上。封关运作的主要目标就是要在相对安全的前提下实现高水平开放政策与制度高效落地，形成相对于内地的开放与发展环境差异，吸引内地企业在海南自由贸易港内交易、配置、集聚各类商品要素，开展面向东盟的经营、管理、投资等各类业务。

2.放开“一线”，建立高水平“境内关外”的自由贸易港。

放开“一线”，需要按照中央提出的“打造最高水平开放形态”基本要求，加快落实《海南自由贸易港建设总体方案》确定的贸易投资自由化便利化政策，推进投资制度由“极简审批”向“标准制+承诺制”过渡，税收政策由以“免征”为主要方式的差异化政策向以“简税制、低税率”为特征的普惠制转变。与此同时，对接国际高水平经贸规则，做好高水平开放压力测试，逐步打造与最高水平开放要求相适应的政策体系。

3.海南仍需承担管好“一线”的任务。

进出“一线”管理。海南承担着安全准入（出）、口岸公共卫生安全、国门生物安全、网络和信息安全、产业安全、生态安全等领域的监管职责，需要加强经“一线”进出的货物、人员、资金、信息等领域的监管。同时，履行WTO、RCEP等协定规则，遵循我国已签署的世界海关组织公约等。

自由贸易港境内管理。在坚持岛内自由的情况下，重点提升投资、商务、市场、生态环境保护、意识形态等领域的监管有效性和专业性，以维护岛内市场稳定、意识形态安全及重大公共利益等。

（二）借鉴香港模式

1.“境内关外”的单独关税区。

香港作为全域自由贸易港，且为单独关税区，香港与关境之外的国家和地区的关系为“一线”关系。

2.推进“一线”高水平开放。

香港通过实施并不断更新贸易投资自由化便利化政策，确保各类市场主体在法律范围内能够享受到最大限度的自由空间。例如：海关只对涉及食品卫生、国家安全、环境保护等方面的物品实施最低限度的行政许可，进行进出口配额管制和许可证管理；除金融、电信、公共交通、公共设施及部分传媒行业受政府管控外，投资者可以进入各领域投资和经营；实行自由汇兑制度，外汇、黄金和钻石在香港自由进出，各种货币在香港自由交易和交换，货币市场和资本市场高度开放。

3.实现“一线”高效管理。

除开展国际合作外，香港通过律政司保安局下设的香港海关，根据《香港海关条例》，执行防走私、防贩毒与毒品滥用、征收关税、促进贸易、战略物品管制及保护知识产权、保障消费者权益等监管职能。

防止走私。即实施许可证制度，检查经海陆空途径进出口货品，出入境管制站检查旅客和行李，搜查抵港和离境飞机、船只、车辆，打击有关犯罪。

保障和征收应课税品税款。即征收应课税品税款，打击与应课税品有关的犯罪。

侦缉和防止贩毒及滥用毒品。即执行禁毒相关法例，调查、打击、监视贩毒集团，对有关化学品进行管制。

贸易管制。即执行产地来源证和进出口签证制度，防止及调查虚报产地等违法行为，执行食米管制计划，执行《进出口（战略物品）规例》。

保障消费者权益。即执行保障消费者权益的相关法例，包括《度量衡条例》《玩具及儿童产品安全条例》《消费品安全条例》《商品说明条例》。

保障和便利正当工商业及维护香港贸易的信誉。

履行国际义务。包括与世界海关组织及其他国家和地区海关组织展开合作，检查违规物品（例如违禁药物、走私货物等），就犯罪行为进行检控。

4.香港模式的主要优势。

有利于加快高水平开放进程。自由贸易港是当今世界最高水平开放形态，其实质是立足于跨境经济关系，推动贸易便利化和各类要素流通便利化，减少双向市场障碍。“一线”“二线”由同一主体管理，将会造成主体由于怕管不住而不敢放、放不开的问题，更多采取合规性监管和限制性监管，且主要侧重于市场准入行为监管、现场监管，以及传统的业务监管，这无疑会制约“一线”放开进程。香港模式则不同，其集中精力管理“一线”及境内的模式，有利于主动适应国际经贸规则新趋势，有利于根据实际发展与转型需求制定并不断更新开放政策，并确保境内安全。

有利于形成更大吸引力与竞争力。“一线”与“二线”的适度分离，不仅可以促进减少关境要素流通阻碍，也可以与境内其他地区形成落差，能最大限度形成区域性经济竞争优势，吸引集聚优质生产要素。例如，过去十几年，香港根据国际贸易规则变化及自身转型需求，灵活制定相关贸易投资政策，吸引资金运营商、新型贸易商和高端商贸人才集聚，国际竞争力逐步提升。2019年，香港世界经济竞争力排名由2007年的第12位上升至第3位；2021年，由于多种因素，排名有所下降，但仍居前5位；2023年，瑞士洛桑国际管理发展学院发布《2023年世界竞争力年报》，香港排名从2022年的第5位跌至第7位。

有利于更加灵活地开展国际合作。自由贸易港的区域影响辐射作用也体现在其面向全球的经贸网络上。香港依托其单独关税区的特殊地位，不断拓展国际网络，不仅在国际经贸规则重构中占据一席之地，也使得自身通过高水平经贸协定提升开放水平。截至目前，香港已与8个国家和地区签署自由贸易协定。

（三）“二线”后撤至徐闻

1.“二线”管住是内地的重要职责。

按照《海南自由贸易港建设总体方案》的要求，在海南自由贸易港与中华人民共和国关境内的其他地区之间设立“二线”。“二线”的市场流量决定着监管重点。在“货物、物品及运输工具由内地进入海南自由贸易港，按国内流通规定管理”的情况下，“二线”主要涉及由海南自由贸易港进入内地的管理。如何管住“二线”，是海南自由贸易港外境内其他地区海关的重要职责。与“一线”“二线”均由海南管理相比，内地海关管理“二线”，可以根据流入商品和要素的动态变化，形成更有针对性和有效性的监管。

2.“二线”后撤至徐闻。

从海南自由贸易港封关运作筹备看，“一线”和“二线”划定绕不开徐闻港。建议参照横琴粤澳深度合作区模式，广东·海南（徐闻）特别合作区（简称“特别合作区”）与海南自由贸易港仍按照国内流通规定管理，特别合作区与我国关境内其他地区之间设立“二线”。这有利于海南全岛实行自由贸易港政策；有利于避免“一地两检”或“两地两检”的重复监管，保障海南与内地的连通性不会因封关而降低；有利于打通琼州海峡两岸经济联通的堵点，促进与粤港澳大湾区联动发展；有利于形成我国华南地区面向东盟开放的合力。

3.“二线”后撤至徐闻具有可行性。

建省办经济特区之初，在建立海南特别关税区的研讨过程中，将“二线”后撤至徐闻的设想曾被提出。从现实看，当时的设想是符合实际的。

4.海南配合内地做好“二线”监管。

“二线”后撤至徐闻后，海南自由贸易港海关等监管部门与内地相关部门实现情报互换、信息共享、联合调查、办案协作等，提升“二线”监管的精准性；同时，根据海南自由贸易港发展需要，及时提出“二线”监管方式改善、重点调整等的建议。

三、构建低干预、高效能的“一线”监管制度

“一线”放开不是不管，而是“宽进”基础上的“严管”。需要客观估计封关运作后“一线”高水平开放可能带来的各类风险，并承担起管好“一线”的主体责任。

（一）加快开展“一线”领域的立法工作

1.研究制定海南自由贸易港“一线”管理条例。

抓紧出台相关法律，使封关运作后相关执法部门能依法监管。

2.利用立法权开展“一线”领域的立法。

制定出台海南自由贸易港海关监管条例，海南自由贸易港检验检疫条例，海南自由贸易港出入境管理条例，海南自由贸易港禁止、限制进出口货物管理条例，海南自由贸易港金融监督管理条例，海南自由贸易港数据跨境流动管理条例等，明确各执法部门对经“一线”进出海南自由贸易港的货物、物品、人员、资金、数据等的管理办法、法律责任等。

3.开展适应“一线”放开的岛内管理立法。

制定出台海南自由贸易港金融监督管理条例，明确海南自由贸易港金融监管的目标、对象，金融组织行为规范，金融监管机构及其监管职责，金融监管措施，风险防范和处置，法律责任等内容；制定出台海南自由贸易港个人数据保护条例，明确个人数据处理规则、个人数据跨境传输规则、个人在个人数据处理活动中的权利、个人数据处理者的义务、具有个人数据保护责任的机构、法律责任等内容；制

定出台海南自由贸易港税收征收管理条例，对海南自由贸易港税务管理、税款征收、税务检查、法律责任，海南自由贸易港税收征管的国内协调合作及国际协调合作等作出明确规定。

（二）形成管好“一线”的制度安排

1.货物：强化对禁止、限制类货物的进出口管理。

明确限制进出口货物的具体限制类型、限制措施等，明确每一项违反法律法规行为的具体量刑及惩罚标准。同时，借鉴中国香港和新加坡的经验，针对每一类禁止、限制进出口货物发布配套法律法规，完善禁止、限制进出口货物、物品的管理。

2.人员：以签证与配额管理相结合防范涉外安全风险。

建立外国人入境免签动态调整机制。借鉴新加坡、中国香港等国家和地区动态调整免签国家名单的做法，根据我国国家战略发展和双边发展需要、外国经济发展情况、安全形势、外国人在琼违法指标等综合因素，经第三方定期和不定期评估，动态调整免签国家范围。

实行外籍劳务人员配额管理制度。例如，适应海南自由贸易港国际人才及岛内中高端收入家庭需求，对菲佣等高技能外籍劳务人员实行配额管理制度，明确年度引进数量，避免对本地劳动力市场产生冲击。

（三）明确海南自由贸易港管好“一线”的主体责任

在“一线”放开的同时，海南需要强化安全准入（出）监管，加强口岸公共卫生安全、国门生物安全、食品安全、产品质量安全管控。一是对进出口货物查验，有效监管禁止、限制进出口的货物、物品，对进口征税商品目录内商品征税，强化出入境检验检疫；二是履行WTO、RCEP等协定规则，遵循我国已签署的世界海关组织公约等；三是与岛内职能部门配合，加强岛内涉及国家安全、社会稳定、生态保护红线、重大公共利益等方面的投资与经营行为监管。

（四）加强“一线”监管的统筹协调

1.强化海警、海关、海事、岸线公安等执法部门的统筹协调。

2018年，我国机构改革后，海洋管理与执法由“综合管理、统一执法”转变为“行业管理、综散结合”的复合型管理执法体制。在有效提升管理与执法专业性的同时，也带来了“综散不合”、衔接不畅的潜在挑战。自由贸易港建设以来，海南逐步构建起近海、岸线、岛内三道反走私防控圈，但实践中也存在诸多职责交叉甚至模糊之处。这就需要借鉴国际自由贸易港的成功经验，尽快形成从海上到岛内顺畅衔接的统一执法体制和顺畅衔接的大监管、大执法体制。

2.强化口岸监管与岛内职能部门的统筹协调。

对不征税、不检验进口货物，需要及时将信息与市场监管部门共享，以保障消费者权益或防止禁止进口物品夹带；对内地到海南自由贸易港的战略物资等，在仍按国内流通规定管理的同时，需要强化“一线”口岸与国家安全部门的协调配合；普通物品与货物由内地进入海南自由贸易港的，需要强化海关、税务等领域的协调。

3.强化市场监管部门的统筹协调。

对需要多个部门进行现场核查的，由主管责任单位牵头制定联合审查制度，由主管部门向企业发出联合审查通知书，在约定时间开展集体现场核查，当场出具审查意见，实现“进一次门，查多项事”；全面推进跨部门的投资信息共享、互认。此外，尽快建立跨部门、跨行业、跨市场的全口径金融信息监测体系，打通部门间经济金融数据壁垒，建立资金流信息监测管理系统，实现银行证券保险数据全覆盖，夯实金融业资金流数据监测基础。

4.加强海南省与“二线”监管主体的合作。

建省初期，海南曾提议“海口海关隶属于海南省，接受海关总署的指导”，目的是加强“一线”口岸监管与协调，并实现海南与内地各地海关的高效配合。一方面，在货物、人员“二线”监管方面，通过建立海南省与内地省市“二线”监管联席会议制度，在加强监管数据互通共享、执法合作互助的同时，避免重复监管、过度监管、监管真空等问题的出现；另一方面，在投资、资金、数据等领域的“二线”监管方面，加强海南省与相关主管部门的协调联动，提高监管效能。

（五）防范“一线”放开可能带来的各类风险

1.防范货物贸易自由化便利化可能带来的走私风险。

一是违规货物入关，主要是防止禁止类的货物进入海南自由贸易港，例如毒品、“洋垃圾”等；二是“零关税”货物在港内流通时违规改变用途，例如擅自将“零关税”货物交给“零关税”申请人以外的人或单位使用。

2.防范投资“非禁即入”可能引发的市场风险。

全岛封关后，除特定领域实行准入管理外，海南将全面放开投资准入，且严格落实“非禁即入”规则。需要防范外资企业以负面清单外行业备案后，违规通过各种方式进入禁止、限制外资进入的行业，或通过虚假承诺从事非法经营；防范外商企业从事非法集资、经济诈骗等非法经济活动。

3.防范人员自由流动可能引发的风险。

一是非法入境，伺机从事违法犯罪活动。随着人员自由进出限制的进一步放宽，人员流动更加自由便利，非法入境剧增。例如，海南对外国人入境审查程序减少，但公安和边防、交通等部门若不能实现数据及时互联互通，会导致境外不法分子利用管理漏洞通过海南进入内地，伺机从事违法犯罪活动。二是外籍人员非法就业，这可能会给本地劳动力市场、社会稳定带来一定的影响。

4.防范公共生态安全与卫生风险。

一是生物安全风险。海南建设全球动植物种质资源引进中转基地，一方面要防范境外进入的生物材料可能带来的生物安全风险，另一方面也要防范境外非法获得的野生动植物物种、南繁种质资源等进入。二是资源环境风险。随着自由贸易港建设的深入推进，市场主体和游客人数将大幅增加，经济活动将日益活跃，能耗、污染物排放总量控制形势将更加严峻，可能存在资源承载力不足和环境污染的潜在风险。三是公共卫生风险。需要加强口岸检验检疫设施建设，完善数据采集，防范人员、货物进出自由便利可能带来的传染病等风险。

四、形成“二线”管住的制度安排

立足海南自由贸易港打造最高水平开放形态的目标要求以及现有监管能力与封关运作后的开放水平不相适应的突出矛盾，海南自由贸易港承担“一线”放开与监管职责，将“二线”监管后撤至内地，这是管好“二线”的重要选择。

（一）明确内地的“二线”监管职责

1.货物“二线”监管是海关总署的重要职责。

《海南自由贸易港建设总体方案》明确提出，在海南自由贸易港与中华人民共和国关境内的其他地区之间设立“二线”。因此，管住“二线”是海南自由贸易港外境内其他地区海关的重要职责。建议海关总署制定“二线”监管办法、标准、模式等，待运作成熟时，出台海南自由贸易港“二线”管理条例。

2.投资“二线”监管是国家发改委与商务部的重要职责。

作为我国境内投资、境外投资管理主体，国家发改委、商务部应在海南自由贸易港投资“二线”监管中承担主要监管职责，并根据企业投资项目所属领域由各主管部门强化对企业投资项目的监管。

3.人员“二线”监管是公安部的重要职责。

公安部作为我国出入境事务和外国人在中国境内居留、旅行有关事务的主管部门，承担海南自由贸易港人员“二线”监管的重要职责。研究制定国内居民、外国人在海南自由贸易港与内地之间往来的管理办法、相关基础设施建设方案、人员配置方案等。

（二）形成“二线”管住的具体制度

1.货物：强化分类监管。

根据“二线”的货物流向实行分类监管。货物从海南自由贸易港进入内地，原则上按进口规定办理相关手续，照章征收关税和进口环节税。属于国家限制进口的，经“二线”申报，实施风险防控和处置、单证验核、税收征管；行邮物品由海南自由贸易港进入内地，按规定进行监管，照章征税；货物从内地进入海南自由贸易港，按国内流通规定管理，经“二线”无须申报通道进入岛内。内地货物经海南自由贸易港中转再运往内地无须办理报关手续，应在自由贸易港内海关监管作业场所（场地）装卸，与其他海关监管货物分开存放，并设立明显标识。

2.投资：按照投资方向与投资主体实行内外资有别的投资管理制度。

对外资经海南自由贸易港进入内地的投资活动，按我国外商投资相关规定执行。对内地进入海南自由贸易港的投资活动，按照国内投资相关管理规定执行。对内地经海南自由贸易港向境外投资活动，按照海南自由贸易港境外投资管理办法执行。

3.人员：对不同人员实行分类监管，以防范外籍人员经海南自由贸易港非法进入内地。

随着人员自由进出限制的进一步放宽，人员流动更加自由便利，外籍人员非法进入内地的风险加大。建议对持中华人民共和国居民身份证的岛内居民，允许其经“二线”口岸自由进出；对持有海南自由贸易港工作签证的外国人，实行备案制管理，即经“二线”口岸备案后免签证进入内地，并通过人脸识别系统及规定内地居留期限等方式管理；对免签入境海南自由贸易港的旅游人员，按照内地现行管理办法管理。

（三）在特别合作区与内地其他地区间设置“二线”

1.在特别合作区设置海关监管区。

特别合作区作为海南自由贸易港飞地。借鉴中新苏州工业园的飞地经济模式，借助海南自由贸易港政策打造法治化、国际化、便利化营商环境，以政策协同带动产业协同，在扩大海南自由贸易港经济腹地上取得实质性进展。

设置海关监管区。参照横琴粤澳深度合作区模式，特别合作区与海南自由贸易港仍按照国内流通规定管理，特别合作区与我国关境内其他地区之间设立“二线”。

设立联合执法区。由海南与内地出入境管理人员共同组成联合执法队伍，并实行统一授权、统一标准、统一处理的执法模式，即由中央出入境管理部门统一对联合执法区执法队伍授权，执法队伍按统一的“二线”进出标准开展执法，发现问题后按既定法律进行及时处理。

2.将特别合作区打造成为海南自由贸易港与内地市场连接的重要平台。

打造成为海南联通内地大市场的门户枢纽。放大徐闻港的地缘优势和交通优势，积极对接海南“四方五港”，围绕打造琼州海峡半小时经济圈建设临港经济区，做大做强枢纽经济，在港口资源整合、港产城融合中形成内地企业参与海南自由贸易港建设的重要平台。

打造成为海南产业发展的后援基地。将海南自由贸易港所需与徐闻所能有机结合，按照“海南总部+徐闻基地”“海南前端+徐闻后端”“海南研发+徐闻制造”的产业协同发展模式，形成临港经济、现代农业、先进制造业和文旅产业等一批优势产业集群。

打造成为海南综合服务保障区。海南90%以上的生产生活物资需要通过徐闻进入海南。特别合作区以建设海南自由贸易港重要物资供给保障基地为重大任务，为海南提供生产加工，物流仓储，蔬菜、粮油、禽畜供应及大型冷链等生产生活物资供给保障。

打造成为区域联动发展示范区。作为海南自由贸易港与粤港澳大湾区之间人流、物流、资金流、信息流、技术流互动流通的重要平台，在市场融合、产业对接中打造跨区域联动发展的试验田。

第五节

实施高度自由便利开放的流动政策

运输来往和人员进出自由便利是自由贸易港高水平开放的重要标志之一。从现实需求看，2025年海南封关运作要把开辟国际航线，尤其是面向东盟各国的国际航线作为重点，为封关运作后加快空海国际交通网络和国际经贸合作网络建设打下重要基础。除此之外，2023年4月10日，习近平总书记在徐闻考察时的讲话提出：“琼州海峡是国家经略南海的战略通道，也是海南自由贸易港建设和发展的咽喉要道，要把‘黄金水道’和客货运输最佳通道这篇大文章做好。”[1]要充分利用粤港澳大湾区基础设施完备的优势和海南自由贸易港运输来往自由便利政策优势，推进区域内重大基础设施协同建设和规划衔接，形成高效便捷的基础设施互联互通新格局。

---

[1] 《坚定不移全面深化改革扩大高水平对外开放 在推进中国式现代化建设中走在前列》，《人民日报》2023年4月14日第1版。

一、高度自由便利开放的运输政策是提高区域竞争力的重要举措

（一）形成高度自由便利开放的运输政策安排的必要性

1.基础设施互联互通的现实需求。

一方面，海峡运输面临潜在风险。琼州海峡通航能力时常受台风等恶劣天气影响，进出岛难的问题亟待解决；航班密集，海上交通安全压力大，且海上救援力量单薄。另一方面，航空运输能力不足。目前，海口美兰国际机场、三亚凤凰国际机场跑道使用均已接近饱和，海南机场建设与运输来往和人员进出自由便利的要求严重不相适应。

2.国际知名自由贸易港的经验。

从新加坡、中国香港、迪拜等典型自由贸易港的发展经验看，它们无一不是以国际空港建设为突出特点。新加坡樟宜机场自1981年运营以来，100多家航空公司在此运营，航班通往全球400多个城市，平均每84秒就有一架飞机起降；2020年迪拜机场对本地GDP的贡献已达到30%左右。目前，海南机场建设与运输来往和人员进出自由便利的要求严重不相适应。

（二）促进粤港澳大湾区基础设施互联互通

1.合力推进琼州海峡港航一体化。

加快推进琼州海峡南北两岸港航资源整合。在当前基本完成琼州海峡南岸航运资源整合、北岸港口资源整合的基础上，加快推进琼州海峡南岸港口资源整合、北岸航运资源整合以及南北两岸港航资源整合，加快实现琼州海峡南北两岸港航资源的“统一规划、统一建设、统一运营、统一管理、统一标准”。完善琼州海峡港航一体化协调运作机制，省级层面以协调为主，地方层面以协作为主，企业层面以合

作为主。

加强疏港交通与城市交通衔接。按照“人车分离”“客货分离”“进港和出港的车辆旅客分流”的原则，提前谋划各类公共交通规划，打造“三位一体”的现代化水陆交通运输综合枢纽；在实现港口、船舶资源统一调度、统一作业的前提下，不断优化窗口服务和监管体系，提高港口及船舶作业效率和智能化水平，完善进出海南客滚运输航线布局，提高船舶准点率。

推进陆岛快速互联互通。加快推进湛江至海口高速铁路建设前期工作，争取尽快开工建设，融入国家高速铁路网，做好配套码头工程的规划建设工作，尽可能缩短跨越海峡的时间。推进沈海高速公路粤西部分扩容升级和海口段工程项目建设，提升跨界高速公路通道能力。

2.加强协调，共建功能互补的区域性港口群。

优化沿海港口功能布局。巩固提升香港国际航运中心地位，加快发展高端航运服务业，并为海南企业提供服务；增强广州、深圳国际航运综合服务功能；加快推进洋浦区域国际集装箱枢纽港建设，着力提升洋浦港集装箱码头和航道等级能力，增强洋浦港国际中转业务功能，推动公共码头资源整合，完善洋浦国际物流和冷链物流设施，与香港、广州、深圳形成优势互补、互惠共赢的港口、航运、物流和配套服务体系。

加强与粤港澳的航运合作。探索将海南部分港口交付粤港澳大湾区实力雄厚的港口集团进行统一开发管理；以海南洋浦港为平台，开展以洋浦港为中转站的内外贸同船、沿海捎带业务；推进海南所有港口与香港、广州、深圳、澳门的大港合作，实现“单一窗口”标准与功能统一、数据共享，加密并优化海南与粤港澳大湾区之间的班轮航线，探索建立大宗散货经海口港、洋浦港和湛江港中转的港口运输合作机制，开展多式联运合作，建设“中国洋浦港”船籍港，支持广东船舶在海南自由贸易港开展船舶登记。探索将海南重点港口交由香港运营机制。

构建衔接有序、协同联动的航运集疏网络。加快推进海口新海港区、徐闻南山港区等港口设施、综合客运枢纽和集疏运体系建设。优化港口公路运输网络，强化徐闻港、海口港等重要港口与高速公路网络的对接，提升港口的快速集疏能力。推动湛海高铁引入徐闻港区南山作业区，支持湛江在雷州港区布局对接海南的专业货运通道。发展以港口为枢纽的物流体系，开展集装箱物流、热带农产品冷链物流、国际粮油物流、石化物流等专业物流服务。加快琼州海峡两岸客滚运输基础设施统一规划和建设，密切与重要节点城市和物流枢纽的联系。强化琼粤港澳港口物流信息化体系建设，实现琼粤港澳四地航运信息互通共享，提升航运集疏效率。

3.合作共建以航空为重点的城际快速交通网络。

加密优化区域内航线网络。加强海口美兰国际机场、三亚凤凰国际机场与广州白云国际机场、深圳宝安国际机场、香港国际机场、澳门国际机场的航线互联互通。加密直飞或与粤港澳大湾区相互中转的国际航线；继续打造琼港空中快线，持续增加琼港间航线往来密度，方便更多国际游客通过香港中转来琼；优化完善海口美兰国际机场、三亚凤凰国际机场与广州白云国际机场、深圳宝安国际机场等的航线网络，实现机场航班公交化。探索建立枢纽运营一体化、行业数据一体化、票务清分一体化、航运政策国际化合作机制。

吸引粤港澳大湾区机场管理集团参与海南机场建设与管理。借助粤港澳大湾区机场管理集团合作建设儋州机场、东方/五指山机场、琼海博鳌机场等小型机场或市支线机场，加快三亚新机场等机场建设，加快研究论证推动香港机场管理局参与海南机场管理合作的路径、方式。例如，探索借鉴香港国际机场和珠海机场的代理经营模式，对海南新建机场进行运营管理。

4.推动共建以东盟为重点的对外综合运输通道。

推动共建泛南海区域海上运输大通道。协同推进海南、广东、香港、澳门与东南亚国家和地区在国际中转、运输航线、物流配送等方面的密切合作，推动共建泛南海区域航运标准体系、管理制度体系等；强化海上航线联合开发、共享，联合组织开行至新加坡、越南等国家主要港口的国际航线，形成放射性、网络化、便捷化的航运交通网络布局；建立并完善区域港口物流合作协调机制，组建21世纪海上丝绸之路货运物流合作网络，打造泛南海区域海上运输大通道。

推动共建泛南海区域空中运输大通道。在强化广州白云国际机场、深圳宝安国际机场等国际枢纽机场功能的同时，加强海口美兰国际机场、三亚凤凰国际机场与粤港澳区域国际枢纽机场、区域枢纽机场的合作，联合加密或开通面向东南亚国家和地区的直飞、中转国际航线，助力海南构建与泛南海区域各国家间通达通畅的航线网络，推动海口美兰国际机场由区域枢纽向国际枢纽转型。

二、实行兼顾进出自由便利与防范涉外安全风险的人员进出政策

（一）签证与配额相结合

1.借鉴新加坡经验，完善中高层次人才工作签证制度。

例如，对认定的高端专业人才或急需人才，对其个人及家属签发不少于5年的多次出入境有效签证及居留许可；对认定为中等技能人员和技师的，对其个人及家属签发不少于2年的多次出入境有效签证及居留许可。

2.建立外国人入境免签动态调整机制。

借鉴新加坡、中国香港等国家和地区动态调整免签国家名单的做法，根据我国国家战略发展和双边发展需要、外国经济发展情况、安全形势、外国人在琼违法指标等综合因素，经第三方定期和不定期评估，动态调整免签国家范围。

3.实行外籍劳务人员配额管理制度。

例如，适应海南自由贸易港国际人才及岛内中高端收入家庭需求，对菲佣等高技能外籍劳务人员实行配额管理制度，明确年度引进数量，避免对本地劳动力市场产生冲击（见表2-18）。

表2-18　新加坡外籍劳务人员比例上限

工作准证类型	行业	外籍劳务人员比例上限
S准证（S Pass）	S Pass（服务业）	15%
	S Pass（不含服务业）	20%
劳务准证	制造业	60%
	服务业	40%
	建筑业	有人力年配额（MYE）指标
		无人力年配额（MYE）指标
	加工行业	有人力年配额（MYE）指标
		无人力年配额（MYE）指标
	海事业	81.8%

资料来源：《对外投资合作国别（地区）指南 新加坡（2020年版）》。

（二）防范外国人经海南自由贸易港非法进入内地

对持中华人民共和国居民身份证的岛内居民，允许其经“二线”口岸自由进出；对持有海南自由贸易港工作签证的外国人，实行备案制管理，即经“二线”口岸备案后免签证进入内地，并通过人脸识别系统及规定内地居留期限等方式管理；对免签入境海南自由贸易港的旅游人员，按照内地现行管理办法管理。

（三）完善岛内外国人管理制度

1.建立外国人智慧社区。

设立外国人智慧社区，对社区内外国人实现身份信息无感知采集，结合AI（人工智能）算法和大数据挖掘核心技术，运用智能关联分析和数据挖掘，通过整合人脸、人形、车牌、时间、位置、随同状态等多维度数据信息，形成个体行为特征、身份特征的画像。

2.完善对临时入境人员的动态监管。

在港口码头、机场海关及公安卡口、小区等地安装无感身份信息采集设备、人脸信息采集设备、手机信息采集设备、车牌信息采集设备，结合AI算法和大数据挖掘核心技术，整合多维度数据，运用智能关联分析实现动态监管。

3.强化对特定人员的事前防范。

通过多源异构动态感知数据的汇聚、融合、关联、比对，从经济、政治、社会、舆论、公共安全等多个领域出发，智能分析涉稳涉恐群体的异常行为、聚集趋势，并开展海南省涉稳涉恐风险动态评估预测，为涉稳涉恐事件、重点群体识别预警、高效指挥决策提供支撑。

（四）完善人员管理体制

1.设立海南自由贸易港移民管理局。

整合现有公安出入境管理、边防查验管理、外事侨务事务及涉外执法等相关职能，成立海南自由贸易港移民管理局，统一管理协调外国人签证、居留、就业、保险、福利待遇、案事件处理、入籍等事务。

2.设立外国人居留服务机构。

探索租售同权等房地产政策，为引进的国际高端人才提供住房保障；完善交通、医疗、生活等基础设施；为国际创新创业人才的子女提供优质教育。

专栏2-4　新加坡、中国香港外国人事务主管机构

1.新加坡移民局（ICA）。负责出入境人员、货物、旅行证件、身份证等检查和办理。

2.中华人民共和国香港特别行政区政府入境事务处。主要职能包括负责中华人民共和国香港特别行政区出入境事务及管制，签发中华人民共和国香港特别行政区的身份证件及旅行证件，侦查和检控违反入境法例人员，遣返非法入境者，办理出生、死亡及人事登记手续，办理婚姻登记手续，处理国籍事宜，签发签证及许可证。

资料来源：中改院课题组整理。

（五）以职业资格互认为重点推进人员进出自由便利

1.实行服务业职业资格单向认可清单。

制定服务业职业资格单向认可清单，取得境外职业资格或公认的国际专业组织资质的专业人员，通过技能认定后，可直接为海南企业和居民提供专业服务，其境外从业经历视同境内从业经历。

2.放宽外籍人才出入境、停居留、就业限制。

建立服务贸易重点领域中高端人才认定标准，为符合条件的外籍人才投资创业、开展经贸活动提供出入境便利；放宽外籍专业技术技能人才停居留政策，取消对专业技能人才申请永久居留的最短居住时间限制；允许在华外国留学生学习期间来海南实习和勤工助学，取消就业许可限制；突破外籍人才只能在一家单位工作的限制，在有效管理前提下，允许外籍人才在签证有效期自由选择兼职与创新创业，并享受与本地人才同等待遇。

3.有序放开菲佣等外籍劳工入琼。

在建立制度、管住风险、优化服务的前提下，有序引入菲佣等高技能外籍劳工，为国际化人才和海南中高收入家庭提供优质家政服务；率先为已获得在华永久居留资格或工作类居留证件的外籍高层次人才以及港澳台高层次人才聘雇的外籍家政服务人员提供在华居留便利。

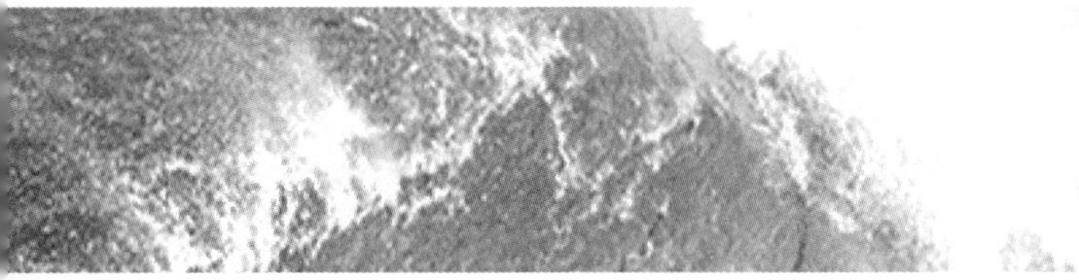

第三章

以减少“边境后”的壁垒为重点
对标国际一流营商环境

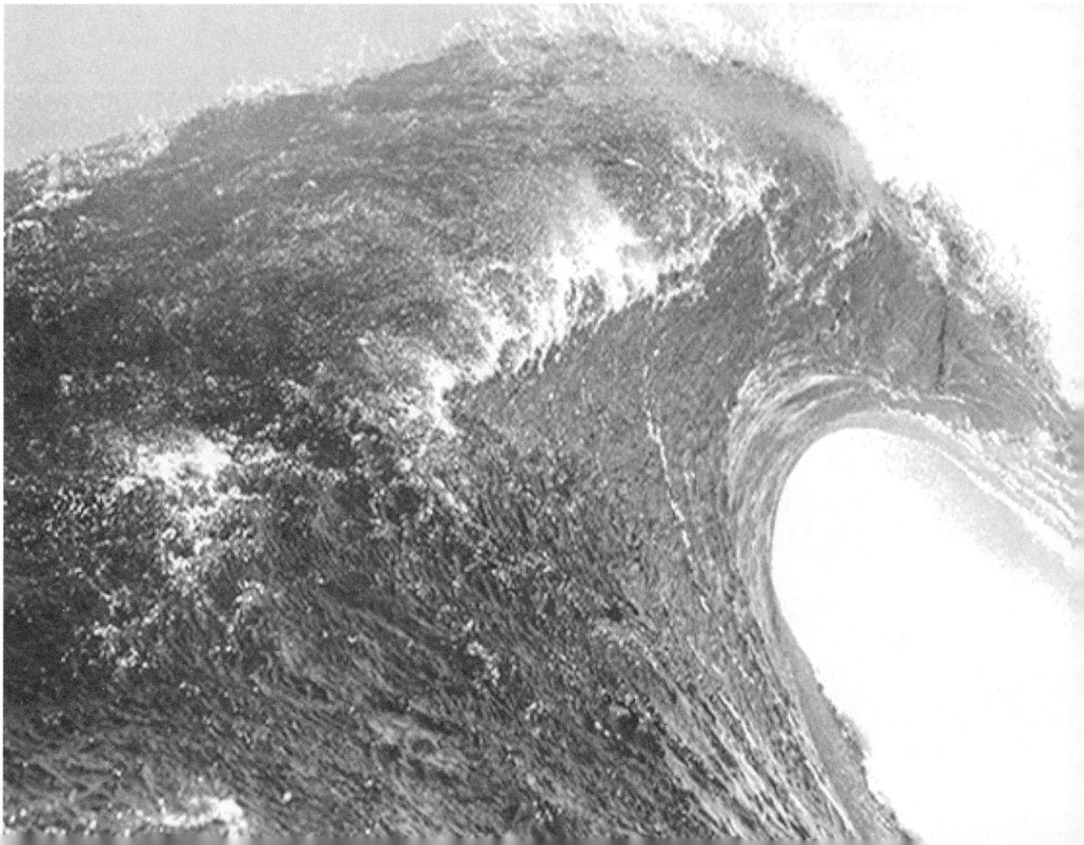

随着经济全球化的加速发展，跨国公司的国际生产开始走向无国界化，全球日益成为一个统一市场。随着跨国公司把生产布局到全球，诸如规则一致、竞争中性、知识产权保护、环境保护和劳工标准、政策透明度和反腐败等“边境上”和“边境后”措施正日益成为区域或国家间贸易投资谈判的新议题。这是当前国际贸易投资更高水平规则发展的新趋势。党的十八大以来，我国深入推进公平竞争政策实施，促进各类市场主体公平竞争，有效减少了要素流动的“边境后”壁垒。但也要看到，我国仍存在不同形式的“边境后”壁垒。例如，国际经贸伙伴国监管体制和标准的一致性有待改进；又如，部分地方政府还存在诸如变相审批、地方保护等不同形式的市场准入隐形壁垒；再如，我国现行部分规则制度与国际高标准规则制度尚有一定差距[1]。在这个背景下，海南自由贸易港建设就是要在全面开放中对标国际最新及最高经贸规则，不断减少“边境后”的壁垒，打造当今世界最高水平的开放形态和一流的营商环境。

[1] 马相东：《减少制约要素流动的“边境上”和“边境后”壁垒》，《学习时报》2022年8月24日第02版。

第一节

强化知识产权保护

知识产权已经成为国际合作与竞争的重点和焦点，尤其是在发展与冲突成为全球突出矛盾的情况下，知识产权被进一步应用于政治、经济等领域，以维护本国发展优势。同时，加强知识产权法治建设是中央对海南自由贸易港的基本要求，《中华人民共和国海南自由贸易港法》第二十三条明确要求“国家依法保护海南自由贸易港内自然人、法人和非法人组织的知识产权”，最高人民法院要求海南“打造知识产权保护高地”。除此之外，为适应国际知识产权保护规则向严格化、高级化演进的基本趋势，需要以务实举措加快建设与国际接轨的、具有海南特点的知识产权保护的规则体系、制度体系、服务体系与人才体系。

一、强化知识产权保护是优化海南自由贸易港营商环境的重中之重

海南打造国际一流的知识产权保护高地，既是进一步落实《海南自由贸易港建设总体方案》的重要举措，也是打造海南良好营商环境创新动能和制度优势的具体条件。在2021年的第一个工作日，海南自由贸易港知识产权法院开始正式收案，这是我国继北京、上海和广州之后设立的第四个知识产权专门法院，知识产权审判职能得到发挥，为海南自由贸易港建设营造了良好的法治环境；2021年12月，海

南通过了《海南自由贸易港知识产权保护条例》，这是海南在知识产权保护方面进行的有力探索和创新。然而，与国际先进经贸规则相比，海南在知识产权保护、有效权利以及突出海南发展定位方面都有完善的空间。建议海南自由贸易港发挥自主权，突出解决在知识产权领域侵权成本低、取证难、维权成本高、维权时间长、维权效率低的问题，构建与国际先进经贸规则相衔接的知识产权保护体系。

专栏3-1　海南发布10件知识产权司法保护典型案例

海南自由贸易港知识产权法院举行成立三周年新闻发布会。《海南日报》记者从会上获悉，海南自由贸易港知识产权法院自成立以来累计受理各类案件1888件，其中2023年受理各类知识产权案件1009件，同比增长48.82%。

海南自由贸易港知识产权法院是全国首个实行知识产权审判民事、行政、刑事“三合一”的知识产权法院。建院以来，审理民事案件1742件，标的额3.5亿元，审理侵犯商业秘密罪、销售假冒注册商标的商品罪等刑事案件38件，以及垄断、行政处罚等行政案件23件，提升了知识产权司法保护整体效能。正确适用知识产权惩罚性赔偿，最高判处5倍赔偿。

据悉，海南自由贸易港知识产权法院持续加大种业知识产权保护力度，审结的“隆科638S”侵害植物新品种权纠纷案入选2021年中国法院50件典型知识产权案例、最高人民法院公报案例，“都蜜5号”甜瓜植物新品种临时保护期使用费案入选2022年中国法院十大知识产权案件，2件案例入选人民法院种业知识产权司法保护典型案例。3篇文书入选全国法院技术类知识产权和垄断案件优秀裁判文书。1篇文书、2场庭审获评第五届全国法院“百篇优秀裁判文书”“百场优秀庭审”。

此外，该法院通过诉前委派和诉中委托方式推送调解组织调解案件546件，调解成功率达84.43%。向世界知识产权组织仲裁与调解上海中心移交委托3批调解案件，健全涉外知识产权领域替代性争议解决机制。

会上还发布10件知识产权司法保护典型案例，内容涵盖诉前行为保全、证据保全、专利权、商标权、著作权、不正当竞争、行政处罚及行政复议上诉等领域，案件类型包括民事、刑事、行政案件和执行案件。

资料来源：《海南自由贸易港知识产权法院发布10件知识产权司法保护典型案例》。

（一）优化营商环境的核心是知识产权保护

从国际视野看，知识产权是RCEP与CPTPP中内容最多、篇幅最长的章节。从国际国内营商环境优化举措看，发达国家与发展中国家纷纷改进知识产权立法质量，世界银行也将知识产权保护作为营商环境评价的核心指标。

（二）海南自由贸易港法治化营商环境建设的重点和难点在知识产权

从现实需求看，2022年海南法院共受理知识产权案件4844件，较2021年增长近1倍[1]。然而，根据《2022年中国知识产权发展状况评价报告》，2022年海南省知识产权地区保护体系指数、地区发展指数、地区市场运行指数与地区发展环境指数在全国31个地区中排名分别为第28名、第29名、第28名与第29名。

海南现有知识产权保护制度体系与高水平开放存在差距。第一，我国尚未加入某些国际公约。第二，知识产权保护范围相对较小。如《中华人民共和国商标法》未将气味纳入注册范围予以保护。第三，知识产权刑事责任门槛有待降低。TRIPS（《与贸易有关的知识产权协定》）第六十一条规定，只有达到商业规模的盗版行为才构成犯罪，并予以刑事处罚。现在对“商业规模”有新的解释，例如，CPTPP第18.77条、USMCA第20.84条扩张界定“达到商业规模”；另外，中美第一阶段经贸协议规定“取消任何将商业秘密权利人确定发生实际损失作为启动侵犯商业秘密刑事调查前提的要求”[2]，《中华人民共和国刑法》第二百一十七条规定侵犯著作权的前提是“以营利为目的”。第四，行政执法力度有待加大。一是对于涉嫌知识产权侵权的过境货物启动边境措施，目前往往涉及海关边境执法，然而在对过境货物要不要采取手段等方面，现有的法律法规规定不明确；二是电子商务平台知识产权侵权规则有待完善。

[1] 陈敏：《海南省高院发布2022年我省知识产权司法保护状况》，http://www.hnzhengfa.gov.cn/news/fayuandongtai/show-58566.html。

[2] 中美第一阶段经贸协议第1.7条规定启动刑事执法的门槛：“一、双方应取消任何将商业秘密权利人确定发生实际损失作为启动侵犯商业秘密刑事调查前提的要求。二、中国：（一）作为过渡措施，应澄清在相关法律的商业秘密条款中，作为刑事执法门槛的‘重大损失’可以由补救成本充分证明，例如为减轻对商业运营或计划的损害或重新保障计算机或其他系统安全所产生的成本，并显著降低启动刑事执法的所有门槛；以及（二）作为后续措施，应在可适用的所有措施中取消将商业秘密权利人确定发生实际损失作为启动侵犯商业秘密刑事调查前提的要求。”

（三）知识产权保护在营商环境评价中的权重地位明显提升

首先，当前各国的知识产权规则逐渐与国际公约全面接轨，知识产权规则国际化趋势明显。其次，知识产权保护范围逐渐扩大，例如CPTPP将域名纳入保护范围，将气味商标和声音商标强制性纳入保护范围。最后，出现更加严格的执法程序与法律责任，例如更加重视数字环境下的商标、版权侵权执法，规定更具有惩罚性质的附加赔偿，政府机构侵权行为不适用豁免等。

因此，要建立海南自由贸易港知识产权法治建设评估机制，对接CPTPP等知识产权保护范围，引入国际专业知识产权服务机构，制定海南自由贸易港知识产权法治建设评价体系，开展海南自由贸易港知识产权法治建设年度监测和定期评估。同时，把知识产权法治建设作为营商环境评价的重要指标；借鉴世界银行营商环境评价标准，明显提升知识产权法治建设在营商环境评价中的权重地位，并将其作为市县政府考核评价的重要内容。

二、建设海南自由贸易港知识产权保护制度体系

（一）形成具有自由贸易港特色的知识产权法规体系

1.根据产业特点制定知识产权保护制度。

聚焦现代服务业、高新技术产业及热带特色高效农业，制定与现代产业体系相适应的知识产权法律法规。例如高度重视植物新品种、数字经济、医疗健康等领域的立法。

2.根据生态特点实现重点立法。

重点开展绿色专利领域的立法工作，就绿色专利的申请、授权、应用、流转、保护等全链条环节形成法律法规安排。

3.实现与国际知识产权保护规则的对接。

主动适应国际知识产权保护规则向严格化、高级化演进的趋势，对标CPTPP、RCEP等国际高水平经贸规则。从国际经贸新规则发展来看，制度系统化、集成化、强化的趋势明显，尤其体现在实体权利、行政程序与边境保护程序上。而海南对接国际经贸规则，趋势是要聚焦海南市场主体知识产权保护取证难、维权成本高等问题，综合运用行政调解、仲裁诉讼等多元化的手段，形成合力，加快建设具有国际竞争力的海南知识产权保护体系。

（二）强化符合自由贸易港需要的知识产权行政制度

1.强化知识产权市场化应用的制度建设。

积极打造若干个国际知识产权交易中心，支持对知识产权的定价、评估、授权、维权机制的探索；推进知识产权证券化探索，打造集交易、融资、资本市场服务为一体的国际化平台。

2.强化知识产权侵权惩罚性赔偿制度建设。

明显提高知识产权侵权惩罚性赔偿上限，参照新加坡制定海南自由贸易港惩罚性赔偿基数认定标准，建立重点领域相关权利人的惩罚性侵权赔偿诉讼快速通道，降低权利人法律维权难度。

3.强化知识产权“全链条、大保护”制度建设。

目前，机构改革后我国仅在省级人民政府设有专利行政主管部门，省级以下市场监管综合执法队伍没有专利执法权。因此，可以在海南自由贸易港率先探索省级以下知识产权垂直管理体制，赋予市场监管部门完全的知识产权行政执法权限；探索商标、专利、集成电路布图设计、地理标志领域之外的知识产权的集中管理模式；同时，在省级层面建立部门间、市县间知识产权协调机制。

（三）建设海南自由贸易港知识产权司法服务体系

总的来看，我国在采用调解、和解、仲裁等非诉讼方式解决知识产权纠纷方面仍面临机制不完善、证据效力不足、执行程序不健全等问题，因此应当进一步跟进海南自由贸易港知识产权司法服务体系建设，切实保护企业知识产权。

1.国际知识产权法院的设立特点与审判体系。

国际知识产权法院的设立特点。第一，实行案件分类管辖，即将知识产权案件分为技术类案件和一般民事案件，上诉法院对技术类案件实行专属管辖、集中审理。第二，由专门法院依法独立公正行使审判权，无论是专门法院初审、专门法院二审的专门法院体系，还是普通法院初审、专门法院二审的上诉法院体系，知识产权法院都拥有技术类案件的终审权。

国际知识产权法院的审判体系。各国知识产权法院的审判体系包含三种模式：一是专门法院初审、普通法院二审，二是普通法院初审、专门法院二审，三是专门法院初审、专门法院二审（见表3-1）。

表3-1 部分国家/地区知识产权法院的审判体系

模式	国家/地区	初审法院（机构）	二审法院（机构）
专门法院初审、普通法院二审	瑞士	联邦专利法院	联邦最高法院
普通法院初审、专门法院二审	美国	专利商标局专利复审委员会、联邦地方法院	联邦巡回上诉法院
	日本	地方法院、专利局	知识产权高等法院
专门法院初审、专门法院二审	德国	专利与商标局、品种局	联邦专利法院
	欧盟	统一专利法院、中央法庭、地方法庭、地区法庭	统一专利上诉法院
	韩国	专利局	专利法院
	俄罗斯	知识产权法院	知识产权法院

资料来源：中改院课题组整理。

专栏3-2 部分国家知识产权法院发展情况

德国

德国联邦专利法院相当于州高等法院，当事人不服联邦专利法院判决，可向联邦最高法院提起上诉。在案件受理范围方面，联邦专利法院受理案件的范围包括技术类案件行政诉讼的二审、专利权的无效宣告案件、专利或实用新型的强制许可案件。在人员配置方面，德国有法律法官与技术法官之分，两者具有相同的权利和义务。技术法官须具有技术类相关学历及工作经历，并同时具备法官资格[1]。

日本

在案件受理范围方面，初审阶段，东京、大阪地方法院对技术类案件（包括侵犯专利权、实用新型专利权、集成电路布图设计权的案件以及计算机程序著作权侵权案件）有专属管辖权。对于非技术类案件，东京、大阪地方法院及全国其他地方法院都有权受理。在人员配置方面，日本知识产权高等法院的审判队伍主要包括法官、书记员、技术调查官等。此外，根据个案需要，专家委员也可能参与案件审理。日本知识产权高等法院目前设有4个部门，共18名法官。法官人选由日本最高法院决定，在管理上法官也要接受最高法院的监督。

美国

美国联邦巡回上诉法院是美国联邦法院系统里13个上诉法院中唯一按照案件类型划分管辖的法院。在案件受理范围方面，联邦巡回上诉法院对联邦所有地区的专利上诉案件具有专属管辖权。此外，它对来自专利商标局的确权案件、对联邦贸易委员会决定不服的上诉案件及退伍老兵案件等具有管辖权。在人员配置方面，联邦巡回上诉法院对法官的教育背景没有强制性要求，许多法官对技术的判断都是依赖于自己多年的审判经验[2]。

2.建设具有海南特色的知识产权司法服务体系。

2020年12月31日，海南自由贸易港知识产权法院正式揭牌办公，海南成为全国第四个拥有知识产权专门法院的省级行政区。该法院坚持“高站位、高标准、高起点、高水平”的标准，充分发挥审判职能，打造知识产权司法保护海南样板。

[1] 郭寿康、李剑：《我国知识产权审判组织专门化问题研究——以德国联邦专利法院为视角》，《法学家》2008年第3期。

[2] 孔译珞：《专利专门性法院的先驱者——美国联邦巡回上诉法院的发展》，《知识产权》2014年第4期。

2021年，海南自由贸易港知识产权法院共受理各类知识产权案件306件[1]。该法院充分着眼海南自由贸易港建设需要，聚焦重点产业需求，服务重点园区建设，实行“1+5+11”机制，以1个知识产权法院为依托，在全省布局5个巡回办案点，在11个重点园区设立司法保护联系点，推行法官办案、研究、服务“三合一”模式，通过“就近服务、定期咨询、专场培训、诉调对接、强化保护”的职能定位，积极主动为南繁育种、医疗新科技、数字创意等重点企业，全球动植物种质资源引进基地、深海航天等重大功能平台建设提供更加精准优质的司法服务和保障。除此之外，该法院还不断推进知识产权多元化纠纷解决机制建设，构建知识产权司法审判、商事仲裁、多元调解、法律服务、行业自律“五位一体”的知识产权大保护格局。

在未来，海南还可以通过建立全省统一的知识产权司法指引服务平台，系统梳理各类知识产权的法律、条例与行政法规，打造知识产权法律法规库，并建立与之相配套的解读库与企业指引库；定期发布国际知识产权保护规则变化信息、重点经贸合作伙伴知识产权保护风险提示，发布省内知识产权保护的典型案件及判例适用等。

三、海南自由贸易港知识产权保护制度建设的步骤与措施

（一）知识产权保护制度建设的步骤

2021年12月，海南通过了《海南自由贸易港知识产权保护条例》，但与CPTPP、RCEP相比，无论是保护范围、处罚力度还是可操作性都有较大差距。适应海南自由贸易港产业发展与高水平开放要求，应分阶段完善海南自由贸易港知识

[1] 崔善红：《改革创新“三合一”“五位一体”大保护——海南自贸港知产法院一周年记》，《人民法院报》2022年1月28日第4版。

产权保护法律法规体系。

1.2025年前出台相关解释文件或配套条例。

2025年前，出台《海南自由贸易港知识产权保护条例》的相关解释文件或配套条例，形成具体化的指引文件；适应“3+1”主导产业发展要求，在《海南省农作物种子管理条例》基础上出台海南省种子条例等。

2.封关后推进新兴领域知识产权立法。

封关运作后，按照打造最高水平开放形态要求，利用海南自由贸易港法规制定权，率先开展数字经济等新兴领域知识产权立法探索。尽快形成互联网、算法、数据、开源、人工智能、商业方法等领域的知识产权规则体系。

（二）建立知识产权海外维权机制

1.探索在东盟国家设立知识产权海外维权中心。

聘请当地知识产权领域人才，为走向东盟的企业提供知识产权纠纷应对指导、律师聘请、政府协调等公共服务。同时，鼓励省内行业协会建立专门的行业专利海外援助服务机制，为企业提供应对海外专利纠纷、争端和突发事件的服务。

2.建立海南自由贸易港海外知识产权专家顾问制度。

借鉴北京经验，建立海外知识产权纠纷应对指导专家库，为“走出去”企业提供知识产权领域的公益咨询服务。支持企业、律所、行业协会、智库等组建海外知识产权维权联盟，为企业提供知识产权维权的一揽子服务。

3.探索设立海南自由贸易港海外知识产权保险。

政府设立知识产权风险补偿基金，对“走出去”企业因非经济因素造成知识产权损失的，给予资金补偿；同时，支持商业保险机构开发知识产权海外侵权责任险、专利执行险、被侵权损失险等业务，降低企业海外知识产权维权成本。

（三）强化海南自由贸易港知识产权国际交流合作

1.吸引知识产权国际性组织入驻海南。

吸引世界知识产权组织、国际植物新品种保护联盟、亚太经合组织等国际性和地区性组织在海南自由贸易港设立代表处或办公室；支持省内符合条件的机构注册面向RCEP的国际组织，积极开展知识产权国际交流合作。

2.促进区域内知识产权保护的政府合作和司法合作。

通过信息共享、标准互认、监管规则统一等方式，加强与RCEP成员国知识产权、经贸、海关等部门的合作；逐步实现知识产权案件审判结果的互认。

（四）加强知识产权保护的人才队伍建设

以执业专利代理师数量为例，2021年，我国专利代理师主要分布在北京、广东、江苏及上海四地，占全国总数的近65%，而海南则不足300人[1]。

1.允许境外法律工作者在海南开展跨境服务。

放宽法律领域市场准入，允许境外律所在海南自由贸易港设立分支机构或总部机构，专司境外知识产权纠纷案件；推进知识产权跨境服务贸易开放，支持境外知识产权服务、评估、鉴定人才通过跨境服务开展面向海南自由贸易港相关企业的服务业务；争取在海南自由贸易港大幅降低知识产权领域国际组织注册门槛。

2.强化知识产权保护的人才标准体系建设。

制定实施海南自由贸易港知识产权评估、鉴定资格标准，制定实施面向新加坡的知识产权鉴定师、评估师等的单向资格认可制度。

3.逐步扩充海南自由贸易港知识产权法院法官队伍。

依托海南自由贸易港特殊税收政策，探索通过聘任制等市场化方式引入北京、上海、广州、深圳等地区的复合型、专家型知识产权法官；同时，争取中央支持在

[1] 国家知识产权局知识产权运用促进司：《全国专利代理行业发展状况（2021年）》。

海南自由贸易港知识产权法院设置知识产权人才培养培训基地。除此之外，还可以逐步减少专职技术调查官的数量与比例，更多地引入专业人员甚至外籍专家作为兼职技术调查官，并赋予兼职技术调查官在裁决中更大的影响力。

4.加强知识产权保护的理论研究。

鼓励支持省内高校设置知识产权专业与知识产权理论研究室，就知识产权保护的国际规则演变趋势、海外知识产权纠纷应对、典型案例收集整理、国家知识产权战略推进路径、新型知识产权保护模式、创新成果产业化制度设计等重大理论与实践问题开展研究，并定期就省内知识产权保护制度开展评估，提出改进建议。

5.支持社会机构参与省内干部知识产权保护能力培训。

支持智库、律所、中介机构等开展面向省内干部、企业家等的知识产权保护能力培训；在知识产权法院的指导下，开发全省操作规范指引与培训教材，明显提升基层的知识产权保护能力。

▶▶▶

第二节

全面落实公平竞争政策

经济可持续高质量发展离不开良好的资源配置，社会资源优化配置和持续高质量发展来自自由、有序和公平的竞争，而自由、有序和公平的竞争的实现则依赖一定的竞争机制和竞争秩序[1]。海南自由贸易港的建设亟须优化营商环境，促成统一开放、竞争有序的市场法治体系[2]。2019年，海南成为全国第一个强化竞争政策试点实施省份，率先开展强化竞争政策试点，尝试打造海南竞争政策基础性地位。因此，如何对标国际标准，打造中国竞争政策试点新标杆，为国内外企业提供一个公平竞争的市场环境，成为海南自由贸易港建设的重要问题。

一、建构公平竞争的政策与法律体系

（一）适应全球竞争政策演变的基本趋势

1.竞争中性符合经济全球化的基本要求。

当前，竞争中性原则的相关内容逐步成为全球新一轮经贸规则的基本要求。

[1] 孙晋：《国际金融危机之应对与欧盟竞争政策——兼论后危机时代我国竞争政策和产业政策的冲突与协调》，《法学评论》2011年第1期。

[2] 刘云亮、翁小茜：《中国特色自由贸易港公平竞争审查制度构建研究》，《新东方》2020年第2期。

据统计，目前全球已有40多个国家适用竞争中性原则。同时，美国、澳大利亚与韩国、以色列、智利等18个国家通过签署双边自由贸易协定（FTA）强调或蕴含了竞争中性原则，适用竞争中性原则国家的GDP比重达到全球经济总量的60%以上。OECD与UNCTAD先后通过制定竞争中性的指引文件、发表文章及调研报告等方式致力于推进竞争中性原则在全球的应用。未来，竞争中性有可能成为高标准区域自由贸易协定的标配与WTO改革的重要议题。

2.公平竞争成为“边境后”开放的重点。

转向规则等制度型开放需要从边境开放向“边境后”开放拓展、延伸和深化。从现实情况看，我国以往市场开放的制度安排大部分集中在边境开放领域，而在公平竞争、贸易投资便利化、标准对接等“边境后”领域的制度安排仍然不足。推动“边境后”开放是我国市场开放的深水区，也是加强制度性、结构性安排的重点领域。

3.以公平竞争提升“边境后”开放的实际效果。

如果不能有效降低“边境后”市场壁垒，社会资本与外资仍然难以进入，单纯放开市场准入的开放举措就会大打折扣；如果不能有效打破市场垄断与行政垄断，各类市场主体就很难实现公平竞争，服务业市场对内对外开放也难以真正实现；如果国有企业、民营企业与外资企业难以公平使用土地、人才、资金等生产要素，即便开放政策实现重大突破，仍难以形成开放的吸引力；如果不改变目前国有企业和民营企业在产权保护、行业准入、银行贷款、上市融资、产业政策支持、创新政策支持、政府监管等方面差别化待遇的格局，就很难有效激发市场活力。

（二）海南竞争政策法律体系仍需完善

完善的竞争政策体系是形成自由、公平与有序的竞争环境的重要基础。自《海南自由贸易港建设总体方案》颁布以来，海南一直在探索竞争法律体系与政策体系的完善，出台了《海南自由贸易港优化营商环境条例》与《海南自由贸易港公平竞争条例》等法律法规，但是与国际高水平自由贸易协定中竞争政策的要求相比仍有差距。

1.竞争政策法律体系仍需完善。

与国有企业相比，民营企业更易陷入资金不足与能力不足的困境，因此海南自由贸易港应当在准入机制、反垄断机制等方面提供一个国有企业与民营企业公平竞争的环境。然而《海南自由贸易港公平竞争条例》缺乏国有企业反垄断、公平竞争的审查机制。

2.行政垄断仍然存在。

在服务业领域，民营企业更容易在要素获取或进入行业等方面受到歧视。

3.信息披露透明度有待进一步提升。

与民营企业相比，国有企业的相关披露信息不完全，存在选择性披露问题。

（三）形成竞争中性的市场环境

竞争中性原则已经成为超大型自由贸易协定的重要章节，全球已有40多个国家适用该原则。当前国际高水平经贸规则往往通过强调在竞争立法时确保竞争执法的程序公正、以专章明确对国有企业和指定垄断的约束，以及强调高透明度来体现竞争中性原则。

1.对标CPTPP，完善竞争政策法规体系。

增加反行政垄断的相关条款。明确除涉及国家安全的领域外，各级政府不得制定差异化的准入程序，确保内外资企业在准入许可、经营运行、要素获取、标准制定、优惠政策、政府采购等方面受到平等对待，并确保民企与外企相关待遇不低于国企。

增加透明度的相关条款。例如，定期公开竞争执法的相关政策与实践案例，并明确相关案例的适用条件。

增加补贴政策的适用条款。制定适用产业扶持政策的正面清单，减少选择性补贴、投资补助等举措，将产业政策严格限定在具有重大外溢效应或关键核心技术的领域。更多采用普惠性减税、消费者补贴等手段，维护市场公平竞争。

增加新经济领域反垄断条款。2021年2月7日，《国务院反垄断委员会关于平台经济领域的反垄断指南》发布实施，标志着我国平台经济领域反垄断监管取得重要突破，有利于营造一个公平竞争的市场环境。未来，需要在进一步细化相关标准规范的同时，强化在新经济领域的反垄断立法与执法。

增加政府采购中的公平竞争条款。确保在政府采购中无条件对内外供应商（含国企）实行国民待遇与施行非歧视政策。

2.提升公平竞争审查的专业性。

组建专门的公平竞争委员会，在市场监管部门的指导下相对独立地开展竞争审查工作。依托公平竞争委员会更加灵活的优势，吸引国内外竞争政策领域的专家、执法人员、裁决人员及国际组织等参与，确保竞争审查的专业性。

以信息公开为重点确保竞争审查与执法程序公正。形成竞争审查与执法的定期披露机制，就审查主体、内容、详细程序、环节及最终结果向社会公布。

设立公平竞争法庭。建议在省高院设立公平竞争法庭，专司公平竞争案件；为因违反《中华人民共和国反不正当竞争法》而被处罚或救济的个人、企业提供寻求对处罚或救济进行审查的机会。

3.建立财政补贴退出机制。

在政府发放财政补贴之前，必须履行告知义务，即确定何种条件下启动财政补贴退出机制。政府在收到退出财政补贴的申请后，应当先判断该项补贴是否属于行政补贴，是否扭曲了市场竞争。除此之外，在调查中还应听取被调查企业的申辩，根据财政补贴对市场扭曲的程度，判断财政补贴的返还比例，以保证实质公平。

4.推进以竞争中性为导向的经济政策转型。

在《中华人民共和国海南自由贸易港法》等专门性法律中明确提出竞争中性原则，在要素获取、准入许可、经营运行、政府采购和招投标等方面，对各类所有制企业平等对待。

从以产业政策为导向转向以竞争政策为基础。全面清理妨碍公平竞争的产业政策，减少行政力量对市场资源的直接配置，大幅减少现有地方产业补贴与扶持项目；全面实施普惠化产业政策。重点提高民营企业、外资企业等使用资金、土地等要素的可得性；全面实施功能性产业政策。例如，在鼓励现代服务业与高新技术产业等主导产业的发展中，更多采用普惠性减税、政府采购、消费者补贴等手段，维护市场公平竞争。

5.完善公平竞争政策审查第三方评估机制。

鼓励支持政策制定机关在公平竞争审查工作中引入第三方进行评估。最近几年，我国各级政府对政策的制定与执行开展了第三方评估。第三方评估的总体效果比较好，评估的专业性和客观性有所提高。

注重社会性机构与社会化智库参与评估。社会性机构与社会化智库评估的客观性较强，容易得到社会的认可。与此同时，在政策评估中要委托专家学者、法律顾问、专业机构参与，尽可能征询经营者、上下游相关企业、消费者等的意见。

公平竞争审查向社会公开，避免串谋导致公平竞争审查的失灵。建立健全投诉举报机制，及时回应社会关切的问题，强化社会监督约束。

二、逐步破除市场准入壁垒

2021年4月，国家发展改革委、商务部联合出台《关于支持海南自由贸易港建设放宽市场准入若干特别措施的意见》（简称《意见》）。《意见》将医药卫生、金融、文化、教育等服务业作为重点，同时关注商业航天、种质资源、新能源基础设施等前瞻性、战略性行业和乡村旅游等与海南发展需求相关的重要行业，切实放宽准入准营门槛，有效充分激发市场主体活力，共推出22条具体措施，总体上推进良好，一批重点事项相继落地。例如，在医药卫生领域，药品市场准入支持力度不断加大，青光眼引流管和热蒸汽治疗设备等医疗器械相继获批，高端医美产业发展势头强劲，制定可落地的120种国外先进医美类产品正面清单在博鳌乐城国际医疗旅游先行区使用。在金融领域，海南正探索建立“政府+保险+医护机构”的特困照护服务新模式，开展农业全产业链发展试点，持续完善天然橡胶价格（收入）保险和天然橡胶“保险+期货”保险方案，开展生猪“保险+期货”、“养殖工船”鱼养殖保险等试点。在文化领域，中国海南国际文物艺术品交易中心揭牌，海南申报获批游戏版号60个，两款游戏获批进口版号，实现海南进口游戏申报成果零的突破。

《意见》不仅激发了市场活力，也为海南形成国际比较优势产业奠定了重要基础。为促进海南高水平开放与贸易投资自由化便利化，海南应当在当前政策的基础上，进一步实施全球最高开放标准的服务业市场准入政策，稳步、有序放开电信市场和互联网限制，扩大免税购物的市场准入范围，破除市场准入壁垒，扩大行业优势。

（一）实施全球最高开放标准的服务业市场准入政策

首先，尽快制定实施海南版服务贸易负面清单，除出版印刷、广播电视等特殊领域外，全面取消现有投资准入负面清单与跨境服务贸易负面清单中的禁止性与限制性措施，实现内外投资者准入前后的同等待遇，加快服务业市场全面开放进程，由此打造服务贸易创新发展的新高地。

其次，降低外商设立特殊普通合伙会计师事务所、有限责任会计师事务所的准入条件，实现和内资同等准入标准；允许具备国际执业资格的会计师，经海南主管部门备案后，直接为海南居民和企业提供记账报税、审计验资、资产评估等会计服务。充分利用海南自由贸易港政策优势，加快引进更多国际知名会计、审计、信用评级、资产评估、投资咨询等专业中介服务机构，形成完整的服务体系，为离岸贸易相关企业、金融机构营造稳定、高效的发展环境和公平竞争环境。

（二）稳步、有序放开电信市场和互联网限制

1.稳步放宽基础电信业务牌照管理限制。

采用国际招标等方式引进国际电信运营商在海南经营固定通信、移动通信、网络接入等基础电信业务；允许国际电信运营商投资建设基站。

2.全面放开增值电信业务市场准入。

取消增值电信业务外资股比限制，取消除跨区域服务外的增值电信业务牌照管理，实行注册制；允许社会资本与三大运营商以完全平等身份进入电信市场竞争，经营国内国际呼叫中心业务、国际通信服务业务、信息搜索查询服务业务、因特网接入服务业务等。条件成熟时，允许外资企业与境内企业以合资形式在海南自由贸易港内经营互联网视频播放业务。

3.充分利用海南自由贸易港法规制定权突破上位法的限制。

我国电信市场准入条件主要来自《外商投资电信企业管理规定》，且上海、北京等地均通过暂停实施等方式突破了增值电信业务外资股比限制。建议海南自由贸易港制定实施电信市场管理条例，突破原管理规定股比限制，并借鉴CPTPP、DEPA，在电信市场透明度、竞争保障、安全监管等方面形成法律安排。

（三）扩大免税购物的市场准入范围

1.放宽市场准入限制，促进免税消费市场充分竞争。

在封关运作前，参照日本冲绳、韩国济州岛等引进竞争机制的做法，在明确标准的前提下，采用公开竞标等方式，吸引日上免税集团有限公司、中国华侨旅游侨汇服务总公司、DFS集团等免税品经营企业共同参与海南免税市场建设。封关运作后，在明确海南免税经营主体业务范围、监管规则的前提下，允许免税品制造商、零售商、品牌运营商、跨境电商等各类市场主体进入海南免税市场。

2.丰富国际品牌的同时增加国内名优品牌商品。

增加电子产品、皮具、箱包、珠宝和服饰等国际畅销品类。借鉴韩国经验，加大对本土名优品牌的支持力度。在免税店设立一定面积的国产商品销售区，引导相关企业开发专供免税渠道的优质特色国产商品。

3.推动免税品范围由中高端商品向日用消费品拓展。

尽快实施岛内居民购买入境免税商品正面清单。将正面清单作为封关运作前日用消费品免税区的过渡举措，待封关运作后开展全面调整。

第三节

全面实行企业法人承诺制

企业法人承诺制是指将原来需要企业法人在审批前到现场检查核实设施、设备等相关硬件条件是否符合规定要求和标准改为企业法人在知晓申报条件和标准后，承诺该申请事项所涉及的需现场检查的硬件条件符合要求，并作出“违者愿罚”的具体承诺[1]。《中华人民共和国海南自由贸易港法》第二十条明确规定“逐步实施市场准入承诺即入制”。2020年12月31日，海南省人民政府办公厅印发《海南省全面推行证明事项告知承诺制实施方案》和《海南省全面推行涉企经营许可事项告知承诺制实施方案》；2022年11月30日，海南省人民政府公布了《海南自由贸易港实施市场准入承诺即入制管理规定》，明确在海南自由贸易港内对市场准入承诺即入制的事项实行清单管理，激发市场主体活力。该规定有利于海南加快形成市场化、法治化、国际化、便利化的营商环境和公平、开放、统一、高效的市场环境，从实质上解决海南营商环境不优、市场活力不足、政府效率低下、高端经济要素吸引力弱等突出矛盾。

一、全面实行企业法人承诺制的重大意义

打造市场化、法治化、国际化、便利化的营商环境和公平、开放、统一、高效

[1] 张卫：《海南省食药监局启动法人承诺制审批模式》，《中国食品》2014年第19期。

的市场环境，是提升海南吸引力、竞争力、影响力的首要关键。尤其是在疫情后，在国内外营商环境竞争日趋激烈、硬件设施与软件环境建设相对滞后的情况下，全面实行以企业法人承诺制为重点的自由企业制度，尽快形成简约、透明、非歧视、非违法不干预的投资环境，赋予企业充分的自主权，将更好发挥海南自由贸易港营商环境建设与制度创新的引领、示范、带动作用，形成海南自由贸易港建设的新亮点。

（一）降低企业制度性交易成本

1.从国内外知名自由贸易港建设经验看，企业制度性交易成本低是一般特征。

国内外知名自由贸易港成功的首要因素是通过制度创新打造制度性交易成本的“洼地”，在最大限度吸引全球优质要素与资源集聚中形成自由贸易港产业体系。例如，除银行和保险等少数行业以外，中国香港并没有硬性规定需申领牌照行业的进入条件；新加坡规定，只要在合法的前提下，公司可自由经营任何业务，并可以根据自身状况和市场行情自行变更经营范围，无须审批。

2.从海南涉企经营许可现状看，企业在设立、经营、项目建设等方面仍面临制度性交易成本过高的掣肘。

2022年海南省开办企业所需天数为1天、审批环节为5个，而世界银行的统计显示，新西兰开办企业所需天数仅为0.5天、审批环节仅需1个；在办理建筑许可证上，海南省政府投资、社会投资、带方案出让用地和重点园区“极简审批”的房建市政类项目，全流程审批时限平均为59.5天，而韩国仅需27.5天（见表3-2）。

表3-2　2022年海南省企业办事成本与世界一流水平对比

对比内容	海南	世界最佳
开办企业所需天数	1天	0.5天
办理建筑许可证所需天数	政府投资、社会投资、带方案出让用地和重点园区“极简审批”的房建市政类项目，全流程审批时限平均为59.5天	27.5天
企业开办审批环节	5个	1个

资料来源：《2022年度海南自贸港营商环境评价报告》。

（二）降低企业办事成本

1.以全面实行企业法人承诺制实现政府行政效能实质性改善。

在加快推进海南自由贸易港建设背景下，在内外营商环境竞争压力不断增大的情况下，建议把全面实行企业法人承诺制作为提升政府行政效能的重大举措，着力破除实体经济尤其是服务业企业发展面临的体制机制障碍，大幅降低企业制度性交易成本，着力构建市场化、法治化、国际化、便利化的营商环境，进而倒逼相关体制机制变革。

2.以全面实行企业法人承诺制最大限度激发市场主体活力，迅速积累一批市场主体。

从中国香港、新加坡等自由贸易港的经验来看，以自由企业制度为主要标志的自由贸易港政策与制度在吸引、集聚企业中发挥了关键性作用。为此，需要以全面实行企业法人承诺制为突破口深入推进商事制度改革，在严守法律法规和有效市场监管的前提下，赋予企业自由生、自由死、自主经营的基本权利，依托自由贸易港建设预期，在短时间内迅速集聚一批具有较强竞争力的市场主体。

3.以全面实行企业法人承诺制最大限度降低“边境后”壁垒，推动海南对标国际最高开放标准。

制度型开放的本质是从边境开放向“边境后”开放拓展、延伸和深化。在负面清单限制措施不断缩减、对外资市场准入不断扩大的情况下，“边境后”制度性交易成本直接决定了对外开放效果。从现实情况看，目前海南“边境后”制度性成本依然较高，单纯以放开市场准入为重点的开放举措难以发挥有效作用。以海南省会海口市为例，目前海口市仅有权对《外商投资产业指导目录》核准之外总投资（含增资）1亿美元（不含）以下的外商投资项目实行备案管理，且在备案阶段及备案后开工前阶段面临一系列不同部门的审批。因此，全面实行内外资一致的企业法人承诺制，既是落实竞争中性原则的具体体现，也能有效降低外商投资的制度性交易成本，从而明显提升海南自由贸易港制度型开放水平。

二、企业法人承诺制的方案设计及其重点

（一）企业法人承诺制的方案设计

建设海南自由贸易港，要体现中国特色，符合中国国情，符合海南发展定位，学习借鉴国际自由贸易港的先进经营方式、管理方法，将其打造成最高水平开放平台，这是全面实行企业法人承诺制的基本出发点，也是海南企业法人承诺制方案设计的基本目标（见图3-1）。

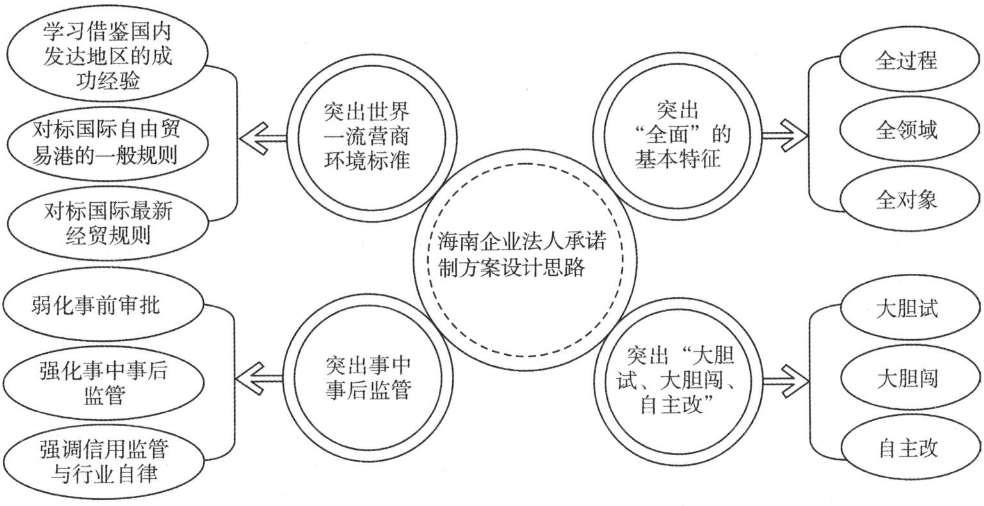

图3-1　海南企业法人承诺制方案设计思路

（二）方案设计的重点

1.突出世界一流营商环境标准。

学习借鉴国内发达地区的成功经验。在降低企业开办费用、提升政府审批效率、推动政府审批与监管流程再造等方面尽快复制推广；在发达地区采用的告知承诺制、“最多跑一次”等“放管服”改革举措基础上，进一步拓展创新。

专栏3-3 北京、上海、浙江、广东改善营商环境的主要举措

北京

1.营商环境多项指标进入“1时代”。以“互联网+政务服务”为突破，大力推进“一窗、一网、一门、一次”改革，大幅提升政务服务效率和便利化水平，营商环境多项指标在全国率先进入“1时代”。

2.率先大胆改革。在办理建筑许可方面，成立由14个部门组成的专班，全面推进工程建设项目审批制度改革；在提升跨境贸易便利化水平方面，在全国率先建立进口提前申报容错机制；在获得电力方面，在全国率先推行小微工程水电气接入零上门、零审批、零投资的“三零”服务；在获得信贷方面，在全国率先实行动产担保统一登记，实现企业抵押在一个系统登记、一个框架监管，大幅提高动产担保效率。成立北京破产法庭，平均审理时长减少5.6天。

上海

1.探索实行科学分类审批。根据资金来源、土地获得方式、工程类别、技术难度和风险控制等因素，将项目类型划分为两大类八小类，分别设定不同的审批流程、审批时限和审批方式，实现精细化、差别化管理。

2.精简再造审批流程。改革后将项目审批划分为立项用地规划许可、工程建设许可、施工许可、竣工验收四个阶段。

3.依托“多规合一”实行“一网通办”。实现“对外由审批系统统一受理，对内与发改委在线投资审批系统、规划全覆盖系统、地理信息系统等各部门审批系统互联互通”的目标，向社会提供高效优质、规范透明、全方位无纸化的电子政务服务通办机制。

浙江

1.从“多件事”到“一件事”。企业“一件事”17件，具体包括商事登记、获得场地、员工招聘、生产经营、权益保护、清算注销6个重要阶段。

2.从“有关部门”到“一个整体”。目前全省共梳理出省市县三级办事事项主项1925项，细化“最小颗粒度”情形9258项，并为每一种“最小颗粒度”情形绘制流程图，明确每一个环节、顺序、步骤及各个节点上的责任主体、任务分工和办理期限。在牵头单位带头改革和协调中，原本分属不同单位的多个事项逐渐被捏合成由“一个政府”办理的“一件事”。

3.从“数据共享”到“服务升级”。在打通“信息高速公路”的同时，“一件事”在线下正变得更加注重个性化体验。

4.推动“标准地”[1]改革扩面提升。省级以上平台全面推行“标准地”供地，省级以下平台新批工业用地“标准地”占比不低于30%。

5.深化信用体系建设。建成全省一体化信用信息服务平台和统一的“五位一体”公共信用信息数据库。

6.强化竞争政策实施。对11个市实施公平竞争审查制度、营造公平竞争制度环境情况开展第

[1] “标准地”是指在城镇开发边界内具备供地条件的区域，对新建项目先行完成区域评价、先行设定控制性指标，并具备项目开工建设所必需的通水、通电、通路、土地平整等基本条件的可出让的国有建设用地。

三方评估，实现公平竞争审查100%覆盖。实施竞争合规政策，在全国率先发布《浙江省企业竞争合规指引》，实施重点企业反垄断辅导机制。

广东

1.优化审批阶段。将工程建设项目审批流程划分为立项用地规划许可、工程建设许可、施工许可、竣工验收四个阶段，市县可在此基础上按照“只少不多”的原则进一步优化审批阶段。

2.精简审批事项和环节。取消社会投资项目大中型建设工程初步设计审查，取消建筑节能设计审查备案和施工、勘察、设计、监理合同备案手续。

3.建立“多规合一”业务协同平台。推动各市建立“多规合一”业务协同平台，在同一空间坐标上推进各类规划相互衔接和信息共享共用，以“一张蓝图”为基础建立空间协同机制，各部门协同统筹项目实施，加快项目落地。

4.实行区域评估制度。在自由贸易试验区和各类开发区、产业园区、产业集聚区、新区和其他有条件的区域实行区域评估制度，实现区域内建设项目共享评估成果，原则上不再进行出让地块项目相关评估。鼓励有条件的市、县实行全域区域评估。

5.实行联合审图、验收和测绘制度。将消防、人防、技防等技术审查并入施工图设计文件审查，相关部门不再单独进行技术审查。支持探索取消施工图审查和实行设计人员终身负责制。支持各市试行建设工程设计方案、项目初步设计、超限高层抗震设防合并审查。对规划、土地、消防、人防、档案等事项实行限时联合验收，统一竣工验收图纸和验收标准，统一出具验收意见。对验收涉及的规划条件核实测量、人防测量以及不动产登记相关地籍测量、房屋测绘等，实行“一次委托、统一测绘、成果共享”。破除测绘等中介服务机构执业区域限制。

6.试行告知承诺制。推动出台开展投资项目和工程建设项目承诺制改革相关措施。制定工程建设项目告知承诺制审批事项和事中事后监管措施清单。对中小型社会投资工程建设项目施工许可证核发之前的审批事项，探索实行告知承诺制。

7.推行用地清单制。对于社会投资项目，土地出让前，在由自然资源部门牵头组织开展用地红线范围内地质灾害、地震安全、压覆矿产、气候可行性、水土保持、防洪、考古调查勘探等事项评价或评估基础上，组织各行业主管部门、公共服务企业结合出让土地的普查情况，以及报建或验收环节必须遵循的管理标准提出土地资源评估指标和技术控制指标管理要求清单。

资料来源：中改院课题组整理。

对标国际自由贸易港的一般规则。按照“透明、非歧视、可预见、非违法不干预”的原则，最大限度取消前置审批与对企业日常管理及经营活动的约束限制。在投资、经营、决策和发展等各方面，将政府职能限定在尽可能小的范围内，给市场主体以充分的自由。在法律范围内和有效监管下，保障市场主体的“四个自主”：自主注册、自主经营、自主变更、自主注销。

2.突出“全面”的基本特征。

这里的“全面”包括全过程、全领域、全对象。全过程即除商事登记外，还包括企业经营、质量技术、商务贸易、税收财务、融资信贷、年检年审、注销等企业生命全周期。全领域即制定企业法人承诺制负面清单，除直接涉及公共安全、生态环境保护以及直接关系人身健康、生命财产安全的事项外，取消审批与备案事项，一律实行企业法人承诺制，吸引全球资源在海南集聚、高效配置。全对象即全面实现外商投资准入负面清单外内外资一视同仁、同等待遇，通过推进负面清单外无审批等制度，最大限度降低外商投资的制度性交易成本。率先在海南推动竞争中性原则落地，以竞争政策全面取代产业政策，实现各类所有制企业公平竞争。

3.突出事中事后监管。

将监管资源更多配置在市场主体设立后的经营、管理、投资等行为的动态监测与风险识别上，弱化事前行政审批，强化企业投资经营事中事后监管，实现“双随机、一公开”监管全覆盖。突出对公平竞争的市场监管，保证市场公平竞争；突出信用监管与行业自律，避免出现资源错配的情形，通过信用监管约束市场主体的市场行为；突出标准化监管，在事中事后监管领域，力图与国际最高标准接轨；强调信用监管，对标国际先进经验，不断完善社会信用标准体系建设，不断提升信用标准国际化水平，逐步建立与国际衔接的信用标准规范体系；注重风险防控，更加侧重社会自治力量参与；突出监管方式变革，适应促进产业开放和贸易投资自由化便利化的现实需求，形成与自由贸易港相适应的专业、高效、现代的监管方式，实现“放得开、管得好”。

4.突出“大胆试、大胆闯、自主改”。

在突出中国特色的基本前提下，大胆借鉴中国香港、新加坡等知名自由贸易港自由企业制度，率先实施国际最新投资贸易协定的相关条款。积极争取中央与省的支持，实行比“证照分离”改革更大的自主权限，包括企业许可审批权限、负面清单调整权限、暂停适用相关法律政策权限、市场监管职能调整权限、特殊的司法权限等，由此为自主改革创造重要前提条件。

三、企业法人承诺制方案的系统体系

对标中国香港、新加坡等国际知名自由贸易港，借鉴其企业注册与市场监管先进做法，重构商事登记、涉企经营、投资项目、税务申报等涉企许可事项办理流程，最大限度减少行政机关的干预、审核或审批，最大限度提高企业自主权，实现企业自由生、自由死、自主经营。

（一）建立承诺制商事自主登记系统

1.大幅缩减市场主体登记前置许可事项。

系统梳理在登记阶段的各类行政审批事项，对标中国香港、新加坡等国内外知名自由贸易港，除少数行业需行政审批外，减少审核和干预，原则上以申请人自主申报信息为准，压缩登记所需时间。同时，市场监管部门及时将相关企业登记信息通过市政务信息共享交换平台推送至有关主管部门，有关主管部门及时将其纳入监管范围，依法实施事中事后监管。

2.对必须保留的前置许可实行企业法人承诺制。

除国防、外交、货币等领域外，对金融、会计、建筑、法律等专业服务和对环境有重大影响的行业所需的行政许可实行企业法人承诺制，在企业提供关键性资格证明并签订相关承诺书后，当场发放登记所需的许可证明。同时，最大限度减少企业法人承诺制提交材料数量，对于事先难以核实、能够通过事中事后监管纠正且风险可控的事项，仅需提交企业法人承诺书，主管部门立即审批通过，并强化事中事后监管。

3.全面实现商事登记全程网办与“一次不用跑”。

完善电子政务服务平台相关功能，实现商事登记业务全覆盖；通过组建跨部门联合工作小组等多种方式，推进政务服务网的跨部门信息共享与协作机制建设；全面取消纸质单据或材料，实现在线登记服务全覆盖；加快完善线上办理“好差评”

制度，倒逼办事人员提高服务能力与效率。

4.全面推行商事登记“证照联办”。

全面梳理商事登记环节的涉企证照事项，能够由同级政府部门同步并联办理的涉企证照事项，全面实行“证照联办”（见图3-2）。

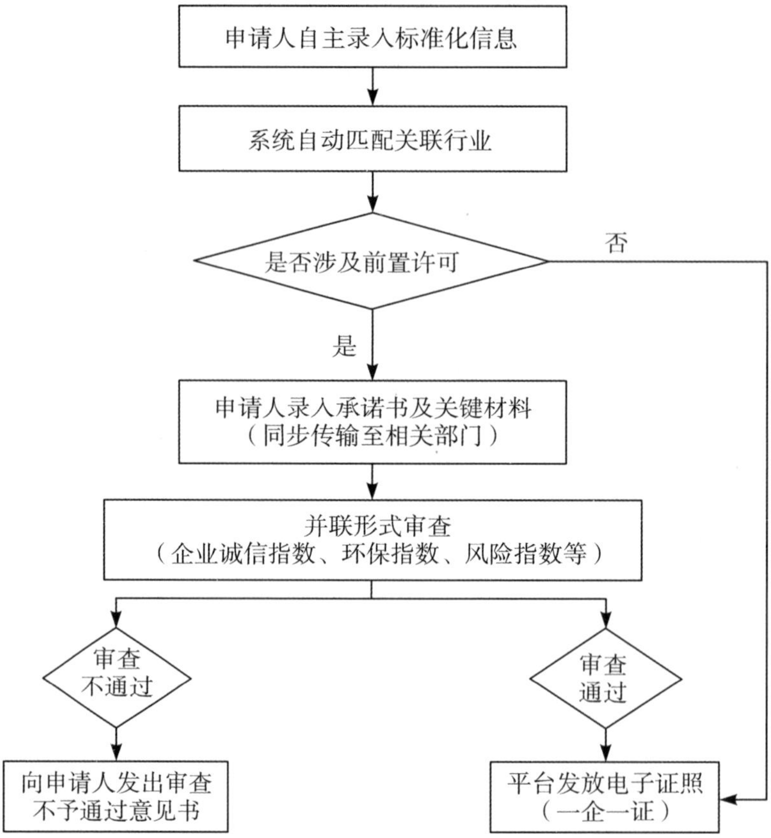

图3-2　商事登记企业法人承诺制实施流程

（二）建立承诺制准入即准营系统

涉企经营许可法人承诺制是指企业登记后经营活动涉及法律法规、政策文件等要求的许可审批的领域，由申请人提出行政许可申请，签署标准化承诺书，并提交关键材料，行政审批部门对申请人提交的材料进行形式审查后作出是否给予经营许可的决定。

1.制定涉企经营许可事项极简清单。

依托“证照分离”改革形成的事项清单，结合产业结构调整指导目录、市场准入负面清单、外商投资准入负面清单等，加快制定综合版、内外资统一的涉企经营许可事项极简清单。全面梳理涉企行政许可事项，率先取消目前实行备案制与告知承诺制的涉企经营许可审批事项。

2.对清单内涉企经营许可事项实行企业法人承诺制，实现“承诺即入”。

除了直接涉及公共安全、生态环境保护和直接关系人身健康、生命财产安全的行政审批事项，其余确需保留的涉企行政许可事项，一律实行企业法人承诺制。市场主体在提交申请书与证明材料时，一并提交承诺书，并对提交的申请文件材料的真实性、合法性、有效性、完整性和一致性负责。行政审批部门收到经申请人签章的承诺书及关键性证明材料后进行形式审查，决定是否颁发相关许可证，职能部门及时将许可信息通过市政务信息共享交换平台推送至市场监管部门，强化事中事后监管。

3.对清单外经营业务实行“准入即准营”。

清单外领域对内外资全面开放，市场主体在持有营业执照的前提下可自由经营清单外的任何业务，并可根据自身状况和市场行情自行变更经营范围。如变更的经营范围仍属清单外的，无须审批；变更后的经营范围涉及清单内事项的，实行企业法人承诺制。同时，市场监管部门及时将相关企业变更信息通过市政务信息共享交换平台推送至有关主管部门，有关主管部门及时将其纳入监管范围，依法实施事中事后监管。

4.创新清单内涉企经营许可审批方式。

全面实行涉企经营许可容缺审批。申请人在办理许可事项时，若提交的主要材料或者关键材料齐全且符合法定条件，次要材料或者非关键材料存在缺陷或缺项，则一次性告知需补齐补正的材料、时限和超期处理办法。若申请人作出在规定时限内将材料补齐补正的书面承诺，则先行核发相关证照。若申请人未能在规定期限内补齐补正有关材料，则撤销相关许可（见图3-3）。

全面实行涉企经营许可联合审批。依托政府服务平台，打通部门间信息壁垒，实现部门间对申请材料的标准化与互认互通；建立部门间联合审批工作机制，对企业经营范围内需办理不同行政许可的，在同级审批权限范围内，按照“一企一证”原则，实行联合审批，填写一张承诺书，颁发一张许可证书，加载全部行业准入许可信息。

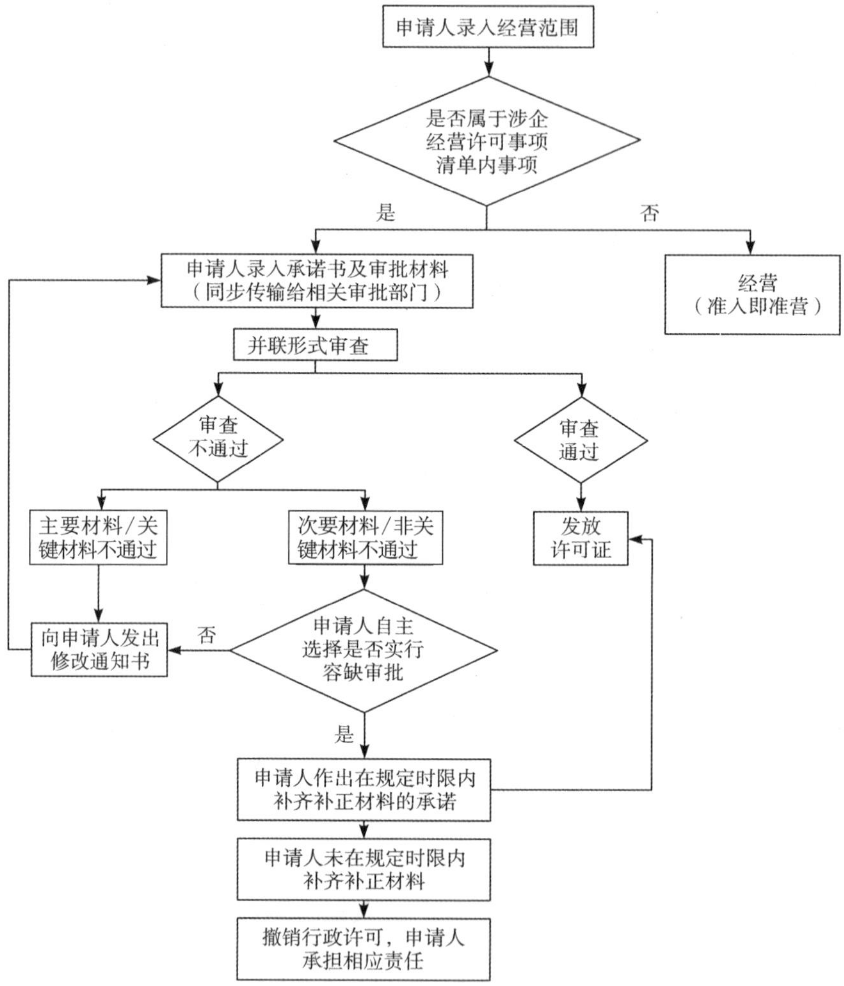

图3-3　涉企经营许可法人承诺制实施流程

5.提升涉企经营许可清单透明度、稳定性与可预期性。

进一步细化涉企经营许可事项清单配套措施。详细列明清单内许可事项管理措施与相关描述，尽可能细化到具体业务上来，以提高可操作性；借鉴浙江“一件事”的成功经验，明确清单内各许可审批事项的每一个环节、顺序、步骤及各个节点上的责任主体、任务分工和办理期限等。

6.逐步取消审批部门后置现场审查。

除直接涉及公共安全、生态环境保护和直接关系人身健康等行业许可的后置现场审查外，其他行业不再组织审查人员对企业开展后置现场审查。将后置现场审查职能与对企业经营监管合并，由市场监督管理局统一负责。

（三）建立承诺制企业自主投资系统

投资项目企业法人承诺制是指政府部门制定项目准入负面清单和企业承诺事项清单，明确相关事项应当遵照执行的条件标准、技术规范及相应的监管验收要求，对符合条件的投资项目，企业按照政府制定的标准作出书面承诺后，即可立即开展项目设计、施工等工作。政府部门最大限度精简审批环节，并加强事中事后全过程监管。

1.取消企业一般投资项目备案制，改为自主申报制度。

目前，已对内资实行投资项目备案制，但从实际情况看，其仍面临多方面审批。例如，投资大型、中小型主题公园项目，除需要在发改委备案外，还需要税务、生态、安全等部门审批或许可。建议在政府严格管理城乡规划、土地利用、环境保护、安全生产等事项的前提下，除关系国家安全和生态安全、全国重大生产力布局、战略性资源开发和重大公共利益等国家有明确规定的项目外，一律取消企业一般投资项目备案制，改为自主申报制度，企业申报信息通过市政务信息共享交换平台实时推送至相关监管部门。

2.对负面清单内非禁止领域投资审批事项实行企业法人承诺制。

梳理市场准入负面清单与自由贸易试验区外商投资准入负面清单内容，对清单内非禁止领域的投资项目，其审批事项实行企业法人承诺制。企业在提交标准化承诺书及关键性证明材料后，即可开展工程设计、建设等相关活动，有关监管部门在此过程中对承诺事项开展实时监管，因虚假承诺或违反承诺造成的损失由企业承担。

3.新建投资项目全面实行“标准地+承诺制”。

推进全省国有建设用地标准化。全面实施区域节能评价、区域环境影响评价、洪水影响评价、压覆重要矿产资源评估、地质灾害危险性评估、地震安全性评价等区域评价；在供地前完成相关区域评估文件的编制[1]。在此基础上，按照自由贸易港产业导向要求，根据重点产业和地块实际，制定由固定资产投资强度、容积率、能耗控制、环境标准等构成的“标准地”控制性指标。

4.全面实行企业法人承诺制。

第一，除建设用地许可证外，对企业投资项目所需的水土保持方案审批、建设工程规划许可、建设项目用地审批、施工许可、节能审查、消防审核、人防审批、气象审批等事项，实行企业法人承诺制，即企业按照政府制定的标准作出书面承诺后，即可依法依规自主开展勘察、设计、施工，接受过程监管和竣工联合验收。以“标准+承诺”最大限度精简审批环节，将企业投资项目管理重点从事前审批管理转变为事中事后监管，变“先批后建”为“先建后验”（具体实施流程见图3-4）。

第二，实行“标准地”前提下的承诺制。对于以“标准地”方式出让的国有建设用地使用权，用地企业取得土地后，在签订国有建设用地使用权出让合同的同时，签订“标准地”投资建设合同，明确用地标准、履约标准、指标复核办法、承诺事项、违约责任等权利义务。企业按照具体项目标准作出具有法律效力的书面承

[1] 资料来源：《哈尔滨市人民政府办公厅关于印发哈尔滨市企业投资项目承诺制实施方案（试行）的通知》。

诺后即可开展设计施工。若企业有失信行为，将受到部门联合惩戒。

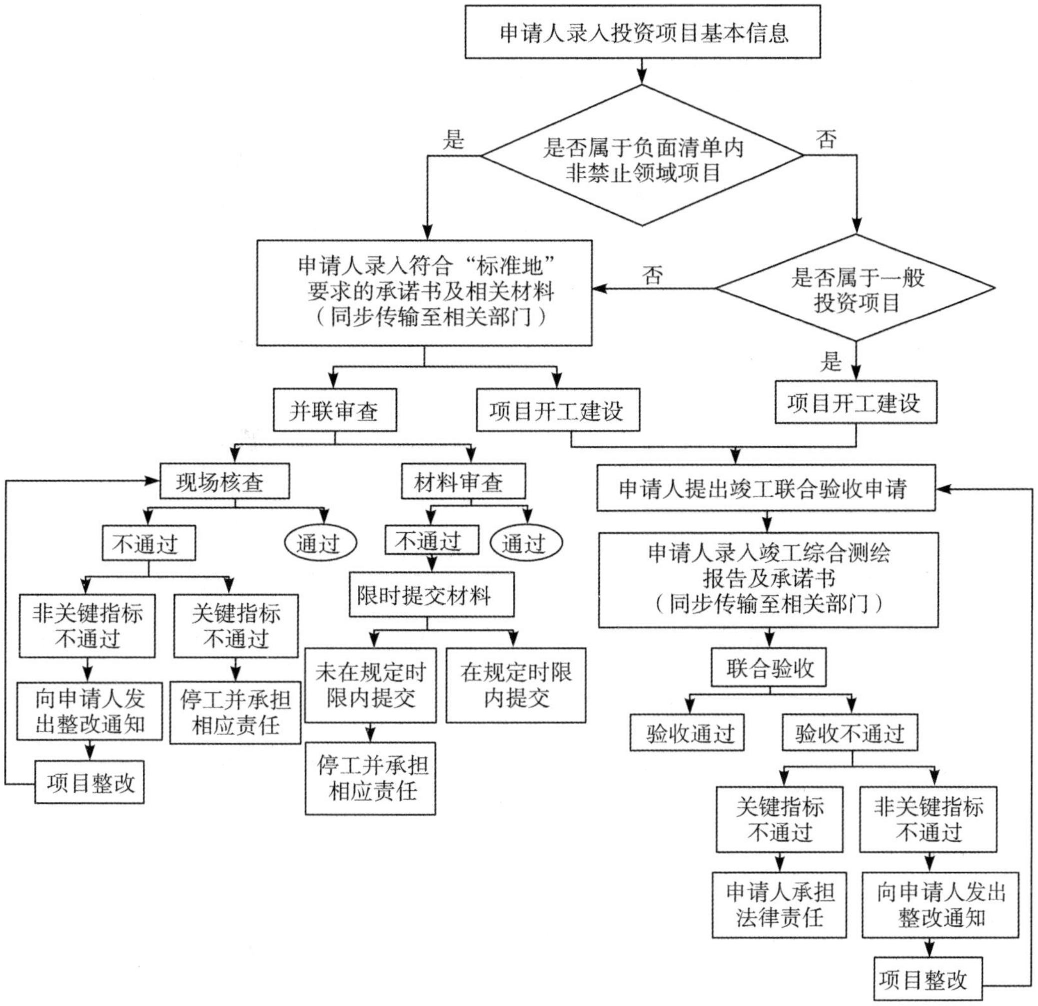

图3-4　企业自主投资法人承诺制实施流程

5.实行项目竣工验收承诺制。

项目验收涉及多个事项的，可以由建设单位委托具有相应资质的测绘机构按照国家和省有关标准对竣工的建设工程进行综合测绘，并分专业出具竣工综合测绘报告。有关行政机关除对重大标准审核外可以依据竣工综合测绘报告及承诺进行验收审批。投资项目主体同步获得用水、用电、用气等许可，不再对此审批或确认。

6.实现外商投资项目与内资企业投资项目同等待遇。

将自由贸易试验区负面清单中总投资（含增资）3亿美元以下的非禁止类项目核准权限委托下放至各市县，并参照“内资企业在我省投资核准管理类的项目，凡属我省核准权限的，一律由核准制改为备案制”等规定，对下放至各市县实行核准制的外商投资项目，一律实行备案制。

7.对投资项目实行全过程监管。

组织相关部门对用地企业在项目建设、竣工验收、达产复核等环节建立实时监测核查机制，对土地出让后用地企业的合同履行、承诺兑现情况实施协同监管，并约定予以奖惩。

8.探索实行企业对外投资法人承诺制。

目前，海南省已对3亿美元以下的境外投资实行备案制管理。建议通过引入法人承诺制进一步缩减备案流程，对投资主体是否具备相应的投资实力等非必要审核事项实行承诺制。

（四）建立承诺制企业自主税务系统

1.对税务核定、核准、审批事项实行企业法人承诺制。

依托纳税服务平台及数据分析系统，在符合一定条件的情况下，对纳税人变更纳税定额、最高开票限额等审批事项实行企业法人承诺制，待纳税人提交申请书并签署企业法人承诺书后，由税务机关在一定期限内予以确认或许可（见表3–3）。

表3–3　海南省税务行政审批事项及其法定办结时限

审批事项	法定办结时限
非营利组织免税资格认定	144个工作日
对纳税人延期申报的核准	20个工作日
进口关税配额初审	5个工作日
鼓励类外商投资项目进口设备免税确认事项办理	7个工作日
鼓励类内资项目进口设备免税确认事项办理	20个工作日

资料来源：海南政务服务网。

2.对税务注销实行企业法人承诺制。

对向市场监管部门申请一般注销的纳税人，税务机关在为其办理税务注销时，对未处于税务检查状态、无欠税（滞纳金）及罚款、已缴销增值税专用发票及税控专用设备，且符合其他条件的纳税人，采取承诺制容缺办理。即纳税人办理税务注销时，若资料不齐，可在其作出承诺后，税务机关即时出具清税文书。具体实施流程见图3-5。纳税人若未履行承诺的，税务机关将对其法定代表人、财务负责人纳入纳税信用D级管理。

3.强化企业税收风险管理预警。

统筹风险分析来源、稽查来源、审计来源、市/县局提交来源、自查来源等五种来源，统一归集到自主税务系统；充分利用大数据、人工智能等信息技术，加强涉税信息的对比、挖掘、分析，实现监控、风险预警、风险应对等全过程管理，及时发现企业法人涉税风险点与税务服务风险点；不断优化风险分析模型，提高分析结果的命中率。

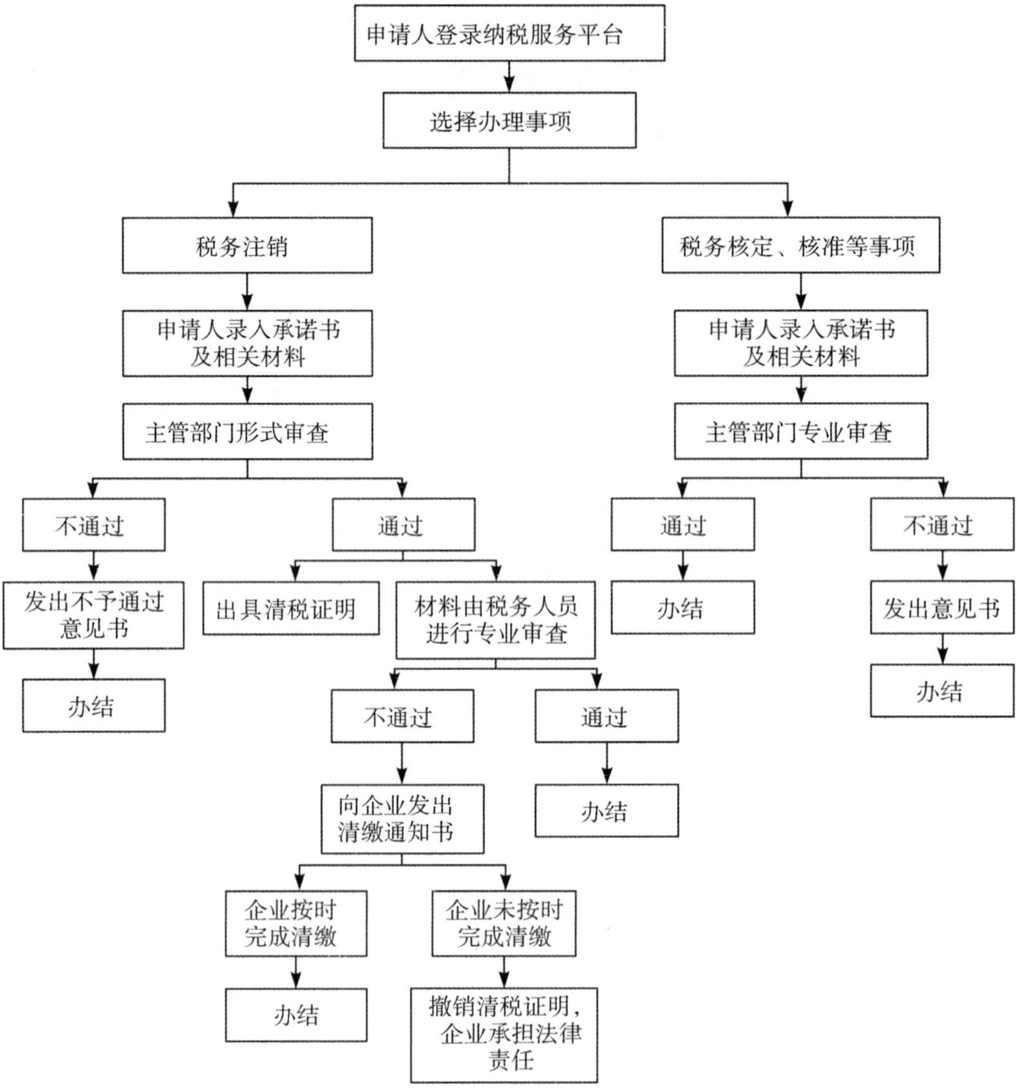

图3-5　企业税务法人承诺制实施流程

（五）建立承诺制企业自主退出系统

探索实行更加便利的企业承诺制简易破产制度，实现企业自由死。例如对破产财产或债务额在100万元以下、事实清楚、债权债务关系明确、债权人人数较少的企业，实行企业承诺制简易破产制度，即由法人或股东承担未尽清算义务后，立即适用简易破产程序。

（六）建立承诺制产品与服务质量控制系统

产品与服务质量企业法人承诺制是指产品生产与服务提供企业对其所执行的标准类型（如国家标准、行业标准、地方标准、企业标准）、质量评价进行公开承诺，在承诺内容符合国家最低标准的前提下，市场监管部门或专业职能部门只对其承诺事项进行监管。

1.全面实施企业产品与服务标准承诺制。

全面实施企业产品与服务标准自我声明机制，将企业服务标准纳入企业自我声明公开范围；企业在销售产品或提供服务之前，通过自我声明公开企业产品与服务标准，并确保公开的企业产品与服务标准真实、合法，符合相关强制性标准要求。在遵守行业标准的基础上，通过税收减免、财政补贴、优先推介等多种方式鼓励企业按着欧美日等发达国家和地区的行业管理标准进行承诺，在探索高标准方面率先实现重要突破。

2.全面实施企业产品与服务质量承诺制。

有关主管部门根据企业承诺标准开展产品与服务质量监管，若发现企业产品生产与服务提供不符合承诺的，责令限期整改。逾期不整改或整改后仍达不到要求的，企业依法承担相应责任。产品与服务质量企业法人承诺制实施流程见图3-6。借鉴建设工程质量终身责任承诺制的基本做法，尽快在旅游业、医疗健康、文化娱乐、批发零售等行业实行产品与服务质量承诺制。

3.实施海南省企业产品与服务质量认可白名单计划。

参考“香港认可经济营运商计划”，研究制定海南省企业产品与服务质量认可白名单计划，将执行国际先进行业标准或质量标准的企业纳入海南省企业产品与服务质量认可白名单，并为名单内企业提供产品与服务销售、通关、税务、再投资等一系列便利服务；申请加入该计划的企业，将对其产品与服务质量作出承诺，若产品与服务质量未能达到承诺要求，无整改机会，直接给予顶格处罚。

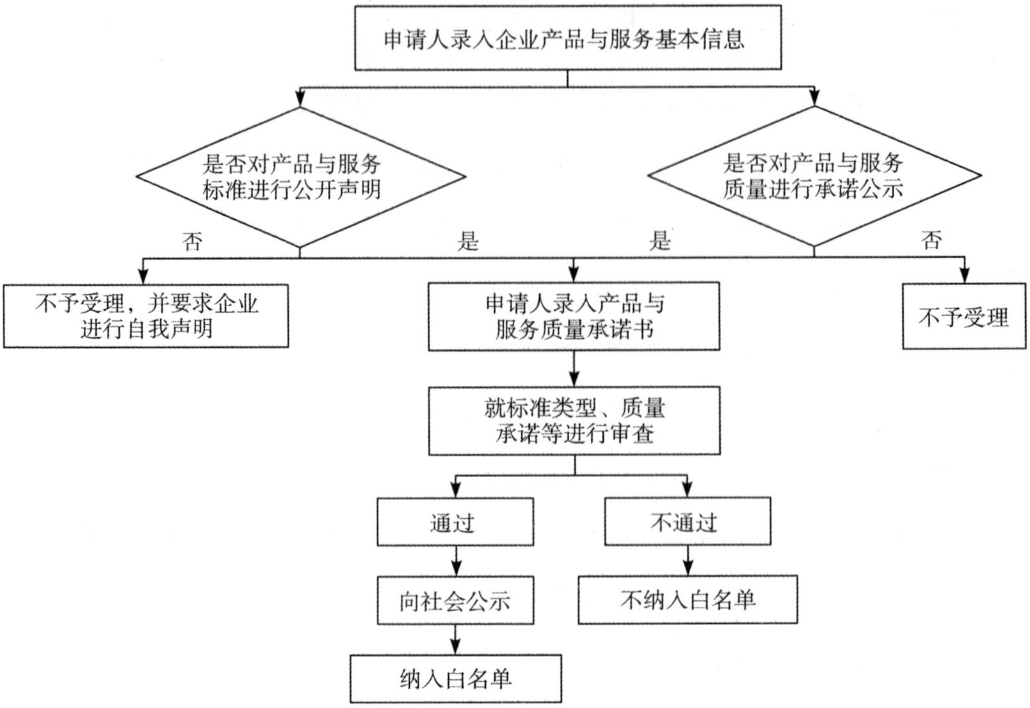

图3-6　产品与服务质量企业法人承诺制实施流程

四、企业法人承诺制的保障措施

建立专业、高效、智能的监管体系，全面实行企业法人承诺制，需要政府部门系统性调整市场监管职能，这对市场监管部门的监管能力提出了更高要求。为此，要加快探索建立全方位、统一、灵活、高效的新型监管体系，创新市场监管方式，形成全面实行企业法人承诺制的重要保障。企业法人承诺制事中事后监管平台见图3-7。

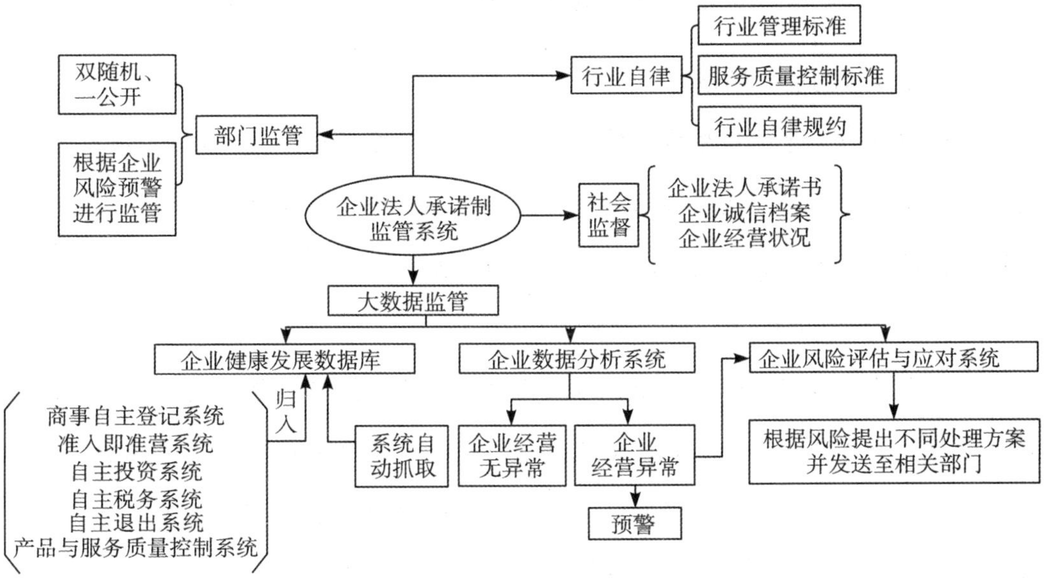

图3-7 企业法人承诺制事中事后监管平台

（一）制定与国际接轨的行业管理标准体系

1.推进国际标准的对接。

引进欧美日医疗药品管理标准，对已在日本、美国和欧盟通过标准评估的药品与医疗器械，可自动获得认证。

2.鼓励商会和行业协会参与制定与国际接轨的行业标准。

借鉴发达国家的经验，积极推行"一行多会"，支持民营企业组建商会和行业协会，增强社会组织承接政府下放管理事项的能力。通过政府采购、直接认定、委托制定等多种方式鼓励商会和行业协会积极参与与国际接轨的行业标准制定。充分发挥商会和行业协会在监管方面的积极作用，支持行业组织依法公益维权，加强商会和行业协会的综合能力建设，通过对企业产品质量标准和服务质量标准的规范，规范企业的生产与服务行为，确保商会和行业协会充分发挥第三方监管的作用。

（二）建立跨部门联合审查、监管、执法机制

1.推进跨部门涉企信息整合。

全面推进省级涉企信息整合工程，在统一接口及企业信用信息基础上，打造全省统一的涉企信息平台，激活各部门沉淀的各类企业信息，实现统一平台、统一标准、统一管理，为全面实行企业法人承诺制奠定基础。

2.建立跨部门并联审查、审批机制。

对必须保留的审查、审批事项，改变串联审批方式，推行跨部门并联审批，最大限度降低企业办事成本；对需要多个部门进行现场核查的事项，由主管责任单位牵头制定联合审查制度，由主管部门向企业发出联合审查通知书，在约定时间开展现场核查，当场出具审查意见。实现“进一次门、查多项事”，切实减少对企业正常生产经营活动的干预。

3.建立综合领域与专业领域协调监管机制。

医药、食品等领域监管需要综合市场监管部门与专业市场监管部门的有效配合，否则有些问题难以及时发现和解决。建议在省级政府层面建立统一、权威的市场监管协调机构，统筹监管资源，提升市场监管尤其是特殊服务业领域监管的有效性。

（三）依托大数据实现靶向性、协同化市场监管

1.建立省级企业法人承诺制协同监管信息平台。

充分利用“国家发展改革委支持将全国‘双公示’、黑名单、重点关注名单、红名单和其他大数据失信名单等信息向我省共享”[1]这一政策利好，建设以大数据理念为支撑、与企业信用信息公示平台相对接的企业法人承诺制协同监管信息平台，加强数据采集、开放、分析应用，充分利用互联网、人工智能、区块链等新技

[1] 梁振君：《用社会信用“加法”换营商环境“乘法”》，《海南日报》2019年5月10日第A03版。

术，推动传统依靠监管队伍检查发现违法行为的管理模式向精准打击的信息化监管模式转变；通过线上线下一体化监管，及时发现违法违规线索，提高风险预判能力，实现靶向性市场监管，提高市场监管的精确度和适配性，实现“事前锁定对象、事中下达指令、事后反馈统计”。

2.强化跨部门企业信息共享、互认。

推进政务信息共享交换平台、海南政务服务网、海南商事主体登记平台（“海南e登记”平台）、国家企业信用信息公示系统（海南）、各部门涉企经营许可事项业务办理系统等信息化平台内的数据资源整合、归集、共享、开放，实现数据资源跨部门、跨层级、跨地区、无障碍、全时空联通共享；对通过公共数据平台提取的材料予以互认，行政机关、综合行政服务机构不再要求申请人提供通过公共数据平台提取的材料。申请人对提取的材料予以确认，认为通过公共数据平台提取的材料与实际不符的，则以申请人提供的材料作为申请材料。

（四）强化企业信用管理体系建设

1.建立企业法人承诺制申请人诚信档案。

建立与全国企业信用信息公示系统、绿盾全国企业征信系统、中国人民银行征信中心等企业信用信息公示平台相衔接的包含企业工商信息、税务缴纳、社保缴纳、司法信息等在内的海南省企业诚信档案系统。同时，将企业从业人员特别是高级管理人员的信用档案纳入海南省企业诚信档案系统，将经营行为和个人信用有机结合，对被吊销证照的企业有关责任人，依法实施行业禁入。

2.建立承诺履行红黑名单及联合奖惩制度。

分行业（领域）建立承诺履行红黑名单及联合奖惩制度。对诚实守信的企业，给予其充分的便利，并根据实际情况在实施行政许可、项目支持等方面采取激励措施。对在现场核查、后续监管中发现申请人作出不实承诺或者违反承诺的，申请受理机关将相关信息记入申请人诚信档案，并对该申请人作出五年内不再适用企业法人承诺制的决定。对严重失信的企业，在市场准入、财政资金补助、政府采购、发起设立或参股金融机构等方面依法依规采取惩戒措施，形成“一处失信，处处受限”的失信惩戒长效机制。

（五）建立企业法人承诺制事项办理容错纠错机制

1.建立容错机制并明确容错标准。

在推进企业法人承诺制改革过程中出现失误，但责任部门、责任人行为符合国家、省、市改革方向，未违反法律法规禁止性、义务性规定，决策程序符合法律法规规定，以及勤勉尽责、未谋取私利、主动挽回损失、消除不良影响，或者有效阻止危害结果发生的，对有关单位和个人不作负面评价，免除相关责任。

2.建立纠错机制。

在推进企业法人承诺制改革及具体实践中，责任部门、责任人有下列情形的，由有关部门责令改正，情节严重涉嫌违纪违法的，依法依规作出处理：对企业未履行一次性告知义务的；在企业法人承诺书中擅自增加或者减少行政审批条件、标准和技术要求的；企业不愿意承诺而强迫企业承诺的；企业愿意承诺而拒绝企业承诺的；对企业履行承诺的情况，未按照规定开展监督检查、履行监管职责的；对企业不履行承诺的行为，未及时作出处理决定的；等等。

（六）建立企业法人承诺制实施考核制度

一方面，强化对牵头部门法人承诺制实施进程的动态考核，形成并细化考核指标；加强对审批行为的监督管理，建立企业法人承诺制“好差评”制度，由企业评判服务绩效。另一方面，将企业法人承诺制落实情况纳入相关部门年度绩效考核指标，作为重点内容进行考核，并将考核结果与经费拨付、评奖评优、职务晋升等挂钩。

（七）形成“1+N”的企业法人承诺制政策体系

1.尽快研究出台海南省全面实行企业法人承诺制实施方案。

以打造适应海南自由贸易港建设需要的一流营商环境为总目标，借鉴国内国际先进经验，尽快研究出台海南省全面实行企业法人承诺制实施方案，明确改革重点、实施范围、改革举措、保障措施等。

2.按照“成熟一个，推出一个”的要求，形成分行业专题行动方案。

条件成熟的行业，尽快建立并出台企业法人承诺事项清单。对列入清单的事项，一律实行企业法人承诺制。清单内逐项列明主管单位、事项名称、设定依据、审批层级和部门、事中事后监管措施等内容。同步制定承诺事项承诺书，一次性全部列出企业承诺事项和应当遵照执行的条件标准、技术规范及相应的监管验收要求、企业承诺效力、不履行承诺的惩戒措施等。

3.尽快开展全面实行企业法人承诺制立法工作。

争取各方支持，根据《海南自由贸易港建设总体方案》及建立国际一流营商环境目标，加快海南全面实行企业法人承诺制相关立法进程，将相关政策与制度法治化，强化各方预期。

第四节 建立健全数据跨境有序流动的安全保障制度

《中华人民共和国海南自由贸易港法》提出，“海南自由贸易港依法建立安全有序自由便利的数据流动管理制度，依法保护个人、组织与数据有关的权益，有序扩大通信资源和业务开放，扩大数据领域开放，促进以数据为关键要素的数字经济发展”。当前，新一轮科技革命和产业变革深入发展，国际力量对比深刻调整，数据已成为发展的基础性、战略性资源，各国对数据资源的争夺日趋激烈，数据跨境流动等成为国际关注的议题。在这个特定背景下，加快建设海南自由贸易港，需要服务大局、把握大势，将跨境数据安全有序流动作为一项重大任务，主动适应全球数字治理演变新趋势，充分利用我国数字经济发展积累的数据规模红利，以安全有序的制度安排集聚全球优质数据要素，带动形成与之相适应的产业体系、服务体系，使海南自由贸易港逐步成为我国参与全球数字治理、提升数字规则构建话语权的前沿地带。

一、数据跨境流动的重要性日益凸显

（一）数字经济成为国际竞争的主赛道

随着数字技术在经济、社会、政治生活中的应用日益广泛，全球数字经济加速迈向新阶段。例如，2020年全球47个国家在GDP下降2.8%的背景下，数字经济规模增长3%；2021年全球47个国家的数字经济增加值规模达38.1万亿美元，同比名义增长15.6%，占GDP的比重达45%。在此背景下，完善数字经济顶层设计、统筹数字经济发展成为各国激发经济增长活力的重要手段。

专栏3-4　主要经济体数字经济发展战略布局情况

中国

发布《“十四五”数字经济发展规划》，在顶层设计上明确数字经济及其重点领域发展的总体要求、重点任务和重大举措，为推动数字经济高质量发展提供指导。此外，“数据二十条”、《数字中国建设整体布局规划》等多个重要文件陆续发布实施。2023年，国家数据局组建成立，负责协调推进数据基础制度建设，统筹数据资源整合共享和开发利用，统筹推进数字中国、数字经济、数字社会规划和建设等。

英国

发布新的《英国数字战略》，聚焦完善数字基础设施、发展创意和知识产权、提升数字技能与培养人才、畅通融资渠道、改善经济与社会服务能力、提升国际地位等六大领域，推动英国数字经济发展更具包容性、竞争力和创新性。

澳大利亚

发布《2022年数字经济战略更新》，制定实现2030年愿景的框架和方向，并确定在技术投资促进计划、量子商业化中心、5G创新、帮助妇女在职业生涯中期向数字劳动力过渡、改革支付系统等方面的新行动。

德国

发布“数字战略2025”，涵盖数字技能、基础设施设备、创新和数字化转型、人才培养等内容，进一步提升德国数字化发展能力。

资料来源：中改院课题组整理。

（二）数据要素成为各国竞相布局的战略资源

在不同发展阶段，生产要素会呈现出不同的权重。随着全球数字经济的快速发展，数据对经济增长的作用显著提升，成为数字经济时代关键性生产要素。特别是相比劳动力、资本等传统生产要素，数据具有可复制、可共享、无限增长的特性，打破了自然资源有限供给对增长的制约，为全球经济可持续发展提供了重要基础与丰富资源。在此背景下，抢抓数据机遇、破除数据流通壁垒、充分释放数据价值，成为各国促进自身经济复苏增长的政策重点。

专栏3-5　欧美数据资源战略布局情况

美国：通过联邦数据战略加速政府间数据共享，强化对人工智能等数据分析能力的应用

2019年，美国发布了联邦数据战略，为提升政府数据基础设施建设水平和共享成效设定了10年愿景，各政府机构将根据该战略优化数据分析能力。2023年3月，美国发布了国家网络安全战略，这是美国五年来首份网络安全领域的战略文件，也是拜登政府执政期间首份相关领域的整合性战略文件。这份文件表明网络安全已经成为美国国家安全政策的核心，美国首次把监管列入国家网络安全战略。同时，拜登政府更加重视合作应对网络安全的挑战。

欧盟：推出多部法案，探索打通企业与政府间的数据双向流通路径

继2020年2月颁布《欧洲数据战略》后，2022年2月，欧盟公布了《数据法案：关于公平访问和使用数据的统一规则的法规提案》，旨在释放欧洲互联设备数据的价值，通过立法促进和规范数据的共享流通，挖掘数据价值，驱动创新。2023年6月，欧洲议会投票通过《人工智能法案》，这是世界上第一部关于人工智能治理和监管的综合性法案。《人工智能法案》落地后，与《通用数据保护条例》（GDPR）、《数字市场法案》、《数字服务法案》共同为欧盟构筑起一道数字立法“长城”。

资料来源：中改院课题组整理。

（三）数字治理规则成为国际经贸规则的重点

1.数字议题成为国际经贸协定的重要内容。

例如，CPTPP、RCEP均包含电子商务章节，USMCA以“数字贸易”代替“电子商务”并纳入新的规则。同时，随着贸易谈判不断深入，全球首个涵盖数字经济问题的专项协定DEPA的签署，进一步提升了数字治理规则的战略地位。

2.数字议题成为主要国际组织的关注点。

随着数据流动、人工智能、数字贸易等议题的兴起，G20、G7、OECD、

APEC等国际组织均常设数字议题，涉及发展、监管、治理等六大类22个方向。

3.全球数字经贸规则内涵外延不断丰富。

最初的数据跨境流动规则，明确在重视个人信息保护的基础上，尽量不对商业活动中的数据跨境流动进行限制；在CPTPP、DEPA中，要求除公共管理目的外不对数据的跨境流动和计算设施的位置采取限制措施，同时相关措施需满足合理、必要、非歧视等要求；在更高水平的USMCA、美日贸易协定中，在计算设施本地化条款中去除了数据本地化措施的例外条款，进一步提升了贸易活动中数据存储和流动的自由水平（见表3-4）。

表3-4　全球数字经贸规则内涵外延不断丰富

背景	核心问题	典型协定	涉及主体	主要条款
跨境电子商务高速发展	确保跨境电子商务合法性地位、保护消费者权益	WTO电子商务宣言、美智FTA、美新FTA	跨境电子商务及相关服务提供者	电子传输免征关税
				无纸化贸易
				数字产品非歧视待遇
				电子签名
				在线消费者保护
				非应邀电子信息
				电子交易框架
数字贸易全球化发展	破除数字贸易壁垒，促进"自由贸易"	美韩FTA、CPTPP、USMCA、美日贸易协定	数字内容、社交媒介、搜索引擎等数字产品服务提供者	跨境数据自由流动
				计算设施位置
				源代码、使用密码术的信息通信产品
				互联网接入和使用
				交互式计算机服务
				个人信息保护
				政府数据开放

续表

背景	核心问题	典型协定	涉及主体	主要条款
数字经济协同发展	促进新兴产业发展、维护技术标准和系统兼容、释放数字经济潜能	DEPA、新澳数字经济协定、英新数字经济协定、韩新数字经济协定	数字服务上下游企业、数字化转型企业、各类中小企业	数字身份
				数据交换和系统兼容
				电子发票
				电子支付
				金融科技
				数据创新和监管沙盒
				人工智能
				数字包容性

资料来源：中改院课题组整理。

（四）数据跨境流动成为中国参与全球数字治理的难点

1.中国已成为全球第二大数字经济体。

近年来，中国数字经济蓬勃发展，产业规模持续快速增长，已数年稳居世界第二。2012—2022年，中国数字经济规模从11万亿元增长到50.2万亿元（见图3-8），数字经济占国内生产总值的比重由21.6%提升至41.5%。同时，随着中国数字化水平和能力的不断提升以及数字消费群体的不断增长，中国数字经济的发展潜力巨大。例如，截至2022年6月，中国网民规模达10.51亿，互联网普及率达74.4%，与美国、欧洲地区分别有15.6个百分点、13.8个百分点的差距。据预测，到2030年中国数字经济体量有望突破100万亿元。

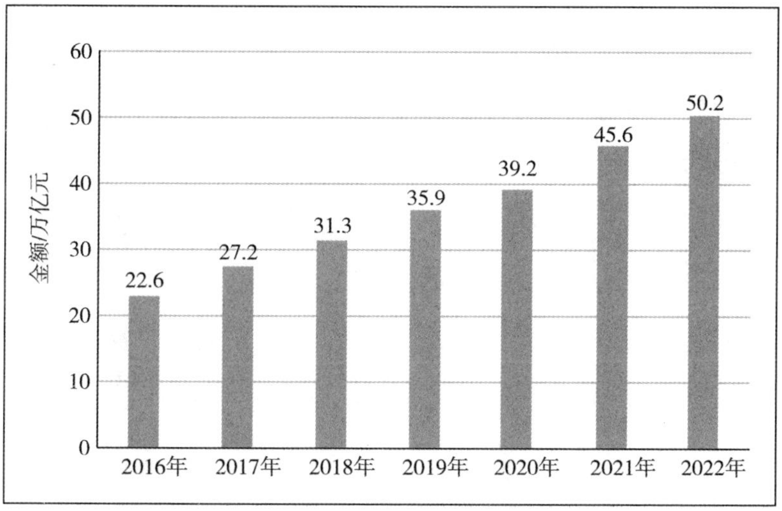

图3-8　2016—2022年中国数字经济规模

数据来源：中国信息通信研究院发布的《中国数字经济发展研究报告（2023年）》。

2.数据跨境流动成为数字经济增长的重要驱动力。

据国际数据公司（International Data Corporation，IDC）报告，随着5G、物联网的发展，2010—2021年数据呈现爆发式增长状态，2020年全球数据量为60ZB，初步统计2021年达到70ZB，预计2025年全球数据量将达到175ZB。

3.全球数字治理话语权与数字经济规模不相适应的矛盾突出。

截至2021年，在我国已签署的19个自由贸易协定中，只有7个包含议题有限的电子商务章节，正在谈判的FTA对数据跨境流动、个人隐私保护、源代码与知识产权、数字服务市场准入等新议题覆盖不够或未有涉及，且尚未加入DEPA、CPTPP等高标准经贸协定。

从国际形势看，全球数据跨境流动规制日益分化。一方面，美欧在限制数据出境的基础上加强跨境执法（部分美欧主导及参与建立的数据跨境流动规则见图3-9）。例如，美国打造符合自身利益的数据跨境流动规则体系，对涉及国防和国家安全的数据采取限制性措施。同时，美欧凭借已有技术经济和数据市场优势，对全球数据实施基于“自由秩序”、国家（或地区）利益的“长臂管辖”。例如，2018年3月，美国政府颁布《澄清境外合法使用数据法》（CLOUD法案），简化美国政府跨境调取数据的流程，进一步强化了“谁拥有数据谁就拥有数据控制权”的理念。又如，欧盟颁布《通用数据保护条例》《关于非个人数据自由流通的规定》以及一揽子数据战略，加强了成员国之间的数据共享。另一方面，新兴国家以维护国家安全为导向纷纷布局数据本地化政策体系。例如，俄罗斯在国家层面出台《关于信息、信息技术和信息保护法》《俄罗斯联邦个人数据法》等要求数据本地化，通过国家统一立法明确数据本地化所遵循的基本规则，规定公民个人数据及相关数据不能进行跨境流动，还规定在数据流动中各参与者须履行相应的信息告知义务，以及配合协助执法部门所开展的相关活动。又如，为防止富裕国家以损害印度利益为代价从数据跨境流动中获取利益，印度《个人数据保护法案》将个人数据纳入数据本地化的规制范畴，要求敏感个人数据的副本存储在印度。

因此，我国有必要从战略和制度角度考量，变被动为主动，在主动参与DEPA等经贸协定中积极推进构建具有中国特色的数字治理体系，提升我国在全球数字治理中的话语权。

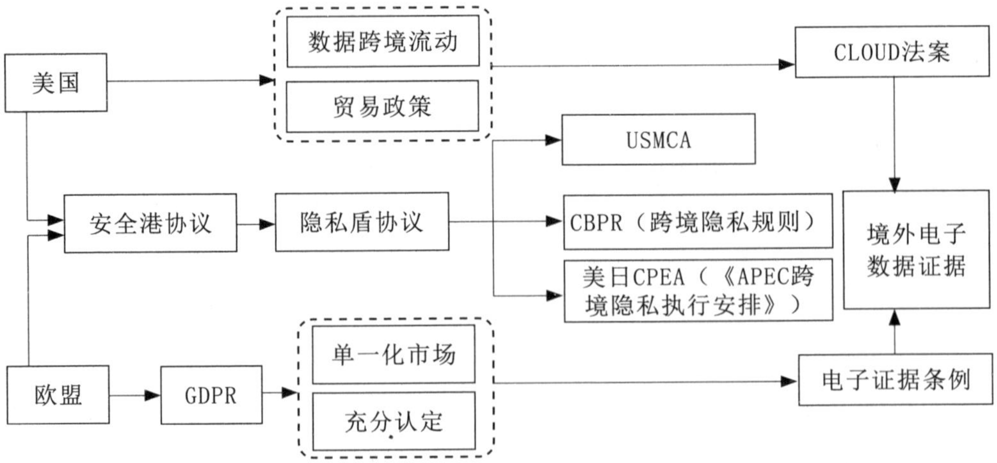

图3-9 美欧主导及参与建立的部分数据跨境流动规则

资料来源：中改院课题组整理。

二、建构数据跨境流动安全保障制度的总体要求

按照到2025年初步建立以贸易自由便利和投资自由便利为重点的自由贸易港政策制度体系、到2035年自由贸易港制度体系和运作模式更加成熟等目标要求，在守住不发生系统性风险底线的前提下，主动对接国际高水平数字治理规则，形成海南自由贸易港数据开放优势与数字经济发展优势。

（一）基本思路

1.以打造数据跨境流动特殊监管区域为目标。

服务于海南自由贸易港打造当今世界最高水平开放形态的目标要求，立足海南自由贸易港汇聚全球优质要素、打造“两个总部基地”的现实需求，形成与国际接轨的数据跨境流动规则体系以及与内地相对区隔的数据跨境流动监管体制。

2.以维护国家数据主权与数据安全为底线。

以维护总体国家安全为宗旨，适应、应对不断加剧的国际数据治理竞争，在《中华人民共和国网络安全法》《中华人民共和国数据安全法》《中华人民共和国个人信息保护法》的框架下，形成严谨、专业、规范的数据本地化要求。同时，适应“两个总部基地”的建设需求，充分考虑我国企业境外数据的获取需求，对数据主权内涵适当延伸，并在强化数据出境安全评估的基础上完善数据跨境流动的监管体系。

3.以促进数据跨境有序流动为主线。

适应数字经济发展趋势以及数字产业全球布局的需要，形成有利于数据跨境有序流动的制度安排。进一步放宽电信、互联网等市场准入限制，提升数据跨境流动的自由化水平；对数字技术、医疗、教育、文化、咨询、研发等知识密集型服务业相关数据本地化要求进行梳理，严格限制数据存储本地化要求；以认证机制建设为突破推进数据跨境与国际数字规则对接，减少数据跨境流动障碍，提升数据跨境流动的便利化水平。

4.以数字基础工程建设为保障。

着眼封关运作后将显著增长的跨境数据流量以及用好用足国内11亿用户群体形成的海量数据，按照适度超前原则，加快布局一批以5G、物联网、工业互联网、卫星互联网为代表的通信网络基础设施，以人工智能、云计算、区块链为代表的新技术基础设施，以数据中心、智能计算中心为代表的算力基础设施，等等。同时，强化数据领域的制度集成创新，在国家上位法的框架下，制定包括信息保护、数据安全等在内的基础性制度体系。

5.充分借鉴国际经验。

按照打造当今世界最高水平开放形态的目标要求，对标CPTPP、DEPA等高标准数据规则，以统筹数据主权安全与数据便利流动为基本原则，结合海南自由贸易港建设需求，形成海南自由贸易港数据跨境流动、利用、保护等方面的规则体系，探索创新数据跨境安全的制度设计，建立数据保护能力认证制度。

（二）发展目标

1.2025年：数据跨境传输安全管理试点取得明显成效。

电信、互联网市场开放度明显提升。一是基础电信业务限制进一步放宽；二是增值电信业务市场准入全面放开；三是互联网访问限制明显减少。

数据跨境流动分类监管模式基本形成。一是重要数据、敏感数据、一般数据的认定标准基本建立；二是金融、证券、深海、种业等特定领域或特定行业的分级分类指引初步形成。

数据跨境流动监管体制基本建立。一是权威、专业、统一的数据跨境流动监管体系基本建立，实现数据跨境监管责任边界清晰、监管标准统一、内部协调一致；二是初步形成一支专业、高效、国际化的数据出境安全监管队伍，实现对出境数据的评估、审查、监管全覆盖。

2.2035年：与国际接轨的数据跨境流动制度体系基本形成。

数据出境安全评估等数据跨境流动的基础性制度日益完善。重要数据、敏感数据、一般数据出境安全评估制度，数据跨境流动审查制度，重要数据境内储存制度，数据主体审核制度等数据跨境流动基础性制度体系不断健全。

数据跨境流动法律法规体系不断健全。与数字经济发展相适应，形成包含数据跨境安全管理、数据交易、风险评估、离岸数据中心等在内的系列法律法规，“顶层法案—通用细则—行业特殊标准列表”的数据跨境流动规则体系不断完善。

形成“以我为主”的区域性数据跨境流动规则体系。在加强与区域性国际数据跨境流动制度安排对接的基础上，积极参与制定数据跨境流动国际规则，逐步形成“以我为主”的数据确权、数据交易、数据安全和区块链金融的标准和规则体系。

三、建构数据跨境流动安全保障制度的重点措施

（一）出台海南自由贸易港数据跨境流动黑白名单

1.编制实施海南自由贸易港数据跨境流动白名单。

借鉴欧盟“充分性认定”“充分保障措施”等模式，以国家地域为主要认定准则，从个人信息保护机构设置、个人信息保护法律体系状况、违反个人信息保护法律行为的惩罚措施安排等方面对个人数据保护状况实施评估，形成“以数据保护水平为原则+若干例外情况”的认定方法，并依据对等原则，结合海南自由贸易港产业发展需求，针对主要国际贸易伙伴和游客来源国，编制出台海南自由贸易港数据跨境流动白名单，将部分国家和地区纳入可自由接收数据的目的地清单，并优先探索旅游、跨境贸易等领域数据跨境流动。

2.编制实施海南自由贸易港数据跨境流动黑名单。

编制海南自由贸易港数据跨境流动黑名单。对内，依托信用体系，将数据跨境

流动过程中存在违法情况的主体纳入黑名单，实施重点监管，限制或者禁止其继续处理数据的资格。对外，将曾经窃取或意欲窃取我国公民数据、危害我国国家安全的数据控制者、数据处理者纳入黑名单，限制或禁止向其提供数据。同时，形成与黑名单相配套的责任追究机制。

3.实现黑白名单的动态调整。

结合海南自由贸易港及我国数据保护标准与能力实际，以及各类数据控制者、数据处理者跨境数据处理历史，对海南自由贸易港数据跨境流动黑白名单实行动态调整，在充分保护数据安全的基础上实现数据流动便利。

（二）尽快建立海南自由贸易港数据出入境评估制度

1.个人数据出境评估：以市场机制为主导。

对个人数据的出境审核，建议以市场机制为主导，采取政府监督与企业自律相结合的方式进行监管。以《中华人民共和国个人信息保护法》为依据，可以将个人数据具体划分为一般个人数据和敏感个人数据。同时，政府将监管的重点放在对评估机构的资格认定、评估程序、评估标准、事后监管等领域。

2.商业数据出境评估：以自评机制为主导、政府评估为补充。

商业数据可以反映企业的生产运营情况，揭示产业未来发展的趋势，而以国家和公共利益为主的商业数据可能会危害国家安全，诱发国际不正当竞争。因此，对于商业数据跨境传输，政府应当设置具体的自查义务，对高新技术领域的相关数据出境，应取得相关资质部门的审批同意方可传输。此外，对于商业数据出境评估，在以企业自评为主的同时，由网络安全主管部门根据不同国家的数据保护能力、政治法律环境等制定出台商业数据出境合规指引，提高企业自评的专业性。

3.涉及国家安全的数据出境评估：以政府评估为主导。

对于涉及国家安全的数据跨境审核，须设立宽严相济的数据分级监管模式，以数据的敏感程度以及数据离境后的潜在风险等级为划分标准，制定与之相对应的数据跨境规则，实现梯度监管。

确定限制数据的内涵及范围，划分不同的数据出境风险等级。依据涉及的不同行业领域制定不同的分类标准，根据涉及国家安全数据的影响程度划分不同的数据出境风险等级。例如，2010年11月，奥巴马总统签署第13556号行政命令《受控非密信息》，建立和实施CUI（受控非密信息）登记备案及标识管理制度[1]。2017年后，特朗普政府全面提升CUI管控的地位，发布大量新政策、新标准、新指南，扩展了CUI的类别与子类别，目前其主类包括关键基础设施、国防、出口管制、金融、移民、情报、国际协议、执法、法律、自然和文化资源、北约、核、专利、隐私、采购和收购、专有商业信息、临时信息或协议信息、统计、税收、交通运输等20类[2]。美国将这类数据视为“重要数据”，采取较为严格的管理措施。同时将CUI的传播范围分为禁止向外国传播、联邦雇员专用、联邦雇员和承包商专用、不向承包商开放、受管制的开放列表、只允许开放给某些国民等。

对出境数据开展实时实地的追踪审核。依据涉及国家安全出境数据的潜在风险等级，对于完全限制出境、准限制出境、审批后出境、出境后备案等不同情形采取不同的监管模式。

（三）建立海南自由贸易港数据跨境流动管理委员会

1.成立法定机构性质的海南自由贸易港数据跨境流动管理委员会。

适应海南自由贸易港数据安全有序流动的要求、数字经济发展对数据跨境传输的现实需求以及重要数据和敏感数据保护要求，成立法定机构性质的海南自由贸易港数据跨境流动管理委员会，作为海南数据跨境流动的主要监管责任部门，负责建立数据跨境流动机制，进行监管和推进政策实施。

[1] 赵墨颖、刘克清、周俊、靳侃侃、陈玮健：《美国CUI安全保护体系研究及启示》，《信息安全与通信保密》2022年第1期。

[2] 周亚超、左晓栋：《美国受控非密信息分类与安全控制解析》，《网络空间安全》2020年第3期。

2.明确数据跨境流动监管的责任主体。

在海南自由贸易港数据跨境流动管理委员会的指导下，明确涉及数据跨境流动行业主管部门在数据跨境流动规则制定、监管方面的权责边界；对于无法确认权责边界的，由海南自由贸易港数据跨境流动管理委员会统一行使跨境数据的审核权和确认权。

3.建立数据跨境流动监管联席会议制度。

在海南自由贸易港数据跨境流动管理委员会的基础上，建立包含行业主管部门、行业协会商会等在内的联席会议制度。联席会议的主要职责是就海南自由贸易港数据跨境流动监管的重大问题，研究出台相关政策措施。联席会议就海南自由贸易港数据跨境流动中存在的突出问题，定期或不定期召开会议，研究解决办法，制定相关配套政策措施或提出政策建议，落实督导和推进措施。

（四）出台海南自由贸易港数据安全有序流动的地方性法规

1.出台海南自由贸易港网络与数据安全条例。

建议借鉴欧盟的GDPR标准，制定出台海南自由贸易港网络与数据安全条例，围绕数据的生产、采集、存储、加工、分析、服务、出境，建立数据资源及应用分级分类标准化制度体系。上述条例应涵盖如下内容：明确界定需经第三方或政府评估的数据范围，如允许非个人市场数据经自我评估后出境；前瞻性地设置安全例外条款，可参考美国的“合法公共政策目标”的做法，提高政策的灵活性，并借鉴欧盟的个人隐私保护条款，提高隐私保护水平。同时，鉴于海南自由贸易港未来不可避免地会遇到数据领域的“长臂管辖”问题，建议在条例中按照《中华人民共和国数据安全法》相关规定形成具体的反制举措。

2.出台海南自由贸易港数据安全有序流动管理办法。

以维护国家数据主权与数据安全为底线，以促进数据跨境流动便利为基本方向，制定出台海南自由贸易港数据安全有序流动管理办法，重点就数据安全有序流动的基本目标、基本原则、管理内容、主管单位、制度建设、管理措施、法律责任等作出具体规定。

（五）争取中央支持赋予海南数据领域的相关事权

1.赋予海南数据跨境流动领域的相关立法权。

对于数据跨境流动领域中国家事权尚未法治化的部分，探索授权海南自由贸易港进行立法。对于国家事权已经法治化的部分，允许海南自主调法修法。

2.赋予海南一定的数据出境安全评估审查权限。

除涉及国家安全的重要数据外，对于企业运营管理中的常规数据以及产品销售、品牌推广、售后维护等数据，非敏感个人信息等数据的跨境流动，其出境安全评估审查由海南省网信部门承担。

3.赋予海南一定的对外合作自主权，支持海南开展数据跨境流动国际区域合作。

例如，支持海南加入区域性国际数据跨境流动制度安排；支持海南制定与CBPR、GDPR等对接的认证机制，促进数据跨境流动安全便捷。

（六）加大电信基础设施建设力度

1.加快建设连接国内各层级的基础网络和新型互联网交换中心。

结合海南发展的实际需要，适度超前布局5G、工业互联网、区块链等新型基础设施。依托离岛优势，在国际信息通信开放试验区初步建成的基础上，进一步拓宽和增强国际互联网业务的开放范围和服务能力，提升面向太平洋、印度洋的国际通信服务能力。

2.加快推进国际互联网数据专用通道的申报和建设。

在“海南—香港”国际海缆的基础上，加快推动面向东盟、亚太地区、海上丝绸之路的国际海缆及登陆站的建设。同时，结合已投产的区域性国际通信业务出入口局、国际互联网数据专用通道等国际信息基础设施，加快增设区域性全业务国际通信出入口局，探索国际数据中心试点，争取支持建设新型互联网交换中心。

（七）建立分线、分类、分级的数据跨境流动监管机制

1.对数据流动进行分线管理。

实行“一线”入境信息内容分类审查制度。一方面，采取技术手段对影响国家主权、公共安全以及与公共利益、公共道德、公共秩序和国家统一相违背的不良境外网络信息实施内容过滤。另一方面，对提供给家庭与企业、未成年人与成年人、公共大众与个人消费者的互联网内容应区别对待，进行不同程度的审查。即对进入家庭的信息检查应严于对进入企业的信息检查，对提供给未成年人的信息检查要严于对提供给成年人的信息检查，对公共消费信息的检查要严于对个人消费信息的检查。

建立“一线”数据出境等级安全管理制度。一是在实施风险评估后确定高、中、低风险下完全限制出境、审批后出境和出境后备案等不同的监管方式。二是针对数据出境主体的风险高低制定特别管理要求，对外资企业、合资企业、境外组织机构等高风险主体，制定差异化的数据出境管理要求，加强数据出境安全保障。三是建立数据出境白名单制度，禁止向数据保护水平低于我国的国家（地区）转移个人数据。按照出境国家（地区）的政治环境、国际关系、数据保护水平等因素，划分数据出境的风险等级，制定对低风险国家（地区）的数据出境白名单，减少数据流动障碍。

强化海南自由贸易港流向内地的“二线”数据监管。境外信息通过国际通信业务出入口局，按照现行“防火墙”模式经过审查后再进入内地，避免非法数据信息“倒灌”。

2.建立数据分类管理制度。

按数据内容划分。将数据区分为不同类型，如政府数据、技术数据、商业数据和个人数据，采取绝对禁止流动、一定限制流动和无限制流动等不同的规制措施，以实现数据安全、有条件、有秩序地跨境流动。对事关国家经济、社会安全、个人基本权利的重要数据、个人数据等特定数据的跨境流动进行规制，保障网络安全；对不妨害国家安全和个人利益、不影响网络安全的数据则予以放开，促进其自由流动。

按不同区域划分。在洋浦经济开发区、博鳌乐城国际医疗旅游先行区、海口江东新区等外资企业和外国人集聚的主要产业园区，允许直接接入国际互联网；其他区域可借鉴深圳前海的经验，开发海南自由贸易港公共网络平台，符合条件的可通过专门通道接入国际互联网。

3.建立数据分级管理制度。

按行业和信息主题分类。借鉴国外数据分类经验，按照重要行业和信息主题分类标准，合理确定海南自由贸易港重要数据、敏感数据的内涵和范围，开展风险评估和梯度管理。

按公共安全性分类。将数据泄露、篡改或滥用对国家安全和社会公共安全的影响程度作为标准划分重要数据、敏感数据出境的风险等级。

（八）完善数据产权制度体系

1.厘清数据的类型及权利边界。

厘清数据的类型及权利边界，包括政府数据的开放边界、企业数据的商业应用边界和个人数据的隐私保护边界，对不同类型的数据能够明确界定范围的部分进行严格区分，归属到具体类型，再根据数据类型的性质赋予不同的数据权利。在赋予数据主体相关权利的过程中，坚持数据所有权和收益权分开、使用权和支配权分开，根据数据类型、性质等分别赋予相应主体不同的数据权利。在此基础上，构建公共数据、个人数据、企业数据分类分级授权使用制度，确保各类数据合法合规利用。

2.建立数据登记制度。

健全数据确权登记和信息披露机制，做好数据资源的确源、确权。借鉴深圳的做法，由市场监管部门建立海南自由贸易港数据要素资源确权登记平台，使数据来源和权益归属更加公开透明，让数据在阳光下流通，保证数据资源在符合公众利益的前提下创造价值。面向数据要素市场提供数据登记核准和校验服务，特别是在数据登记阶段，数据供应方需提供拟上架售卖的数据范围的登记材料，包括数据样例、数据字典、数据来源说明、数据授权书、风险告知书、承诺书等一系列登记材料，由数据公证机构对材料进行核查和确认，出具公证证明。

3.建立数据价值评估体系。

目前，我国仍未形成成熟的数据要素价值评估方法和框架，现有评估方法存在诸多局限性。海南自由贸易港应先行先试，尽快建立数据要素价值评估基本框架，根据数据的行业、类别等建立多层次的数据要素价值评估体系，为数据开放共享及流通提供基准，从而提高数据要素参与价值创造的效率，为数据要素市场发展营造公平合理的环境。

第五节

形成与封关运作相适应的市场监管机制

市场监管是在市场经济条件下，具有监管职能的政府行政机构或被赋权的组织基于公共利益目标，依法综合运用多种监管方式、技术和手段，服务市场主体合法经营、维护消费者合法权益、保证市场健康有序运行的制度和行为的总称[1]。2018年，新一轮党和国家机构改革对市场监管所涉权力进行整合，国家将原属于工商行政管理、质量技术监督管理以及食品药品监督管理等诸项权力加以融合。这种整合一方面造就了大市场监管格局，更明确对应政府五大职能中的市场监管职能，促进市场监管部门职能行使的统一化、规范化[2]。做好市场监管工作对于优化企业发展环境、满足市场资源个性化发展与创新发展需求有重要作用。

一、海南市场监管机制建设的情况

机构改革以来，海南省市场监管部门围绕服务海南自由贸易港建设和地方经济发展大局，利用自由贸易港良好的制度创新空间和压力测试条件，持续深化改革，创新监管机制，在改善市场环境、规范市场秩序、激发市场活力、守护民生安全等方面取得了成效。

[1] 安森东：《市场监管现代化：问题与破题》，《行政管理改革》2022年第5期。

[2] 谭波、赵智：《论市场监管权与综合行政执法权之协调》，《西北大学学报（哲学社会科学版）》2023年第3期。

（一）全国首个通过特区立法的形式推行以自主申报为核心的商事登记制度改革

为了规范商事登记管理活动、保护商事主体合法权益，海南省人民代表大会常务委员会于2018年12月26日通过《中国（海南）自由贸易试验区商事登记管理条例》。为推进该条例的实施，海南省上线了“海南e登记”平台，使得企业在海南省登记注册不再受地域管辖限制，能够24小时上网自主申报登记。“海南e登记”平台整合人社、商务、海关、税务等各部门的注销业务资源，商事主体注销已实现“一网服务”。

（二）深化工业产品生产许可证改革

在全国率先取消人造板等14类工业产品行政许可，取消工业生产许可证发证前的产品抽验，除危险化学品和特种设备外，保留的产品目录实施后置现场审核，国发工业产品生产许可证实施免实地核查。同时，精简申报材料，优化审批流程，实行申报材料“一单一书一报告”制，将发证时间从6个月缩减到10个工作日，降低了企业制度性交易成本及生产管理成本。

（三）全省范围内将“证照分离”改革事项由106项扩展到130项

海南着眼12个重点产业的培育与发展，新增24项医疗健康、农业、旅游文化、制造业等重点产业领域改革事项。在此基础上，对政府部门涉及市场准入的行政许可事项进行全面梳理，形成“证照分离”改革全覆盖事项清单，进一步破解“准入不准营”等问题。

（四）建立9项市场监管协调机制

2021年，海南省开展“查堵点、破难题、促发展”活动和全省作风整顿建设，建立了9项协调机制[1]，合力打击危害食品药品安全、制售假冒伪劣产品、侵犯知识产权、实施垄断、不正当竞争等市场监管领域违法犯罪行为。

（五）“五快”举措推进线上线下一体化监管

海南省市场监督管理局根据网络监测发现的涉嫌违法线索，建立“纵合横通、精准防控、快速应对”的快速反应工作机制，以快速收集监测需求、快速发现涉嫌违法线索、快速下发核查任务、快速查处违法违规问题、快速堵塞监管漏洞的“五快”举措强化事中实时预警、事后快速核查，实现全链条无死角闭环监管，进一步增强对离岛免税“套代购”等网络交易违法违规行为的监测能力。

（六）建立企业信用风险分类监管机制

自2020年9月起，海南省市场监督管理部门根据依法归集的企业信用信息，对在海南省登记注册的各类企业（包括法人企业、非法人企业及其分支机构）按信用风险等级划分为暂无风险企业、低风险企业、中风险企业、高风险企业四类，将“双随机、一公开”监管、重点监管等与企业信用风险分类结果有机结合，实施差异化监管。对暂无风险企业实行适度宽松的监管，适当降低“双随机、一公开”的抽查比例和频次；对低风险企业实行常规监管，保持正常监管频率，定期开展大数据监测，按正常比例和频次开展“双随机、一公开”监管；对中风险企业实行重点监管，提高监管频率，将其列为重点监测对象，定期或不定期开展大数据监测，适当提高“双随机、一公开”的抽查比例和频次；对高风险企业实行严管重罚，大幅提高监管频率，将其列为重点监测对象，定期或不定期开展大数据监测，增加监测次数，大幅度提高“双随机、一公开”的抽查比例和频次。

当前，海南的市场监管机制建设已经取得一定的成效，降低了企业制度性交易

[1] 9项协调机制包括联席会议、督查督办、案件及线索移送、情况通报、提前介入、分析研判、调研指导、联合激励和联合培训等制度。

成本，但与市场监管相关的法律法规体系尚未完善，难以适应封关运作后的管理需求；各个部门之间的数据壁垒仍然存在，全岛统一的市场协同监管信息平台尚未建立，难以充分利用信息技术提高市场监管效能。

二、借鉴国内外自由贸易港的成功经验

（一）新加坡：少干预、法治化、专业高效监管

1.很少直接干预市场。

新加坡政府很少直接干预市场，并给市场主体很大的自由。对于本土企业和外资企业注册后的运营监管，实行必要的合理干预，主要通过完善的法律法规体系、行业协会等行业自律组织来规范和约束企业的行为，且对内外资监管一视同仁。

2.监管专业高效。

新加坡市场监管机构主要由法定机构组成，监管人员的招聘、薪酬待遇、绩效考核等都采用市场化的方式。同时，新加坡市场监管机构具有较大的行政权力，监管主体没有日常行政管理职能，主要依照相关法律确定的职责、方式、范围等对新加坡自由贸易园区内的所有企业进行监督管理。

（二）中国香港：低干预、安全、集约监管

香港特区政府对本地及境外投资者一视同仁，未对各行业的进入设置统一法定的进入条件，而是采取各行业专门立法的方式加以监管。对电信、广播、交通、能源、餐饮、医药和金融等事关公共安全的行业，除商事登记外，实行牌照管理。

（三）对海南的启示

1.监管要有利于促进要素流动自由化便利化。

监管要有利于促进投资自由便利。以香港为例，由于实施了高水平的产业开放和投资自由便利政策，中国改革开放40多年来，内地企业对外投资的第一目的地和内地外来投资的最大来源地都是香港，占到60%以上[1]。

监管要有利于促进贸易自由便利。一是要有利于促进货物进出自由。以新加坡为例，新加坡通过一系列信息化监管作业平台的搭建，在保证货物进出高度自由便利的同时，实现了有效监管。二是要有利于促进服务贸易自由。例如，新加坡、中国香港等自由贸易港均实现了跨境支付自由，自由贸易港内的服务贸易企业可以充分利用远程技术、邮递等方式向境外消费者提供便捷、高效、高质量的服务。

监管要有利于促进资金流动自由。新加坡、中国香港等自由贸易港的共同特征是实现汇兑自由，并开展离岸金融等业务。它们在资本流入流出方面实现了高度国际化、自由化便利化，成为全球开放型经济的重要引擎。

监管要有利于促进人员进出自由。新加坡、中国香港等均实行了免签等人员自由流动的政策，其免签政策覆盖193个国家和168个地区。

2.突出事中事后监管。

以香港的食品安全领域为例，虽然香港90%以上的食品需要从外地运入，但是香港食品合格率一直维持在99%以上，实现了高度开放下的有效监管。究其原因，就在于香港通过不断完善相关法律条例，形成了完善的事中事后监管标准、规则及执法队伍，并通过充分吸收行业组织、企业、消费者等，形成了有效的社会监管体系与风险防控体系。

3.注重信用监管和风险监管。

例如，新加坡借助第三方非官方评估机构的力量，对所有企业进行信用风险甄

[1] 《内地60%以上的外资都通过这里引进！香港对未来中国经济有多重要？》，https://www.thepaper.cn/newsDetail_forward_4378295。

别与画像，提示可能出现的信用风险，帮助市场参与者规避潜在的信用风险。

4.注重形成与国际接轨的监管法律法规、监管规则标准体系。

例如，新加坡继承了相对完整的英国法律体系，并在此基础上，采取因需立法的原则，制定了一系列监管的法律条例及司法判例，构成了完整的监管法律体系。

5.注重形成统一高效的监管体制。

通过建设信息口岸，提升监管效能，实现综合监管与专业监管有机结合，是新加坡、中国香港监管体制创新的重要经验。海南自由贸易港监管也应逐步形成统一高效的监管体制。

三、加快改革完善与最高水平开放相适应的市场监管体系

（一）建构完善市场监管的法律法规体系

全岛封关运作后，海南自由贸易港的政策与制度将进入全面落实阶段，实施范围将由目前的重点园区“点状”布局向全岛范围的“面域”布局过渡。封关运作后，一方面要通过“二线”管理制度有效保障海南与国内市场的连通性；另一方面要通过“一线”开放政策与制度的落实，显著提升海南与国际市场尤其是东盟市场的连通性。这对市场、海关等领域的监管能力、监管模式等提出了新的要求。建议提前谋划，积极制定海南自由贸易港海关监管条例、海南自由贸易港检验检疫条例、海南自由贸易港金融监督管理条例、海南自由贸易港出入境管理条例及海南自由贸易港市场监管条例，借鉴CPTPP标准，制定细化商务人员临时出入境的管理标准、程序。

（二）创新市场监管体制

1.建立统一的市场监管协调机构。

与海南自由贸易港的产业开放相适应，以实现综合性的市场监管与专业性的部门监管之间的统筹协调为重点，加快在省级政府层面建立统一权威的市场监管协调机构，统筹全省监管资源，提升监管效率。

2.理顺省级与省级以下监管体制。

明确省级与省级以下市场监管机构的事权和责权划分。省级监管机构主要负责风险较高、专业性较强的监管事项，市县级监管机构主要负责风险低、专业性要求不高的监管事项。省级和市县级监管机构分别根据实际需要制定各自的监管细则。

形成省、市、县政府监管权责清单。从实践看，纵向上事权缺乏专业分工、上下一般粗的职能安排最终会导致职责层层下压到难以对结果负责的基层政府。为此，上一级政府不能只是简单地对下一级政府进行业务指导和考核，建议把明确从省到市县各级政府监管权责清单作为完善地方监管体制的重点，通过全面梳理省级及省级以下各级监管部门权责清单，构建地方监管模式。

3.全面剥离市场监管机构的审批事项。

统筹监管资源配置与地方行政权力、行政机构调整，全面剥离市场监管机构对市场主体进入、经营等方面的证照审批权限，将更多资源配置在市场主体行为监管领域，使其能够相对独立公正地行使监管职能，最大限度地激发企业活力和市场活力。

（三）推进市场监管基础设施建设

1.建立全岛统一的市场协同监管信息平台。

建设以大数据理念为支撑、与国家企业信用信息公示系统相对接的全岛统一的市场协同监管信息平台，加强数据采集、开放、分析应用，充分利用互联网、人工智能、区块链等新技术，推动传统依靠监管队伍检查发现违法行为的管理模式向精准打击的信息化监管模式转变；通过线上线下一体化监管，及时发现违法违规线索，提高风险预判能力，实现靶向性市场监管，提高市场监管的精确度和适配性，实现“事前锁定对象、事中下达指令、事后反馈统计”。

2.建立企业健康发展信息公示预警系统。

建立承诺制申请人诚信档案系统。建立与全国企业信用信息公示系统、绿盾全国企业征信系统、中国人民银行征信中心等企业信用信息公示平台相衔接的包含企业工商信息、税务缴纳、社保缴纳、司法信息等在内的海南省企业诚信档案系统。同时，将企业从业人员特别是高级管理人员的信用档案纳入海南省企业诚信档案系统，将经营行为和个人信用有机结合，对被吊销证照的企业有关责任人，依法实施行业禁入。

建立企业健康状况评级系统。整合企业发布信息、信用承诺信息、经营状况等内部信息与工商记录、税务记录、社保记录、司法记录、园区记录、偿贷记录、合同履约记录等外部数据，利用人工智能、大数据分析等技术，对实行法人承诺制企业实行信用评级，实时对外公布，并将其作为事中事后监管对象选择的主要考虑因素。

建立统一的企业风险智能预警平台。根据监管信息平台形成的大数据信息，充分利用人工智能等技术，实时动态跟踪企业经营状况，及时掌握企业经营活动的规律和特征；通过对企业数据的风险监测和评估，加强对实行法人承诺制企业行为的引导和失信线索的发现；对监管数据实行预期管理，对被投诉举报较多的企业进行预期管理，及时发布警示信息。

升级企业健康信息公示平台。通过政务服务大厅公示栏、海南省政府门户网站、信用中国等，将企业非保密信息（包括企业登记信息、法人承诺内容、年度报告、行政处罚、司法判决、金融授信、纳税记录、成长记录等）统一整合并进行公示公告，接受社会公众查询与监督。

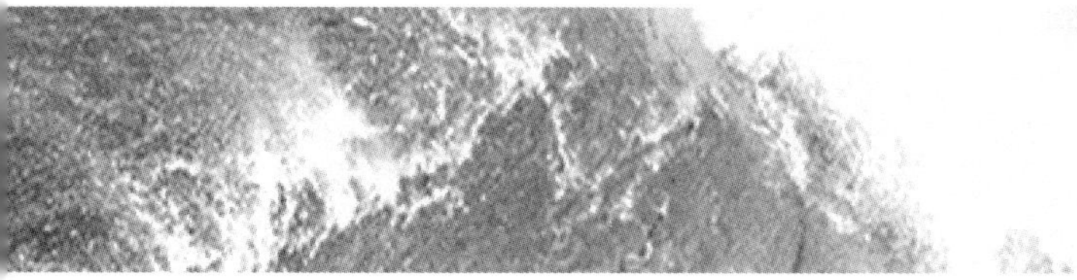

第四章

海南自由贸易港的行政制度保障

政府治理能力对于提升海南自由贸易港的综合竞争力至关重要。通过提高自身的治理能力，政府能够提高行政效能，为营商环境提供更好的保障；通过对市场的治理，政府能够在确保各类经济要素高效流动的同时防范各类风险；通过提升社会治理能力，政府可以高效化解社会各类纠纷，缓解矛盾，为海南自由贸易港的发展提供良好的社会基础[1]。而政府治理能力的提升离不开行政制度保障，自《海南自由贸易港建设总体方案》实施以来，海南自由贸易港的行政体制不断完善、治理效能逐渐提高，但是与世界其他国家或地区的先进自由贸易港，甚至国内其他经济发达的地区仍有差距。未来，海南自由贸易港需要以习近平新时代中国特色社会主义思想为指导，坚持高起点谋划、高标准建设，突出改革创新意识，探索符合自身发展需要的、更加灵活高效的行政管理体制，为自身的发展提供行政制度保障。

[1] 甘露：《国际典型自由贸易港政府治理的实践经验及中国特色自由贸易港的策略选择》，《经济体制改革》2023年第1期。

第一节

推进行政区划体制改革
实现全岛资源利用效益最大化

《中共中央 国务院关于支持海南全面深化改革开放的指导意见》提出了“推进海南行政区划改革创新，优化行政区划设置和行政区划结构体系”的要求。《海南自由贸易港法》规定，“国家推进海南自由贸易港行政区划改革创新，优化行政区划设置和行政区划结构体系”。与国内其他自由贸易试验区不同，海南是在全岛3.54万平方千米范围内探索建设中国特色自由贸易港；与国际其他自由贸易港不同，海南是在农村占相当大比重的情况下建设自由贸易港。海南的资源要素配置、城乡关系、行政区划结构等要与全岛建设自由贸易港相适应。

一、推进行政区划体制改革的背景与原则

（一）稀缺的土地资源是海南最大的后发优势

海南自由贸易港作为国家重大战略，土地等重要资源的价值得到进一步提升。但受19个市县分割分治的行政格局等因素制约，全省土地资源利用效益较低。从岛屿比较看，海南与台湾的土地面积差不多，海南约2/3是平原，台湾约2/3是丘陵和山地，海南的资源禀赋总体优于台湾。从每平方千米土地产出的GDP来看，

2022年海南为0.19亿元，只等于中国广东的26.4%、中国台湾的13.4%、中国香港的0.87%，以及新加坡的0.44%。

（二）以行政区划体制改革创新充分释放海南自由贸易港资源的价值潜力

通过加快全省土地利用统一、盘活存量土地资源、优化土地资源配置，显著提高土地等重要资源的利用效益。优化海南行政区划结构，对抑制部分市县最高地价，提高全省平均地价，进而提高全岛土地及相关资源的综合利用效益将产生重要作用。若海南省土地资源的利用效益达到中国香港2022年的5%，估计将会有近4万亿元的资本需求；若达到新加坡2022年的5%，估计将会有近7.6万亿元的资本需求（见表4-1）。

表4-1 海南省2022年土地资源利用效益及2030年预测

	2022年	2030年	
		达到中国香港2022年的5%	达到新加坡2022年的5%
海南省土地资源的利用效益	0.19%	1.10%	2.14%
海南省GDP/亿元	6818.22	38889	75658
相当于2022年海南省GDP	—	5.7倍	11.1倍

数据来源：中改院课题组整理。

（三）以“六个统一”打造区域经济增长极

1.缺少经济增长极是海南自由贸易港建设面临的突出矛盾。

广州、深圳两市的GDP总和占广东全省GDP的50%左右，成为广东的两大经济增长极，对周边地区产生较强的集聚和辐射带动作用。目前，海口、三亚两市作为海南省较为发达的城市，两市的GDP总和占海南全省GDP的40%左右。由此看来，需要尽快打造1—2个能够带动全省、辐射周边地区的经济增长极。

2.通过加快全省产业布局统一、提高生产效率，打造区域经济增长极。

根据区域资源分布的特点，突破资源利用的地区壁垒，形成产业分工明确、差异化发展的合理布局，优先把海口、三亚等中心城市发展成为经济强市，增强对周边市县的集聚和辐射能力，促进全省经济较快增长。

（四）以“六个统一”显著提高公共资源的配置效率

1.通过统筹全省的公共服务资源，实现城乡基本公共服务均等化的目标。

与发达地区相比，海南的教育、医疗等基本公共服务发展滞后。例如，2022年海南每千人口执业（助理）医师为2.98人，低于全国平均水平（3.15人），与江苏（3.28人）、浙江（3.75人）等发达地区差距更大[1]。通过调整行政区划，把土地增值收益的1/3左右用于改善民生，将显著提升海南的公共服务水平，缩小海南与发达省市之间的差距。与此同时，通过统一城乡发展、统一社会政策，能够有效地缩小基本公共服务在城乡、区域、不同社会群体之间的差距。

2.通过统筹全省的环境保护，走出一条绿色发展的新路子。

良好的生态环境是海南发展的最大资本。从近年来的情况看，海南市县分割分治的行政体制不仅在一定程度上造成了土地资源的过度开发，而且加大了相邻市县、上下游之间生态环境治理的难度。加快推进统筹全省的环境保护，有利于统一生态布局和环境治理，创新生态环境保护的体制机制，推动海南自由贸易港健康可持续发展。

（五）以“六个统一”显著提高政府的行政效能

政府行政效能低、营商环境不优、市场活力不足等问题实际上反映出行政体制改革和行政区划调整与经济社会的发展不相适应。行政条块组织的经济管理体制使全省资源的配置效益大大降低，弱化了整体的管理效能和市县间的横向联系。

以“六个统一”破除资源利用的行政分割和地区壁垒，集聚市县协调发展的合

[1] 数据来自《中国统计年鉴2023》。

力。通过区划调整，强化省级政府在资源统一开发方面的控制权，提高全省规划、建设的科学性、合理性和有效性，避免市县级政府在经济开发上的同质竞争和行政资源的过度浪费，推动市县级政府的职能转变，将更多精力放在提高公共服务、社会治理和环境保护能力上，形成推动海南自由贸易港建设发展的动力。

（六）以稳妥易行、见效快为重要原则

1.坚持改革创新的原则。

“省直管县”体制的创新举措。以“六个统一”为重点深化“多规合一”改革，是在加快探索建设海南自由贸易港的进程中赋予“省直管县”体制新的内涵，是进一步完善“省直管县”体制的重要举措。

行政区划体制改革的创新举措。以“六个统一”为重点深化“多规合一”改革，有利于打破区域、城乡间的体制壁垒，显著提高全岛资源的利用效益，有利于显著提高政府的行政效能，并为按照“全岛一个大城市”的思路推进海南行政区划体制调整与改革奠定重要基础。

2.坚持稳妥易行的原则。

推进“六个统一”的改革见效快、阻力小。以“六个统一”为重点深化“多规合一”改革，不涉及较大规模的行政关系变动，改革难度比较小，比较容易得到各方面的支持，形成改革合力。

发挥海南省地小人少的独特优势。相比其他省区市，海南省的土地面积小，人口少，19个市县总体处于低水平的均衡状态，而且实行“省直管县”体制。推进“六个统一”，强化省级统筹，由此打破市县、城乡间的体制壁垒，相对比较容易。

“多规合一”改革为实现“六个统一”奠定了基础。作为全国第一个省域“多规合一”改革的试点，海南已经在空间规划统一方面迈出了重要一步。在规划统一的基础上，海南深化“多规合一”改革有条件在土地资源利用、基础设施建设、产

业布局、城乡发展、环境保护、社会政策上实现“六个统一”，由此形成探索建设海南自由贸易港的重要条件。

二、以深化“多规合一”改革为重点推进行政区划体制改革

（一）在现有行政区划不做大调整的前提下尽快形成“六个统一”的整体格局

1.统一土地资源利用。

强化海南省级政府对全省土地的统筹利用，将分散在不同部门管理的耕地、林地、国有农场等土地资源统一到一个部门管理；严格执行土地统一收购储备、统一开发管理、统一公开供应、统一规划岸线资源；严格土地审批，把稀缺的土地资源配置到产业发展好的重点项目上，限制最低地价，提高平均地价，提高土地资源的综合利用效益。

2.统一基础设施建设。

统筹推进海南全省公路、机场、码头等交通，供水、供电、供气、排污、电信等基础设施的互联互通，加快构建快速、便捷、高效、安全、大容量、低成本的互联互通综合基础设施网络。

3.统一产业布局。

坚持“规划衔接、突出特色、发挥优势、集群集聚”的原则，扬长避短，互补优势，优化产业布局，推动形成海南全省统一、合理的产业分工协作关系，避免行政壁垒造成遍地开花、同质竞争和资源的低效利用。

4.统一城乡发展。

强化海南省级政府在推进城乡融合发展中的作用，在城乡空间规划、市场要素资源配置、公共服务资源配置、社区管理等方面打破城乡分治局面，实现城乡经

济、社会发展制度上的统一。例如，率先取消城乡二元户籍制度，建立以身份证号为唯一标识、全省统一的居住证管理制度，促进人口自由流动。推进城乡社区管理体制一体化，加大对社区的放权，加快推进社区自治。

5.统一环境保护。

建立海南省环保“大部门制”，整合分散在各职能部门的环境行政权，统一集中到环境保护行政主管部门；实现城乡环境保护体制一体化；与国际接轨，建立最严格的生态环境保护指标评价体系；实施最严格的生态环境问责制。

6.统一社会政策。

在全省重点推进城乡义务教育、公共卫生和基本医疗保险、基本社会保障、公共就业服务、公共文化服务体制一体化；做好省内与省际社会保障制度的衔接。

（二）强化省级统筹、市县配合

通过以“六个统一”为重点的行政体制改革，建立以省级统筹为主、市县具体落实的行政管理新体制。明确“六个统一”由省级统筹，具体执行责任在市县。在强化省级统筹推动、协调区域利益的同时，调动和发挥市县的积极性，形成合力。

（三）服务于打造全省经济增长极的目标做局部行政区划调整

1.做大做强北部经济增长极。

服务于“海澄文”一体化综合经济圈建设，在不改变市县行政建制的前提下，为加快省会中心城市发展，建议将澄迈县的老城镇、文昌市的铺前镇等与海口市直接相连的部分乡镇划入海口市，由此做大做强北部经济增长极。

2.做大做强南部经济增长极。

服务于大三亚旅游经济圈建设，建议将三亚邻近市县的部分乡镇划入三亚市。例如将乐东黎族自治县的九所镇、陵水黎族自治县的英州镇划入三亚市，打破跨区域的行政壁垒，统一开发利用旅游资源，提高资源的利用效率，做大做强南部经济增长极。

（四）过渡时期，按照“全岛一个大城市”的思路推进行政区划调整

1.调整省与市县之间的行政格局。

按照“全岛一个大城市”的思路，打破现行19个市县的行政区划格局，合并区域中心城市周边相关市县，构建省下辖东、西、南、北、中、海上六大区域中心城市的行政格局，形成大海口、大三亚、大琼海、大儋州、大五指山、三沙市。

2.调整市、县的行政格局。

岛内的五大区域中心城市“撤县（及县级市）改区”，建立统一的市辖区格局。在行政区划调整的同时，民族地区享受的扶持优惠政策保持不变。

3.海口、三亚率先突破。

发挥海口省会城市经济相对发达的优势，在推进海口、文昌、澄迈行政一体化方面率先突破；发挥三亚国际化旅游城市的优势，以市联县，统一三亚、陵水、乐东、保亭四个市县旅游资源的开发，在以旅游业国际化带动城乡一体化上率先走出一条新路子。

（五）时机成熟时，重构行政建制

1.减少行政层级，在海南实行一级行政建制。

保持省级建制不变。海南建设自由贸易港，从人口规模和经济总量来看，没有必要实行“省、市（县）、区、乡（镇）”四级行政层级。为适应高度开放的要求，建议海南解放思想，大胆改革，在保留省级行政建制不变的基础上，全面实行一级行政建制，大幅提高管理效率。

撤市改区，形成省下辖五大区的新格局。除三沙市外，撤销市一级行政建制，将过渡时期的东、西、南、北、中五大区域中心城市，即大海口、大三亚、大琼海、大儋州、大五指山全部改为区，成立区级管委会作为省级政府派出机构，全面承担省级政府赋予的经济、社会、环境保护、公共服务、社会管理等职能。

区下设若干街道办事处。根据海南自由贸易港的人口、面积、经济、社会的管理与服务需求，划小街道办事处、社区居委会规模，充分发挥社区自治的作用，构建大社会管理体制。

2.以行政建制重构真正实现“六个统一”的目标要求。

在海南实行一级行政建制，可以从根本上打破城乡之间、区域之间的行政壁垒和体制束缚。通过强化省级政府统筹全省经济、社会、环境、海洋等资源利用的能力，大幅提高资源配置效率，实现资源利用效益最大化的目标。

推进行政建制重构涉及大量行政机构的撤并、优化、调整和行政人员的精简，有利于大幅提高政府的行政效能。推进行政建制重构，实行一级行政建制是实现“六个统一”目标要求的最优选择。

3.海南有条件在推进行政建制重构上实现重要突破。

全域型国际自由贸易港实行一级行政建制，为海南行政建制重构提供了重要的参考经验。从行政区划看，中国香港分为香港岛、九龙半岛、新界3个区域，共下辖18个区；新加坡全国划分为5个社区，分别为中区社区、东北社区、西北社区、东南社区、西南社区，由相应的社区发展理事会管理，5个社区下设89个选区。实践证明，实行一级行政建制成为中国香港、新加坡实现高效政府治理的重要保障。

发挥海南省地小人少的独特优势。相比其他省区市，海南省的土地面积小，人口少，19个市县总体处于低水平的均衡状态，而且实行“省直管县”体制。推进行政建制重构，强化省级统筹，打破市县、城乡间的体制壁垒，相比国内其他省区市更容易。

从海南行政区划的现状来看，一步到位撤销19个市县的行政建制，涉及大量行政机构的调整和人员的精简，改革的难度和阻力很大，短时间内难以突破。在形成省下辖六大区域中心城市行政格局的基础上，进行行政建制重构，相对稳妥可行。

第二节

法定机构改革激发治理活力

法定机构是一个由专门的立法机关设立的执行专门职能的官方自主机构[1]。现代意义的法定机构是由英美等盎格鲁–撒克逊国家发端并逐步扩展至世界范围的"新公共管理运动"的产物。"新公共管理运动"是指20世纪70年代末80年代初开始，为应对大政府、高赤字、低效率、经济滞涨等一系列问题，由英国及其他经济合作与发展组织（OECD）国家掀起的政府改革运动。它主张重新发掘市场机制的作用，削弱政府的作用，鼓励竞争，并通过竞争刺激经济发展和提高政府的行政效率。"新公共管理运动"从OECD国家（地区）扩散到新兴工业化国家（地区）和发展中国家（地区），使得法定机构在世界范围内大量设立。20世纪80年代和90年代有超过80%的国家（地区）进行了公共管理的改革[2]，截至2006年韩国的独立执行机构达45个[3]，1984年新加坡有83个法定机构[4]，2001年中国香港有超过200个法定机构[5]。

在"小政府，大社会"的社会背景下，海南省洋浦经济开发区管理局于1993

[1] Tan C H, "State enterprise system and economic development in Singapore", *science et changements planétaires*, 1974。

[2] 伊莲·修拉·卡马克：《全球化与公共管理改革》，载约瑟夫·S.奈、约翰·D.唐纳胡主编《全球化世界的治理》，王勇等译，世界知识出版社，2003。

[3] 李秀峰：《韩国行政改革研究》，国家行政学院出版社，2008。

[4] 梁文松、曾玉凤：《动态治理》，中信出版社，2010。

[5] 《政务司司长有关检讨公营机构及法定机构的薪酬调整机制的议案致辞》，《香港特别行政区政府新闻公报》2001年12月12日。

年4月成立，这是我国对法定机构治理模式的首次尝试。然而，从法定机构的类型看，洋浦经济开发区管理局属于行政化模式，受到传统行政模式的制约，难以摆脱官僚主义、行政效率低下等问题。在洋浦经验的基础上，2007年，深圳市以政府公告的方式作出了引进法定机构治理模式、创新事业单位体制机制的决定。2011年7月，广东省人民政府印发了《关于在部分省属事业单位和广州、深圳、珠海市开展法定机构试点工作指导意见》，该文件对法定机构进行了正式界定。经过前期的准备后，2010年2月，前海管理局在深圳成立，并逐步实现了管理机构化，构建了一套完整的运营体系，使得法定机构改革的浪潮席卷全国。截至2019年年底，全国共有3个省、直辖市进行了法定机构改革，已设立法定机构20余家，以天津滨海新区为代表的若干国家级开发区正在不断开展法定机构改革，目前已经进入攻坚冲刺阶段[1]。

专栏4-1　法定机构的概念、基本特征

（一）法定机构的概念

法定机构是指依照法定程序设立、承担公共政策执行职能或者公共服务职能、按照市场化模式灵活自主运作、独立于政府序列之外的公共机构 。

（二）法定机构的基本特征

总结国内外的实践经验，从8个维度来看，法定机构主要有以下特征：

1.机构法定。法定机构多是“一机构一立法”，即其职能、工作性质和资助模式都以专门的法规条文作为依据。

2.与政府机构相对独立。法定机构是一种新型的法人组织形式，通常不列入行政机构序列。

3.以执行专业技术职能为主。法定机构多承担执行、技术支撑等功能。法定机构被授予的行政职能一般为规范性、程序性的监管和服务等职能。

4.组织架构。法定机构通常由有关部门和社会各方面代表组成理事会，负责对所属重大事务进行决策，其执行层负责机构日常具体的运营。

5.人事关系。法定机构人员身份一般不是公务员，而是受聘职员。

6.经费来源。法定机构的经费来源形式多样，包括财政支付，有由政府资助的部分日常经

[1]　杨建生、黄丹丹、李飒：《论开发区法定机构治理模式的改革与完善》，《经济与社会发展》2021年第1期。

费、服务收费、交易收费、基金收益等。

7.运作管理。通常采用企业化的管理模式。

8.运营监管。法定机构通常都有健全的责任机制和监督机制，围绕立法机构、决策部门、董事会、执行层四个权利单元设计比较清晰的责任关系脉络。

（三）法定机构的治理模式

法定机构采用“决策层+管理层”模式。

1.决策层。

理事会是决策层的组织形式，由法定机构职责任务对应的主要政策部门、相关政策部门、服务对象、行业组织等利益相关方的代表，法律、财会等专业人士以及法定机构的行政负责人组成。理事会审议和决定法定机构的基本制度和重大事项，监督管理层执行理事会决议，对公共利益负责。理事会设立专门委员会。

2.管理层。

管理层由行政负责人及其副职组成，负责执行理事会的各项决议，组织开展各项业务活动，管理法定机构的人事、财务、资产等日常事务。

资料来源：中改院课题组整理。

一、海南自由贸易港法定机构改革的目标与建设现状

（一）海南自由贸易港法定机构改革的目标

1.以对标世界最高水平的开放形态为基本目标。

建设高水平的自由贸易港，海南要对标世界最高水平的开放形态，推进机构改革以及与此相适应的立法、司法体制改革。从新加坡等国内外成功自由贸易港的经验看，建立与经济高度开放相适应的“精简高效的行政机构+专业化的法定机构”是其一般特征。为此，海南自由贸易港法定机构改革要在坚持党的领导的同时，充分借鉴国内外自由贸易港的经验，形成具有国际竞争力的特殊机构安排。

2.以建立高效率的行政体制为基本要求。

行政高效运转是实现经济高度开放的内在要求。加快海南自由贸易港建设，要按照高效率的基本要求，加大机构和部门设置的制度集成创新力度，优化行政结构

和职责体系，改变决策、执行不分的现状，加快建立以法定机构为主体的高效的专业执行系统。

3.以制度集成创新为重大任务。

习近平总书记强调，海南自由贸易港建设“要把制度集成创新摆在突出位置”[1]。海南自由贸易港制度集成创新涉及领域众多，包括投资贸易、跨境资金流动、人员进出、海关监管等方面，以及以提升政府效率为重点的优化营商环境，应尽快形成高效的决策、执行、立法、司法体系。这不仅是海南自由贸易港制度集成创新的重大任务，也是高效推动其他制度集成创新的重要制度保障。

专栏4-2　海南自由贸易港发布6项制度集成创新案例

2024年1月6日，海南自由贸易港按照“首创性、集成性、已实施、效果好”的原则，遴选发布6项制度集成创新案例，亮出全面深化改革开放新成果，标志着海南自由贸易港在制度集成创新领域迈出重要步伐。

6项制度集成创新案例分别为知识产权“五合一”综合管理体制改革，首创全域“禁塑”制度体系，游艇产业综合管理服务新模式，医疗药品器械一体化、无感化、智慧化监管，深化海事审判“三合一”改革，全链条构建休闲渔业高质量发展机制。

五年来，海南自由贸易港围绕“把制度集成创新摆在突出位置”的要求，发挥改革开放综合试验平台的独特作用，大胆试、大胆闯、自主改，累计形成制度创新成果140项，10项被国务院面向全国复制推广，6项得到国务院大督查全国通报表扬，20余项得到国家部委肯定面向全国复制推广，为高质量建设中国特色自由贸易港夯实了制度基础。

下一步，海南将继续坚持以高水平开放为引领、以制度集成创新为核心，发挥好改革开放综合试验平台的作用，主动对接国际高标准经贸规则，加快在规则、规制、管理、标准等制度型开放上的衔接步伐，进一步加大前瞻性、引领性制度集成创新力度，提升制度集成创新能级，形成更多有分量、可复制和可推广的典型案例。

6项制度集成创新案例简介

案例一：知识产权“五合一”综合管理体制改革

该项案例率先在全国推行专利、商标、版权、地理标志、植物新品种知识产权“五合一”综合管理体制改革，率先在全国推动区域五类知识产权保护由“散”向“合”转变，实现了“一个部门集中管理、一支队伍综合执法、一个平台统筹服务”的改革目标，有力支撑和服务知识产权

[1]　《习近平对海南自由贸易港建设作出重要指示强调 要把制度集成创新摆在突出位置 高质量高标准建设自由贸易港》，《人民日报》2020年6月2日01版。

强国建设、种业振兴等重大国家战略。

2023年10月，被国务院知识产权战略实施工作部际联席会议办公室评为国家知识产权强国建设第二批典型案例；2023年11月，“知小二”服务团队经验做法被国家知识产权局评为2023年第二批全国知识产权信息服务优秀案例。

案例二：首创全域“禁塑”制度体系

该项案例率先通过地方立法全面禁止一次性塑料制品，实现了颁布实施地方标准、制定禁塑名录负面清单、建立全生物降解产品可追溯管理平台、替代品“专用标识+监管二维码”识别方法、输入源头“物流+信息流”综合监管体系等多项全国首创。全域“禁塑”成效明显，已建成以海口市高新区为中心的生物降解塑料制品产业集聚地。

案例三：游艇产业综合管理服务新模式

该项案例聚焦游艇产业链条化、数字化、集约化发展，联动交通、海事、海关、边检等多部门，通过在全国率先出台促进游艇旅游发展的地方性法规，率先划分游艇旅游用海类型和交易服务标准，率先建立首个游艇旅游数字化服务平台，率先集成海事审批服务等便利化措施，有力促进了游艇产业高质量发展。

2023年，三亚登记游艇总量达1367艘，新增登记230艘，进入“千艇”城市俱乐部，全国排名靠前；游艇出海16.11万艘次，接待游客107.9万人次，同比分别增长67.2%和82.8%，创历史新高。成功吸引80余家游艇产业链企业在三亚中央商务区注册，与8个海外排名前十的知名品牌的代理商或厂家签约意向入驻，中国知名游艇厂家运营总部超过半数入驻，游艇产业蓬勃兴起。

案例四：医疗药品器械一体化、无感化、智慧化监管

该项案例在全国率先制定实施医疗药品器械一体化服务管理的地方性法规，率先搭建特许药械追溯管理系统，率先建立以信用为核心的医疗药品器械一体化管理模式，实行无感化、智慧化、全流程监管，有力促进乐城先行区健康产业蓬勃发展。

实施医疗药品器械一体化服务管理以来，已批准临床急需进口医疗器械474批5万余套产品、临床急需进口药品1355批、备案临床急需进口药械66个品种带离先行区使用，惠及患者4万余人次。2023年，乐城先行区接待医疗旅游人数约30万人次，同比增长60%；特许药械品种首例累计已达376种，乐城已经成为全球最新药品和医疗器械进入中国的快速通道。

案例五：深化海事审判“三合一”改革

该项案例在全国率先建立海事刑事案件类案指定管辖制度，成立了全国首家海事刑事审判庭，延伸了海事司法的管辖范围、健全了海事审判机构设置，对保护海洋生态环境、优化营商环境具有积极意义。海口海事法院海洋生态环境司法保护案例收录入选国家发展和改革委员会资源节约和环境保护司编写的《建设美丽中国的探索实践——国家生态文明试验区改革成果案例汇编》。

案例六：全链条构建休闲渔业高质量发展机制

该项案例出台了《海南省休闲渔业管理办法（试行）》《海南省海洋休闲渔业捕捞许可管理规定（试行）》等一系列规范性文件，率先在全国构建了一条完备的休闲渔业发展制度链条，构筑了全国首套完整的休闲渔业发展制度体系，有力推动休闲渔业产值逆势上扬，新型业态蓬勃发展。

2022年全省休闲渔业总产值17.36亿元、接待人数756万人次，同比分别增长26.9%、47.2%。据初步统计，2023年全省休闲渔业总产值超40亿元、接待人数近1400万人次，同比分别增长90%、73%，休闲渔业经济动能明显增强。

资料来源：《海南自由贸易港发布6项制度集成创新案例》，引自海南日报客户端，2024年1月6日。

4.以适应海南自由贸易港建设进程为行动目标。

与《海南自由贸易港建设总体方案》关于海南自由贸易港建设目标相适应，分步骤、分阶段推进海南自由贸易港的行政体制改革。争取到2025年，与高水平开放相适应的“大部门决策+法定机构执行”的行政运行体系基本形成；争取到2035年，“经济高度开放、行政高效运转”的行政体制更加成熟。

（二）法定机构改革在海南自由贸易港的开展

自深圳前海管理局法定机构改革以来，我国内地多地开展了法定机构试点。这些法定机构按其类型可大致分成两类：一类是经济产业功能管理机构，以提供经济管理大类职能为主，如深圳前海管理局、青岛蓝谷管理局、上海陆家嘴金融城；另一类是公共服务功能机构，旨在推动公共服务供给的市场化，如佛山顺德区产业服务创新中心、广东省代建项目管理局、深圳市公证处等。

在加快建设自由贸易港的背景下，海南加紧了对法定机构的探索。2019年11月30日，海南省委七届七次全会通过了《中共海南省委关于提升治理体系和治理能力现代化水平 加快推进海南自由贸易港建设的决定》，明确提出“完善和优化机构职能体系，巩固深化党政机构改革成果，推进机构、职能、权限、程序、责任法定化，稳妥开展法定机构改革”。目前，海南在省级层面设立了海南国际经济发展局、海南省大数据管理局等，在海口江东新区、三亚崖州湾科技城、海南博鳌乐城国际医疗旅游先行区、洋浦经济开发区、海南生态软件园等地实行“一园一策”（见表4-2）。

表4-2 海南省属法定机构

法定机构	立法保障	法人登记形式	外部治理形式	内部运行机制	改革重点
海南国际经济发展局	通过省政府规章进行授权	社团法人	由各发起单位建立理事会作为决策机构，履行出资人和管理责任	理事会领导下的局长负责制	法定机构与国际经济促进规则接轨
海南省大数据管理局	主要通过地方性立法进行授权，运用特区立法权对法定机构的法律地位、机构性质、职能定位、治理机制等进行规范	事业单位法人	由省政府分别成立领导小组作为外部决策机构，探索实行“共治平台+法定机构”公共治理模式	法人治理结构	法定机构企业化、专业化运行机制等
海南博鳌乐城国际医疗旅游先行区管理局		企业法人		根据区域实际，灵活探索适当的内部运行机制	理顺法定机构与各级政府及其部门、社会组织、相关企业之间的职责关系

资料来源：《制度创新案例二丨探索自贸区运行管理模式 海南在省级层面设立三类法定机构》，引自南海网，2019年4月11日。

1.海南国际经济发展局。

海南国际经济发展局是由海南省人民政府发起，基于公共服务目的而设立，不以营利为目的、不列入政府行政机构序列、不从事法定职责外的事务，经授权代表政府在法定职责范围内开展经贸活动的非营利性法人机构。其职责：一是承接招商引资和国际商务服务工作，承担招商引资代理、咨询宣传推介、国际企业服务、国内外会展及投资咨询服务等经贸活动。二是协助海南相关机构在全球设立海外中心、商务代表处、办事处。三是为相关机构提供海南开放型经济发展的政策研究、决策咨询和可行性建议。四是在法定授权范围内开展其他业务。

2.海南省大数据管理局。

海南省大数据管理局于2019年5月23日挂牌成立，是全国首个以法定机构形式设立的省级大数据管理局，由海南省人民政府直接管理。在省政府的领导下，坚持创新、市场化、与国际接轨的基本原则，统筹规划，整体推进，加快推进海南大数据发展。海南省大数据管理局承担全省大数据建设、管理和服务等职责。其主要负责使用省本级财政性资金及中央财政补助资金的信息化工程项目的管理、市县信息化建设项目的审核；统筹全省政务信息网络系统、政务数据中心、电子政务基础设施以及全省基础性、公共性政务信息化项目的建设和管理；统筹政府数据采集汇聚、登记管理、共享开放和推动社会数据汇聚融合、互联互通；组织实施大数据安全体系建设和安全保障工作；负责政府数据资产的登记、管理和运营，推动大数据产业发展；组织协调全省大数据、信息化人才教育等有关工作。

3.海南博鳌乐城国际医疗旅游先行区管理局。

海南博鳌乐城国际医疗旅游先行区管理局于2019年8月依照海南省人民政府第283号令正式设立，是由海南省人民政府直接管理，采取市场化、专业化运作的具有公共服务职能的法定机构。其内设机构有管理局、综合部（党政办、组织人事部）、招商部、经济发展部（自由贸易办及国际合作部，宣传及企划部）、行政审批服务部、园区管理服务部、医疗健康联络部（科技转化与服务部）。

二、国际自由贸易港法定机构管理模式的经验借鉴

（一）新加坡

新加坡是国际公认的自由贸易港，形成了机构精简高效的政府部门和法定机构。其主要组成部分是16个政府部门和65个法定机构（见图4-1）。较少的政府部门保证了决策的统一高效，较多的法定机构保证了政策执行的专业性和高效率。

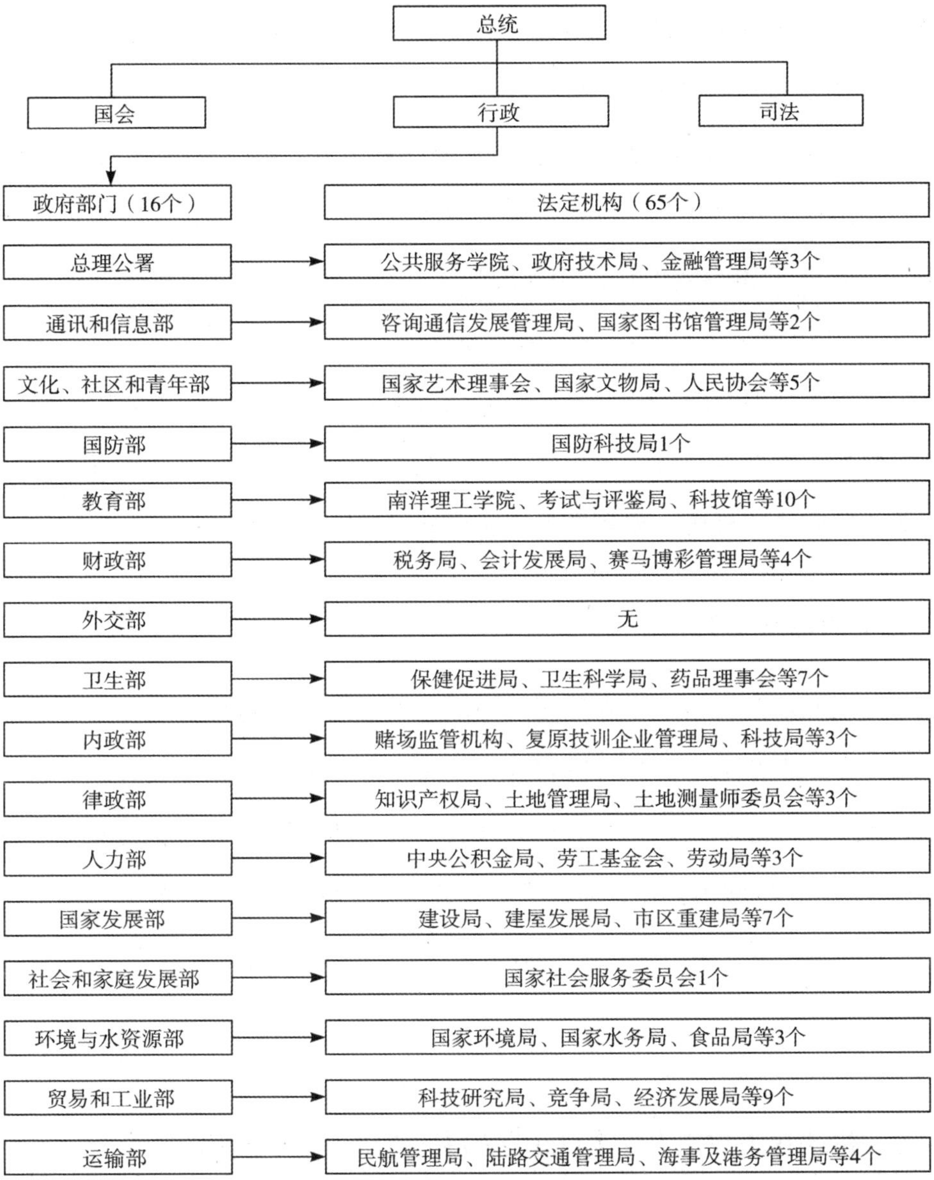

图4-1　新加坡政治架构与政府组织结构

资料来源：中改院课题组整理。

（二）中国香港

中国香港特别行政区大量与政府有关的法定组织是中国香港特别行政区行政体系的重要组成部分，如公务员叙用委员会、公务员薪俸及服务条件常务委员会、平等机会委员会、申诉专员公署、香港廉政公署、香港医院管理局、香港出口信用保险局等。其法定机构的发展具有明显的阶段性特征，体现了政府职能的需求导向原则：二战后至20世纪60年代，鉴于中国香港经济复苏与工业化发展的需要，诸如空运牌照局等带有市场监管性质的公营机构开始成立；20世纪60年代至70年代，中国香港经济处于起飞阶段，法定机构大规模兴起，与政府促进经济发展职能有关的机构纷纷建立（如香港出口信用保险局、香港贸易发展局、香港生产力促进局等）；20世纪80年代至21世纪初，随着我国改革开放政策的实施，中国香港经济进入结构升级与转型时期，金融、旅游、转口贸易、房地产等服务业快速发展，除了产生一些与政府促进经济发展相关的法定机构外，还产生了一些履行专业人员或特定行业监管职能的机构，如建筑师注册管理局、香港学术评审局等[1]。

（三）阿联酋迪拜

迪拜是阿联酋乃至整个中东地区最大的自由贸易港。迪拜自由贸易港行政管理体制的重要特征是实行政企合一的运营和管理机制。例如，杰贝阿里自由贸易区管理局实行政企合一的运营模式，以市场为导向，为企业提供一站式的高效服务。该管理局是拥有政府职能的实体公司，通过优质服务网络提供国际“单一窗口”管理，迪拜贸易门户、杰贝阿里自由贸易区手机App和综合服务网络承担全部招商、管理和服务工作。

三、推动形成与法定机构改革相适应的体制机制

（一）拟订全省法定机构的改革方案

1.设立领导小组，推进法定机构改革。

该小组由各相关部门组成，形成与实践需要相匹配的工作机制，对全省各类行

[1] 汪永成：《香港特区法定机构发展的历程、动因与启示》，《湖南社会科学》2012年第5期。

政事业单位进行全面梳理，确保改革工作协同推进。

2.拟订法定机构的改革方案。

根据不同法定机构的类型与需要，拟订法定机构的改革方案。如在数字经济方面，可以适应海南自由贸易港数据安全有序流动的要求、数字经济发展对数据跨境传输的现实需求以及重要数据保护的要求，探索成立海南自由贸易港数据安全委员会，明确该委员会的主要职责与工作机制。

法定机构的改革方案需体现“轻重缓急”。应当结合海南未来的产业发展方向与现实要求，有重点地推进法定机构改革。例如，针对政府供应不足、企业较难获利或无法提供的公共产品与服务领域，可以通过设立法定机构的方式增加供给。

（二）形成与法定机构改革相适应的立法机制与规则体系

1.按照法治思维开展改革创新。

统筹推进行政机构的法定化和法定机构的立法工作，确保设立法定机构的合法性和规范性。

2.明晰法定机构的职责定位。

法定机构区别于决策部门，是一个专职执行机构，要制定法定机构权责清单。法定机构严格按照此清单履行自身职责，保证运作的独立性。在法定机构运行的过程中要始终坚持执行机构定位，构建起贯穿“政府决策、法定机构执行”的全方位法定机构职能契约制度[1]，对法定机构实行企业化管理、市场化运作，防止法定机构行政化。

3.及时推进专门性立法（如“暂行办法”“实施细则”等）乃至位阶更高的统一性立法。

专门性立法可以根据法定机构职责涉及的不同领域，针对不同的问题以及自身

[1] 张鲁彬：《海南自贸港法定机构改革推进路径研究——基于比较视角》，《南海学刊》2021年第4期。

的实际情况，实现对法定机构的法治化、精细化管理。海南自由贸易港法定机构专门性立法可以借鉴深圳经济特区“条例+办法”的同步进行模式，直接将法规细则落实和细化。

4.创新立法模式，压缩立法周期。

“一立法一机构”是法定机构设立的必要条件。目前，我国内地法定机构的设立普遍存在立法酝酿周期长、程序复杂的情况。自发布试点规划到形成具有法律效力的立法依据，普遍在一年以上。海南法定机构可借鉴上海陆家嘴金融城的举措，通过先易后难的方式压缩立法周期。上海陆家嘴金融城的举措是先由浦东新区人大出台相关决定，后由上海市人大出台地方性法规，先确立陆家嘴的法人主体地位，极大地缩短了立法周期。

（三）健全法定机构的内外部治理机制

1.制定科学、高效的法定机构运行规范。

依法依规设立理事会及行政管理层的职责、议事规则、工作流程等，推进机构、职能、权限、程序、责任法定化；对标国际经验，制定与市场接轨的海南自由贸易港法定机构运行流程，加强法定机构与相关部门机构的配合联动，提高运行效率。

2.提升法定机构的经营管理能力。

树立以人为本的理念，建立有利于人才引进、合理流动、高效流动的机制。建立健全监督机制，引入独立第三方机构对法定机构的重大决策、运行绩效和财务人事等重大工作进行常态化监督，增强法定机构运作的透明度，督促法定机构合法合规运营。

（四）进一步扩大改革的覆盖领域

拓宽法定机构改革的范围，即在法定机构的改革中，适用对象不仅包括事业单位，还包括行政机关以及具有特殊性质的国有企业。法定机构是“企业化的政府，但不是政府的企业”。

（五）将多元社会力量纳入法定机构改革的进程中

1.建立决策和咨询专家库。

广泛吸收来自高等院校、科研院所、企事业单位、行业管理部门等具备专业知识和丰富实践经验的人员组建法定机构决策和咨询专家库，服务于法定机构的创建、管理、咨询、评估等各类活动。

2.共建治理协作新格局。

发挥法定机构专业性强、执行效率高的优势，以法定机构为桥梁，促进社会与市场共同治理，创新跨界协作的社会治理模式。

（六）成立法定机构性质的海南自由贸易港经济委员会

1.海南自由贸易港经济委员会承担海南自由贸易港的开发经营职能。

建议在省级层面建立海南自由贸易港经济委员会，明确其性质为法定机构，主要负责内外贸易、国际经济合作、招商引资、总部经济、产业促进和口岸运营等。

2.海南自由贸易港经济委员会权责法定。

该机构的法定职能确定，建议分两步走：第一步，由海南省人大出台海南自由贸易港经济委员会条例，明确其法律地位、职能权限、运行机制、人事管理、财务监管、考核评价及与相关机构的关系、主要负责人的产生和免职、经费来源、活动管理、监督、变更和撤销等内容。第二步，争取全国人大基于《中华人民共和国海南自由贸易港法》予以明确或授权海南省人大的决定，建立海南自由贸易港经济委员会。海南自由贸易港经济委员会不属于行政序列，在法定职权范围内依法开展相关业务，独立承担法律责任，不受行政机关及其他机构的干涉，在经费总额控制与职责明确的前提下享有充分的管理、人事聘用和财务自主权。

3.海南自由贸易港经济委员会实行严格的法人治理结构。

海南自由贸易港经济委员会实行“理事会—职能部门”的扁平层级组织架构。其中，理事会为法定机构的决策机构，直接对省委、省政府负责。按因需设立、突出专业性的原则，设立若干职能部门，在明确相关职责的前提下负责开发营运的具体事务。

第三节

数字赋能助推政府治理现代化

随着大数据、云计算等信息技术的快速发展，互联网与现实世界的融合不断深入，各种新型产业形态、观念形态与交流业态纷纷涌现。中共中央、国务院印发的《数字中国建设整体布局规划》强调，推动数字中国建设，使数字治理体系更加完善。政府作为数字治理的重要主体，在制定与执行相关法律法规和标准规范、建设完善数据治理的基础设施和平台、为数据治理提供需求驱动与反馈、保障数据治理的安全等方面发挥着不可或缺的作用。

建设数字政府，有利于优化海南自由贸易港的法治营商环境，为海南自由贸易港的发展提质加速。近年来，海南省人民政府主动适应数字时代的发展，紧密结合海南自由贸易港的现实需求，加快推进数字政府的建设，在政务服务、政府监管、内部办公等方面不断融合信息技术，推动政府职能转变，主动适应新一轮的科技革命与产业转型的趋势。2022年7月15日，海南省人民政府办公厅印发了《海南省政府数字化转型总体方案（2022—2025）》，强调以提高海南省政府数字化发展水平为目标，提出了海南省政府数字化转型的“五横五纵”的总体框架（见图4-2），其中包括“1+2+4+5”等重点内容，体现了建设数字政府对海南自由贸易港政府治理体系与治理能力现代化的重要性，有利于提高政府的决策水平与管理效率，助力海南自由贸易港的智慧发展。

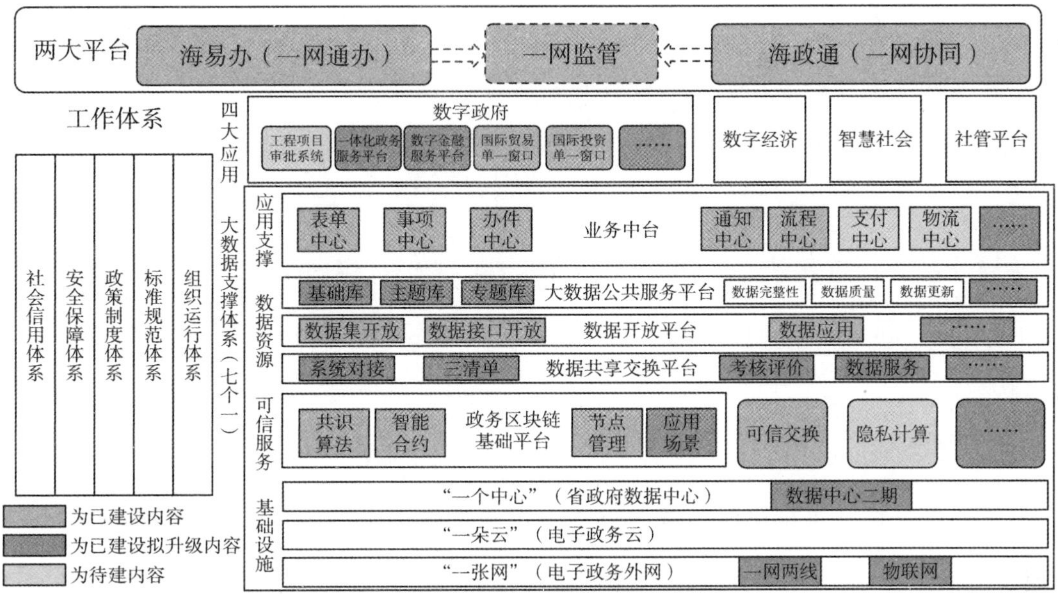

图4-2　海南省政府数字化转型总体架构

资料来源：《海南省政府数字化转型总体方案（2022—2025）》。

一、以数字赋能政务服务

（一）政务服务数字化水平持续提升

随着新一轮科技革命在全球范围内快速发展，以5G、大数据、云计算、区块链、人工智能为代表的现代信息技术在政务服务中扮演着越来越重要的角色。政务服务数字化不仅是一种大趋势，更是一种提升数字政府治理能力的重要手段。

1.从全球来看，政务服务数字化发展水平快速提升。

当前，数字政府作为数字化转型的重大战略，得到国际社会的普遍重视。全球大多数国家和地区正在利用数字技术创新政府运行方式，提升政府行政效率。近几年的《联合国电子政务调查报告》数据显示，2018—2020年，全球电子政务发展平均指数由0.55上升到0.60，全球126个国家（地区）处于“高”或“非常高”的级别，占比达到65%。

2.从全国来看，随着深化“放管服”改革和推进全国一体化政务服务平台建设，我国政务服务数字化进程明显加快。

2016年以来，从中央到地方，“互联网+政务服务”在全国范围内推开。相关数据显示，我国电子政务发展指数由2018年的0.6811提升到2020年的0.7948，全球排名提升至第45位，处于“非常高”的级别。其中，作为衡量国家电子政务发展水平核心指标的在线服务指数上升为0.9059，全球排名升至第9位，进入全球前十行列。

3.从海南来看，“互联网+政务服务”正不断深入推进。

持续推进行政审批制度改革，推行“不见面审批”；出台《海南省加快推进全省一体化在线政务服务平台建设实施方案》，不断完善海南政务服务网，完成全省一体化平台与国家一体化平台的对接，加快推进“一网通办”。2020年7月出台的《智慧海南总体方案（2020—2025年）》则强调建设数字政府，指出应以政务服务为抓手提升政府数字化治理能力。

（二）数字政府在海南自由贸易港政务服务中的应用

1.全省政务服务迁入“海易办”，各厅局和市县相关应用加速向“海易办”集中。

截至2023年9月7日，海南省已推进“海南警民通”“海南e登记”“海南省不动产登记”，以及海口“椰城市民云”、三亚“一鹿快办”等28个政务服务应用接入，汇聚公积金、社保、就业、生育、教育等8448项政务服务事项，成为全省政务服务的总入口[1]。

2.铺开“变更一件事”改革。

通过系统对接和数据联动，形成海南省服务经营主体准入、经营、退出全生命周期的三条部门协同服务链，持续优化经营主体登记便利化改革，进一步减少经营

[1] 《“海易办”平台接入28个政务服务应用》，《海南日报》2023年9月7日第1版。

主体办事时间、程序和跑动次数。借助科技力量，实行“变更一件事”改革后，变更信息将实时推送至相关部门，经营主体仅需提交一次表单、提交一次申请，一次不用跑即可办结多个部门的变更事项，跑动次数、申请材料压减超80%。

3.打通数据壁垒，实现企业开办“一网通办”。

将名称申报、企业登记、印章刻制、申领发票、社保登记、公积金开户登记、银行预开户等业务全部纳入“海南e登记”平台，使得企业开办更加高效、便捷。

4.推行注销便利化改革。

协同海关、社保、税务、商务部门建设线上注销专区，经营主体线上申报注销一次不用跑，还可以获知市场监管、税务、社保、海关业务的办理进度。

5.构建“证照联办”的“免申即享”服务体系。

海南省市场监督管理局与海南省营商环境建设厅进一步加强系统对接联动，构建“证照联办”的“免申即享”服务体系，在推出食品经营许可、药品经营许可和营业执照联合办理服务的基础上，进一步实现“三证照”的登记事项联合变更。“免申即享”是海南省营商环境建设厅推出的“机器+”全流程智能政务体系中的一环，通过数据信息共享、“机器+审批”等方式，让符合相应条件的经营主体享受免于申请、免于提交、免于审批和零跑动、零材料的“三免两零”服务，系统接收到相关信息后，可实现智能审核、自动校验、智能秒批，推进政务服务便利化。

（三）加快推进政务服务数字化的进程

《海南自由贸易港建设总体方案》提出，“充分发挥‘互联网+’、大数据、区块链等现代信息技术作用，通过政务服务等平台建设规范政府服务标准、实现政务流程再造和政务服务‘一网通办’，加强数据有序共享，提升政府服务和治理水平”。在这个背景下，海南打造全球一流营商环境，重中之重是在智慧海南建设中加快推进政务服务数字化的进程。

1.打破数据壁垒，全面整合碎片信息。

加快打破部门信息、数据壁垒。推进海南省政务信息资源共享采集平台中各部门的数据资源整合、归集、共享、开放，尽快完成所有省直单位和市县政府部门的共享数据接入，实现数据资源跨部门、跨层级、跨地区、无障碍、全时空联通共享。

通过信息共享，简化办事流程。行政机关、综合行政服务机构可以对通过省政务信息资源共享采集平台提取的各部门材料予以互认，不再要求申请人提供，由申请人对提取的材料予以确认。

2.坚持以人民为中心的发展思想，推进政务服务线上线下深度融合。

政府的数字化转型不能脱离人民群众，必须坚持以人民为中心的发展思想，故而需要从使用者的体验出发，设计政务服务流程，尊重人民群众对政务服务提供方式的选择权，以用户是否爱用数字服务为检验标准，推进政务服务线上线下深度融合[1]。例如，新加坡除了建立高效的电子政务服务系统外，还建立了民联站“一站式”服务中心作为线上政务服务的实体补充，这类似各级政府的政务服务中心，用于满足无法上网或需要帮助以使用有关政务服务的公众的需求。建议海南自由贸易港在推进政务服务数字化的过程中，不仅要考虑政务服务高效，更要考虑便捷。这就需要加快推动政务服务平台与便民服务站点向乡镇（街道）、村（社区）延伸，真正实现政务服务便利化。

3.为推进数字政府建设提供资金支持。

围绕数字政府建设计划，科学核算资金需求。可以主动对接大数据管理局，了解数字政府建设项目申报、审核的进展情况，结合实际申报规模，精细核算资金需求，明确运行维护经费的资金预算和资金使用计划，进一步提高数字政府建设预算的科学性、准确性和完整性，为科学安排资金提供有力支撑。

---

[1] 北京大学课题组等：《平台驱动的数字政府：能力、转型与现代化》，《电子政务》2020年第7期。

加强数字政府建设资金保障。建议各级政府在统筹整合现有资金渠道的同时，积极探索多渠道资金支持，如争取中央资金支持等，探索建立国有资本代建、社会资本投入等资金引入机制，保障各类平台及系统平稳运行，实现数字政府可持续发展。

4.加强对数字政府建设的监督。

完善考评机制。首先，将数字政府建设情况与绩效评估挂钩，制定统一的、科学的、细化的评估指标体系，开展常态化考评工作，促进数字政府建设规范运行。其次，加强审计监督，完善问责制度和激励机制，督促各市县、各部门将数字政府建设落到实处，最大程度发挥考核的导向和激励作用。

加强对项目全生命周期的管理。提升数字政府建设项目全生命周期管理流程的水平，建立科学、多角度、操作性强的数字政府建设管理流程体系，健全数字政府服务能力评估机制，引入第三方机构定期开展评估、常态化检测，加强重点任务跟踪分析和督查督办。

二、以数字赋能政府办公

（一）数字化办公提升组织运行效能

建设数字政府、推动治理能力现代化，离不开政府内部组织的自我革新。政府的内部组织关系既包括部门内部的垂直领导关系，也包括部门之间的横向协调关系。在传统的办公模式中，部门间的沟通往往通过电话、会议等方式进行，效率低下。数字政府的建设有利于推动政府工作模式的改变，加强部门之间的协同合作。其中，协同办公平台的建设更是突破了以往封闭系统的弊端，在传统电子政务办公的基础上大幅度地提升了办公效率。

（二）海南自由贸易港政府内部办公系统的建设

1.平台建设助力部门协同。

2020年，海南正式启动海政通平台建设，推动海南“一网协同”工作。截至2023年3月，海政通注册用户已超过20万人，整合接入全省115个单位的办公OA系统、132个政务应用，日均活跃用户达2.3万人，日均线上会议120场，累计建立工作群10470个，基本覆盖海南全省各级单位及人员，打造海南省公务应用生态圈，推动机关内部办事“零跑动”改革[1]。

2.数据分析提升政府决策水平。

除了助力政府协同办公外，海政通平台在2022年上线了经济运行、社会发展、社情民意、应急管理、网上督查、政务服务等6个专题的领导视窗，持续优化完善相关指标数据，为海南省委、省政府提供决策支撑。该平台将持续助力政府数字化转型建设，赋能政府治理能力现代化提升，提升行政效能。

（三）智慧办公持续提升政府决策水平与协同能力

1.扩展数据来源，持续优化完善大数据可视化平台。

建议搭建数据来源丰富、时效性强、质量与可信度高的内部办公平台，通过热力图、驾驶舱等呈现方式，为决策提供支持。

2.以培育与吸引人才促进智慧办公的建设。

依托政策机制吸引人才。建立健全人才吸引和驻留政策，健全数字技能人才培养、使用、评价、激励机制，打造一支高技能数字人才队伍。实施数字人才培养计划，深化产教融合、校企合作，依托海内外教育资源和信息化龙头企业资源，通过名师带徒、研修交流等方式定向培养数字化技术人才，不断为数字政府建设输送人才。

---

[1] 《“海政通”破局探路数字化转型》，《海南日报》2023年3月23日第1版。

实施数字技能培训计划，提升全民数字素养和技能。针对各级政府领导干部和党政机关工作人员，以应用为导向，建立分层次、分系统、有针对性的数字治理能力常态化培训机制，持续提高干部队伍的数字思维、数字技能和数字素养。针对普通民众，围绕数字生活、数字工作两大场景，加强数字技能普及和政府数字化转型的舆论引导，不断提升全民数字素养与技能。

建立专职岗位。探索设置数据专员专职岗位，统领数字化建设和数据共享开放等数字化转型工作。建立咨询专家库，发挥数字政府建设决策咨询和技术支撑作用，为数字政府建设保驾护航。

三、以数字赋能政府监管

（一）海南自由贸易港政府监管与信息技术的融合

近年来，海南省持续开展机构改革，以更好地服务市场主体，相继推出“一枚印章管审批”“一支队伍管执法”等改革。其中，为配合机构改革，解决因审批、监管和执法部门分设而可能出现的业务断层问题，海南省基于“互联网+监管”系统（海南省监管系统）打造了“审批、监管、执法、信用”（以下简称“审管法信”）闭环联动监管模式，通过打通审批、监管、综合执法以及信用中国（海南）等业务系统，建立审批结果驱动事中事后监管、行业领域监管与综合行政执法在线衔接、以监管和执法结果作为信用评价的重要补充、以信用评价为基础精准落实差异化审批、监管和执法的工作闭环。信息技术与政府监管的深度融合使海南自由贸易港在不断推进高水平开放建设的同时，能够坚持底线思维，有利于海南自由贸易港高质高效、正确健康地发展。

1.以平台搭建推动监管闭环。

当前，海南省人民政府持续优化监管系统，建设审管联动子系统，实现了与海南省一体化政务服务平台、各部门监管业务系统、省综合行政执法平台以及信用中国（海南）的对接，打通了系统间数据链路，变公文及人工送达的工作衔接方式为全流程在线协同。审批业务办结后，相关的申请材料、办理结果、电子证照等审批业务信息通过系统自动推送给监管部门；监管部门在规定期限内执行批后核查任务和日常监管任务；在日常监管的过程中发现的涉嫌违法违规的主体、时间、事实、证据等要素信息通过系统在线移交给综合行政执法部门执行具体的处罚工作；基于审管联动子系统实现了审批信息、检查信息、处罚信息在各环节之间的双向反馈和推送，以数字化手段解决审批、监管、执法分离之后带来的监管空当、监管延迟以及信息共享困难的问题。

2.以动态管理实现审管联动。

海南省人民政府不断完善协同机制，在厘清审批、监管、执法、信用等环节的工作职责边界的基础上，将职责边界通过监管事项目录管理系统清单的方式进行动态管理。行政审批服务部门在省政务服务事项目录管理系统中做好行政许可事项的认领和维护工作，监管部门和综合行政执法部门在省监管事项目录管理系统中做好行政检查、行政处罚、行政强制事项的认领和维护工作，并根据实际情况将政务服务事项与监管事项建立关系，为推动审批、监管、执法闭环联动奠定基础。

3.以信息共享优化监管机制。

海南省推动审管联动子系统与信用中国（海南）对接，将告知承诺事项相对应的事中事后监管结果自动推送给信用中国（海南），为信用评价和联合奖惩提供信息支撑，同时将信用中国（海南）中的联合奖惩信息、履约失信信息、红黑名单信息等嵌入一体化在线政务服务平台，为审批业务提供了信用查验功能，形成了以信用为核心的监管业务闭环，为建立以信用为核心的创新监管机制进行了有益探索。

4.以执法工具赋能基层工作。

充分利用海南省人民政府内部协同办公平台——海政通基础能力，开发移动执法应用，并与监管事项目录、审管联动子系统等业务互联，为一线执法人员减负，支持执法人员快速响应、及时反馈、科学取证、全程信息留痕，帮助执法人员在监管执法的过程中“于法有据、有法可依”，提高一线执法人员规范化的执法能力。

5.以先行试点提升办事效率。

“审管法信”自2021年10月启动试运行，已在万宁市和五指山市实际运行。试点市县行政审批局已累计通过审管联动子系统向监管部门推送行政许可办事项6717件，监管部门已累计开展检查任务1961次，综合执法局已累计执行处罚任务409次[1]，信用信息深度参与审批、监管和执法过程，初步实现“守信受益、失信处罚”的正向激励机制。同时，“审管法信”以信息化赋能一线监管和执法人员，改变了传统的线下协同作业模式，提升了办事效率。

（二）推动“互联网+监管”水平进一步提升

1.坚持以人民为中心的发展思想。

在以数字为监管赋能，促进经济增长、提高监管效率的同时，还要注重保障社会稳定与政治和谐[2]，不能与为人民服务相背离。在享受“互联网+监管”的便捷性之时，监管机构必须依法监管，合理地作出价值判断，避免在监管的过程中过于依赖人工智能，要始终明确机器只是处于辅助的地位，还要警惕技术“黑箱”与算法歧视。

2.培养数据思维，既善于利用技术，又不被技术裹挟。

一方面，要意识到在信息技术时代，利用数据进行监管的决策与行动是必然趋势，信息技术能够提高监管效率，减轻工作人员的负担，故而需要加强对数据的管理，提升数据质量，在领导干部中形成数据思维，学会用数据说话。另一方面，要正确认识数据的不足之处，不能仅仅以现有的数据为依据而忽视线下实地调查等方

[1] 《海南大力推进“互联网+监管” 积极探索自贸港“审管法信”闭环联动监管模式》，https://sdxw.iqilu.com/share/YS0yMS0xMjgxNTkzNQ.html。

[2] 黄璜、成照根：《“互联网+监管”：政策演变与模式划分》，《电子政务》2019年第7期。

式的作用。

3.根据实际需要，不断完善监管系统。

在海南自由贸易港监管建设的实践中，数据壁垒仍然存在。未来，在“全省一盘棋、全岛同城化”的理念下，海南应当以“互联网+监管”系统为枢纽，推动各类省级监管业务系统互联互通，探索符合海南自由贸易港特色的“一网监管”体系。持续大力推动实施“审管法信”监管闭环联动机制，在更多市县开展试点运行，总结提炼经验，建立健全标准规范，形成海南自由贸易港“无事不扰”的高效的事中事后监管机制，服务海南自由贸易港建设。

第四节

综合行政执法改革提升行政治理效能

我国在改革开放初期，为适应经济社会发展的需要，涉及众多行政管理领域的一大批法律法规相继颁布实施，使负有行政管理职能的各个部门大体有了可供依循的法律法规，逐渐形成了“立一部法律，建一支队伍”的分散式行政执法体制。这种分散化赋权模式使得执法权在纵向上过于向上级机构集中、横向上过于在平行机构中分散，导致执法交叉、重叠、重复等问题日益突出，越发不适应社会主义市场经济深入发展和社会进步的需要，行政权力运行模式亟待改革。

1996年4月，国务院发布《国务院关于贯彻实施〈中华人民共和国行政处罚法〉的通知》（国发〔1996〕13号），要求积极探索建立有利于提高行政执法的权威和效率的行政执法体制，各省、自治区、直辖市人民政府要认真做好相对集中行政处罚权的试点工作。为清理整顿相对集中行政处罚权改革试点中出现的行政执法队伍混乱问题，2002年10月11日，《国务院办公厅转发中央编办关于清理整顿行政执法队伍实行综合行政执法试点工作意见的通知》（国办发〔2002〕56号）出台，决定在广东省、重庆市开展清理整顿行政执法队伍、实行综合行政执法试点工作，其他省区市各选择1—2个具备条件的市（地）、县（市）进行试点。此后，行政执法体制改革的侧重点开始从相对集中行政处罚权逐步过渡到综合行政执法。

在改革实践方面，我国目前存在以天津为代表的“一支队伍管全部”、以北京为代表的“街乡吹哨、部门报到”以及以浙江为代表的“大综合一体化”三种典型改革路径。从整体上看，整个改革过程体现出法治化程度不断增强、对政府职能认识不断深化的趋势，我国基层综合行政执法改革法治化、整体化、协同化和智能化水平不断提升。

一、海南自由贸易港综合行政执法体制的改革

改革创新是加快建设海南自由贸易港的根本动力。近年来，综合行政执法体制改革在海南持续开展。首先，整合机构职责，实现“一支队伍管执法”。其次，推动职责整合和编制划转同步实施。最后，梳理执法事项等。综合行政执法体制改革初步实现了整合执法队伍、统一执法尺度、统筹执法调度，改变了以往行政执法队伍“小、散、弱”和各自为政的局面，解决了以往执法机构重叠、职责交叉、多头多层重复执法、基层执法力量不足等问题，综合行政执法体制改革取得阶段性成效。未来，海南将继续深化综合行政执法体制改革，梳理指导目录，提高队伍素质，更好地履行政府职能、管理社会经济事务。

（一）机构整合基本到位

在省级层面，原则上不直接承担具体执法事项，原有执法队伍经过调整消化，划转为主管部门的内设机构；在市县层面，海南设立市县综合行政执法局作为政府工作部门，承担综合行政执法任务，共撤销超过200支执法队伍；在乡镇和街道层面，设立综合行政执法中队，以乡镇和街道的名义执法。市县和乡镇基本实现了“一支队伍管执法”，执法层级设置合理，基本满足基层执法的需求。

各市县政府和省直部门按照“编随事走、人随编走”的原则，整合原有执法部门和队伍，推动职责整合和编制划转同步实施，队伍组建和人员划转同步操作。

（二）执法事项梳理逐步到位

1.印发《海南省综合行政执法事项指导目录（2022年版）》（以下简称《指导目录（2022年版）》）。

2022年11月，海南省人民政府办公厅印发《指导目录（2022年版）》，划定了综合行政执法范围，明确27个领域的行政处罚权及与其相关的行政强制措施由市县综合行政执法部门行使，市县综合行政执法部门开展行政执法应当以现行有效的法律、法规、规章规定的条款为依据。未纳入《指导目录（2022年版）》范围的领域，行政执法事项由相关业务主管部门承担。同时强调，各市县政府要综合考虑本市县实际情况以及综合行政执法部门的承接能力，在《指导目录（2022年版）》范围内梳理编制本市县综合行政执法事项清单，经本市县政府同意后公布实施，并报省政府备案、抄送省司法厅。设区的市和自治县，若在《指导目录（2022年版）》范围外增加地方性法规、政府规章或单行条例规定的行政处罚事项，需报省司法厅审核，由省政府批准后公布实施。

2.印发《海南省综合行政执法协作暂行规定》《海南省综合行政执法办案程序指引》等工作制度。

已搭建起综合行政执法的制度框架体系，基本实现了综合行政执法事项指导目录、执法办案程序、执法文书格式、执法资格考试、执法装备配备、执法服装标识等“六个统一”。

（三）加强人员培训

海南省司法厅制定《海南省综合行政执法人员培训规划（2023—2025年）》，构建全省综合行政执法人员“1+N+X”的培训体系。先后举办三期线下培训班，培训市县业务骨干523人，组织全省1.3万余名综合行政执法人员参加线上培训，实现全省综合行政执法人员培训全覆盖，同时开展综合行政执法队伍规范文明执法专项提升行动，执法队伍能力素质和工作作风得到有效提升[1]。

二、构建海南自由贸易港的综合行政执法体制机制

（一）以科学规范的执法方式实现执法行为规范化

1.以立法推动综合行政执法改革。

2023年7月，经海南省七届人大常委会第五次会议初步审议，《海南省综合行政执法条例（试行）（草案）》全文向社会公布。该意见稿对执法事项、执法协作、执法规范、执法保障、执法监督等作出具体规定。下一步，海南应当加快出台《海南自由贸易港综合行政执法条例》，组织执法规范化的专项行动，对执法事项、执法协作、执法规范、执法保障、执法监督等作出具体规定。全面落实行政执法全过程记录和重大执法决定的法治审核三项制度，加强重点执法领域监督，促进严格、规范、公正、文明执法。

2.进一步规范重大行政决策程序。

把公众参与、专家论证、风险评估、集体决策等各个环节落实到位，提升行政决策的质量，从源头上预防和减少行政争议。创新诉前调解机制，努力降低重点领域“四风”案件的发案率和败诉率。

3.建立社会监督、信用监管机制。

坚持有举报必查、有投诉必查，让失信主体、违法企业寸步难行，提高执法效益。

节约执法资源，探索分类管理制度。常态化进行抽查监管，以抽查、违法失信等情况为依据对被监管对象实施分类管理，将有限的执法资源优先、集中配置到高

[1] 《助力自贸港建设在法治轨道上行稳致远，海南司法行政系统这样发力》，https://baijiahao.baidu.com/s?id=1763424802311443047&wfr=spider&for=pc。

风险市场主体、市场活动的监管中。

探索“互联网+综合行政执法”模式。将公安、交通、平安建设等视频监控资源及公民、企业、社会组织授权公开的视频监控资源，接入综合行政执法平台进行实时监控，利用智能监控技术辅助分析违法行为，规范执法行为[1]。

（二）建设专业执法队伍

1.加快推进执法人员分类改革。

《中华人民共和国公务员法》规定，公务员职位分为综合管理类、行政执法类、专业技术类。建议明确综合行政执法人员为行政执法类公务员，并在此划定标准的基础上，根据职位性质与特点、工作职责内容及任职资格要求等，尽快研究提出海南自由贸易港综合行政执法类、专业执法类公务人员的划定标准，进一步精细划分职组和职系，创建不同职系的职务序列名称，科学定岗、定编、定员，为建立适应海南自由贸易港要求的新执法人才队伍奠定坚实基础。

2.强化执法人员分类考核。

借鉴新加坡的经验，制定职位说明书，详细列明具体职位的组织管理关系、职位权责、业绩标准、任职能力与资格要求、奖惩措施等，并将其作为招录与考核各类执法人员的基本依据。将海南自由贸易港建设的关键指标作为执法人员考核的重点，并将考核标准列入劳动合同，将考核结果与聘任制执法人员的职务升调、交流培训、薪资福利、续聘与否等挂钩，增强考核结果的实效性，及时兑现考核结果，充分发挥绩效考核制度的作用。

3.加大基层执法保障力度。

将行政执法所需的编制、技术、装备、资金等下放到基层，为基层综合行政执法队伍配置优质的执法资源，强化一线执法力量。

[1] 胡战坤：《综合行政执法改革需要重点解决的问题及改革对策建议》，《中国机构改革与管理》2021年第10期。

（三）依托大数据建立健全协同机制

1.围绕数字赋能，构建县域治理“大综合一体化”运转体系。

加强硬件设施建设。一是建立综合行政执法大数据中心，将各部门、各领域与综合行政执法相关的数据全部整合进入该中心，使之发挥综合效应。二是建立综合行政执法指挥平台，集成各相关部门如城管、公安、综治等信息系统端口，建立统一的指挥平台。三是建立执法人员数据库、违法行为数据库、服务对象数据库、法律法规数据库。通过整合线索管理、案件流转、信息共享、数据统计等多种功能，促进综合行政执法规范化。四是建设好运用好市级大数据平台，推动市、镇两级数据源接口与省级平台共享，推进行政执法平台大融合，实现省级综合行政执法指挥平台对基层执法平台的远程询问、全程记录。此外，依托数字化技术和信息处理平台，推动即时执法检查、专项执法检查、双随机执法抽查等执法工作掌上办、移动办，实现执法一网通办[1]。

2.建立健全跨部门跨领域执法协作联动机制。

利用电子政务网上平台，进一步完善综合行政执法与公检法之间、综合行政执法与业务主管部门之间，以及综合行政执法部门之间的协作配合机制，有效整合执法信息资源，积极推进跨地区、跨部门、跨层级执法信息共享、互联互通，让数据多跑路、让群众少跑腿，形成执法合力。

3.推动审批监管与执法双向联动。

建立信息通道和共享平台。建立业务主管部门和综合行政执法局之间的信息通道和共享平台，创建业务主管部门行政审批监管与综合行政执法局执法信息数据双向推送机制，实现业务主管部门与综合行政执法局之间的审批监管与执法信息数据实时交互、无缝对接。

建立信息联络员工作机制。业务主管部门信息联络员负责及时将行政审批监

[1] 胡战坤：《综合行政执法改革需要重点解决的问题及改革对策建议》，《中国机构改革与管理》2021年第10期。

管信息推送给综合行政执法局，并负责接收和处理综合行政执法局推送的执法中的行政处罚、信用惩戒等情况，业务主管部门根据接收到的执法信息建立警示名单，并依据监管和服务责任清单对责任主体进行追责，确保行政审批监管与执法有机融合、高效运行。

第五节

创新行政争议解决机制推动纠纷实质性化解

在社会发展的过程中，行政争议不可避免，它会以这样或那样的形式存在。争议的存在并不可怕，因为适度的争议是社会具有生机活力的重要体现。科塞等社会学家指出："一个没有冲突的社会将是毫无生机、沉闷乏味的社会。"[1]但是，秩序是法律追求的首要价值，而争议的存在是对社会既存秩序的破坏。"既然社会秩序意味着根据一些规则来调节冲突，那么，避免敌对的状态就是社会秩序的一个标志。"[2]

有争议就应该有解决的途径，犹如堵塞的河流需要疏浚，争议没有得到及时有效的化解，终将泛滥成灾而危及社会安定。行政争议产生的原因是多方面的，行政争议的类型也是多样的。行政争议的多样性进一步决定了行政争议解决机制的多元化。行政争议的解决主体可以是行政机关但又不限于行政机关，如行政复议是由行政机关主持的，而行政诉讼却是由人民法院主持的。行政机关主持的争议解决活动不一定属于行政争议解决机制，如行政机关主持的对民事纠纷的调解属于民事纠纷解决机制（或称为民事纠纷的行政解决机制)。有"行政"二字的争议解决制度不一定属于行政争议解决机制，如行政裁决和行政仲裁，它们针对的都是特定的民事

[1] 戴维·波普诺：《社会学》，李强等译，中国人民大学出版社，2007。
[2] E. A. 罗斯：《社会控制》，秦志勇、毛永政译，华夏出版社，1989。

纠纷[1]。没有“行政”二字的争议解决制度也不一定不属于行政争议解决机制，如信访，其对行政争议的解决有着独特的作用[2]。本部分将探讨包括行政调解、行政诉讼、行政复议、信访在内的海南自由贸易港行政争议解决机制。

一、创新行政争议解决机制的目标

（一）以实现公平正义化解纠纷

1.坚持法治思维和法治方式开展行政争议解决工作。

实现行政争议解决的前提必然是争议解决机关和部门依法履职，法律既是底线也是红线。争议解决机关和部门应严格按照法律规定履行监督职责，对行政争议事实展开调查，在查清事实、辨明是非的基础上，切实保护公民、法人或其他组织的合法权益，维护司法权威，促进依法行政。同时，必须警惕只以化解行政争议为唯一目的的错误倾向，不能为了息事宁人而满足当事人不合法的要求，牺牲法律权威和公共利益。行政争议解决的前提是依法化解，任何试图以非法治思维和非法治方式解决行政争议的行为都是对行政争议解决工作本身的背离。

2.以“一把尺子量到底”的规则执行化解纠纷。

制定规则后，行政机关与相对人双方均应严格遵守。行政机关需要对相对人的疑惑进行充分的释法说理，让其充分了解行政机关作出决定的依据与理由，并杜绝相对人通过法外规则影响政策执行者以作出对其有利的决定，避免“按闹分配”的出现。

[1] 应松年：《行政法学新论》，中国方正出版社，1998。

[2] 张泰苏：《中国人在行政纠纷中为何偏好信访？》，《社会学研究》2009年第3期。

（二）以专业性助力纠纷解决质效的提升

进一步统筹行政调解资源和力量，成立由员额法官、司法行政干警为主，政府法律顾问队伍为辅，人大代表、政协委员、人民陪审员等为特邀调解员的调解工作队伍，针对个案灵活确定调解人员，提升调解质效。

（三）以健全的工作机制实现纠纷高效解决

1.探索信访和行政复议协调衔接工作机制。

习近平总书记指出："信访是送上门来的群众工作。"[1]信访制度原本是一种行政争议解决的补充性救济机制，但在争议解决实践中被普罗大众视为一种优于一般司法救济和其他行政救济的救济方式，导致权利救济功能过度扩张。为妥善处理人民内部矛盾、防范化解风险隐患，推进海南自由贸易港进一步完善行政争议解决机制，要发挥信访制度作为公民表达民意诉求重要渠道的作用，探索信访和行政复议相衔接的工作机制。

具体而言，坚持信访事项"法定途径处理优先"原则，规范、优化信访和行政复议协调衔接工作流程，健全案件会商通报机制，推动行政复议机关与信访机关联合办案，加强对信访接待人员的专业培训。对于信访中涉及法律问题的案件，由信访接待人员与行政复议工作人员衔接会商，认为属于行政复议案件的，移交行政复议机关，行政复议机关按程序依法处理。行政复议机关接待投诉、申诉人员时，对不属于行政复议范围的，经审查后引导相对人到信访部门处理。由此推动形成协调一致、互动有序的行政争议处理机制，切实发挥行政复议化解行政争议的主渠道作用，营造依法化解矛盾纠纷的社会治理新格局。

2.完善行政调解与其他调解的联动机制。

行政调解与人民调解、司法调解都是我国重要的纠纷解决机制，后两者的法律

[1] 习近平：《努力成长为对党和人民忠诚可靠、堪当时代重任的栋梁之才》，《求是》2023年第13期。

成熟、体系较为完善，海南应当加强行政调解与其他调解机制的衔接联动。如对于日常简单的纠纷，可以通过人民调解进行解决，发挥其灵活便捷的优势解决纠纷，减轻行政调解的压力。

3.强化行政诉讼判决执行的刚性约束。

完善行政强制执行措施的相关立法，提高行政机关拒绝履行法院生效裁判的罚款数额，增加强制执行措施，赋予法院查封和扣押行政机关财产的权力，对拒不执行法院生效裁判的行政机关负责人和直接责任人员可处以罚款或予以行政拘留，以保证纠纷解决结果得到高效落实。

4.健全行政复议调解工作配套机制。

首先，行政复议机关要定期对调解工作进行分析汇报，对高发案件类型展开梳理，提高行政复议的效率。其次，健全行政复议调解工作的内部监督与外部监督考核机制，保证争议得到合法、合理解决。同时，要提高行政复议的信息化水平，让数据多跑腿，方便广大人民群众。

二、海南行政争议解决机制的探索

（一）行政调解机制的探索

1.加强专职调解员队伍建设。

2014年，陵水黎族自治县率先推行以政府购买服务方式聘任专职人民调解员的制度，为全县村（居）委会聘任专职人民调解员。目前，陵水黎族自治县有超过200名专职人民调解员，他们每天走村串户、深入田间地头，方便、快捷、高效地调解矛盾纠纷，受到了群众的普遍赞誉。陵水黎族自治县专职人民调解员队伍建设的成效做法，立足于“为之于未有，治之于未乱”的善治理念，构建起了专职化、多元化、全覆盖的矛盾纠纷大调解格局的新“枫”景，被司法部誉为“枫桥经验”之“海南模式”，并逐步在全国推广。截至2023年4月，海南各级司法行政部门共为各乡镇（街道）、村（居）、行业性专业性调解组织选聘专职人民调解员1526名。2018年以来，共受理矛盾纠纷118693件，调解成功114147件，成功率达96.2%[1]。

2.规范行政调解活动。

2023年8月1日，海南省人民政府公布《海南省行政调解规定》，加强行政调解工作，依法及时化解有关行政争议。该规定共5章37条，从总体要求、行政调解机关、行政调解参加人、行政调解程序、工作保障和监督等方面，对行政调解工作作出明确规定。根据该规定，行政调解是指行政机关通过解释、沟通、劝导、协商等方式，促使行政机关与行政相对人之间以及公民、法人或者其他组织之间自愿达成协议，依法化解有关行政争议、民事纠纷的活动。行政调解应当遵循自愿、合法、公平公正、高效便民的原则，不得强迫当事人接受行政调解，不得损害国家、社会、集体利益和其他公民的合法权益。该规定要求，各级政府应当加强对本行政区域行政调解工作的领导，将行政调解所需经费纳入财政预算，加强行政调解队伍建设。各级政府及其有关部门负责与其行政管理职能相关的行政调解工作。司法行政机关应当加强对行政调解工作的指导与监督。省政府有关部门应当加强业务指导。该规定规定了当事人和第三人参加行政调解、委托代理、申请回避等程序，明确了当事人的权利和义务，规定了行政调解的申请、受理、告知、办理、中止、终止等程序，强调了行政机关对重大行政争议的调解应当参照重大行政决策，履行征求意见、合法性审查、集体讨论决定等程序后，方可作出行政调解决策。

（二）行政复议的探索

1.集中复议职责，统一裁判尺度。

过去，由于行政复议机关过多、力量分散、案件裁判尺度不一等，存在复议

[1] 《用“司法蓝”为法治海南添彩》，《海南日报》2023年4月13日第T07版。

机关难以找到以及同案不同判等问题。近年来，海南全面开展行政复议体制改革，充分发挥行政复议便民为民的制度优势和化解行政争议主渠道的作用，实质性化解行政争议，在维护群众合法权益、促进社会和谐稳定、加快法治政府建设方面成效显著。

2018年，把握“一级政府只设立一个行政复议机关”的改革目标，按照推进“三集中”、实现“三划转”、做到“三同步”（即推进行政复议案件集中受理、集中审理、集中决定，实现行政复议职责划转、案件划转、编制划转，做到省、市、县政府同步部署、同步改革、同步推进）的改革思路，海南启动行政复议体制改革。改革后，除《中华人民共和国行政复议法》规定的海关、金融、外汇管理等实行垂直领导的行政机关以及税务机关、国家安全机关以外，海南县级以上一级政府只设立一个行政复议机关，由本级人民政府集中行使行政复议职责。海南各级司法行政部门作为本级人民政府的行政复议机构办理本级人民政府行政复议事项。目前，海南省人民政府近30个部门不再配备行政复议人员，由海南省司法厅专职行政复议人员负责行政复议工作，节约行政资源，统一裁判标准，避免复议机关之间相互推诿，加大行政复议监督纠错力度[1]。

2.发挥行政争议解决的主渠道作用。

相较于行政诉讼，行政复议方便快捷、审查全面、不收取任何费用。行政复议体制改革后越来越成为老百姓化解行政争议的首选。当前，越来越多的行政争议通过行政复议得到化解。据相关统计，自海南启动行政复议体制改革以来，截至2022年年底，海南全省共办理行政复议案件9100件，行政机关行政复议案件被纠错率和行政诉讼案件败诉率稳步下降[2]。

---

[1] 邢东伟、翟小功：《以“小切口”推动法治政府建设“大格局” 海南充分发挥行政复议化解行政争议主渠道作用》，《法治日报》2023年7月7日第3版。

[2] 《用“司法蓝”为法治海南添彩》，《海南日报》2023年4月13日第T07版。

（三）行政诉讼的探索

1.行政案件管辖改革。

为有效破解行政诉讼立案难、审理难、执行难等问题，在现行法律框架内实现司法审判区域与行政管理区域的物理分离，2020年3月，海南省高级人民法院印发《关于在全省开展行政案件跨行政区域异地管辖改革实施方案》。自2020年5月1日起，海南全省开展行政案件跨行政区域异地管辖改革，构建以“轮转式”异地管辖为主。“集中式”异地管辖为辅，“选择式”异地管辖、指定管辖等多种方式并存的“复合式”异地管辖制度体系，走出一条契合海南实际、体现海南特色的行政诉讼管辖改革路径。

2.行政诉讼出庭制度。

海南省人民政府、海南省高级人民法院于2021年12月15日发布《海南省行政机关负责人出庭应诉办法》，要求相关省领导、市县政府“一把手”带头出庭应诉，发挥“关键少数”的带头作用。这有利于海南推动法治政府建设，传递打造海南自由贸易港法治化营商环境的信号。海南全省行政机关负责人出庭应诉率从2018年的5.01%大幅提升至2022年的97.37%[1]。2022年12月2日，在海南宇润投资咨询有限公司不服海南省人民政府依法作出的行政复议决定提起行政诉讼一案中，经省长冯飞授权，副省长刘平治作为省政府负责人出庭应诉，体现了海南省人民政府对行政机关负责人出庭应诉工作的重视，有利于提升国家工作人员的法治意识和服务意识，确保严格规范公正文明执法。

（四）信访机制的完善与创新

1.完善政策文件。

完善政策文件，形成工作格局，规范业务流程。2022年5月1日，《信访工作

[1] 邢东伟、翟小功：《以“小切口”推动法治政府建设“大格局” 海南充分发挥行政复议化解行政争议主渠道作用》，《法治日报》2023年7月7日第3版。

条例》正式施行。该条例实施后，海南全省持续推进学习宣传贯彻，不断完善配套政策措施：修改完善信访工作联席会议规则和联席会议办公室规则，增设省人大常委会秘书长为联席会议召集人，调整人社、教育、住建等9个单位主要负责同志为联席会议成员，增强了省级联席会议力量；制定下发《海南省信访局办理群众来信工作规则（试行）》等相关文件。

2.进一步理顺信访工作体制机制。

“党委统一领导、政府组织落实、信访工作联席会议协调、信访部门推动、各方齐抓共管”的工作格局初步形成。《信访工作条例》施行一年来，海南省级领导包案化解83件重点信访事项，各市县和省直部门领导包案化解1100余件重点信访事项，各级领导干部接访下访1500余人次，做到了中央交办信访积案包案全覆盖，推动了一大批疑难复杂信访问题基本得到化解。2023年以来，海南信访事项及时受理率达99.97%，按期答复率达99.82%，参评群众满意率达93.66%[1]。

3.完善信访业务办理流程。

目前，海南开通了信访业务智能辅助系统，实现了省、市、县（区）、乡镇（社区）四级2000多家单位的互联互通，构建起横向到边、纵向到底的信访工作网络；开通了海南信访服务热线，加强了对各有权处理单位初次信访事项办理质量的前置审核和信访群众的后置回访，大幅提升了初次信访事项的一次性化解率。海南各地各部门把治理重复信访、化解信访积案作为优化营商环境的具体举措、开展“能力提升建设年”暨深化拓展“查堵点、破难题、促发展”活动的重要内容，以钉钉子精神破解信访难题，切实提高积案化解质量。

[1] 《〈信访工作条例〉施行一年来，海南信访工作成效明显，群众满意率大幅提升——把信访工作做到群众心坎上》，《海南日报》2023年5月11日第7版。

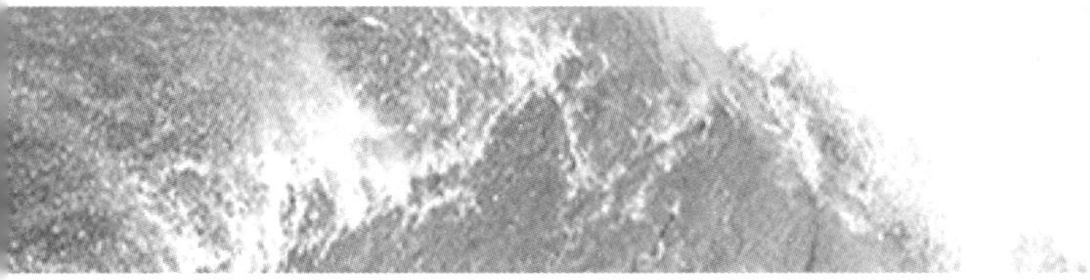

第五章

海南自由贸易港的司法保障

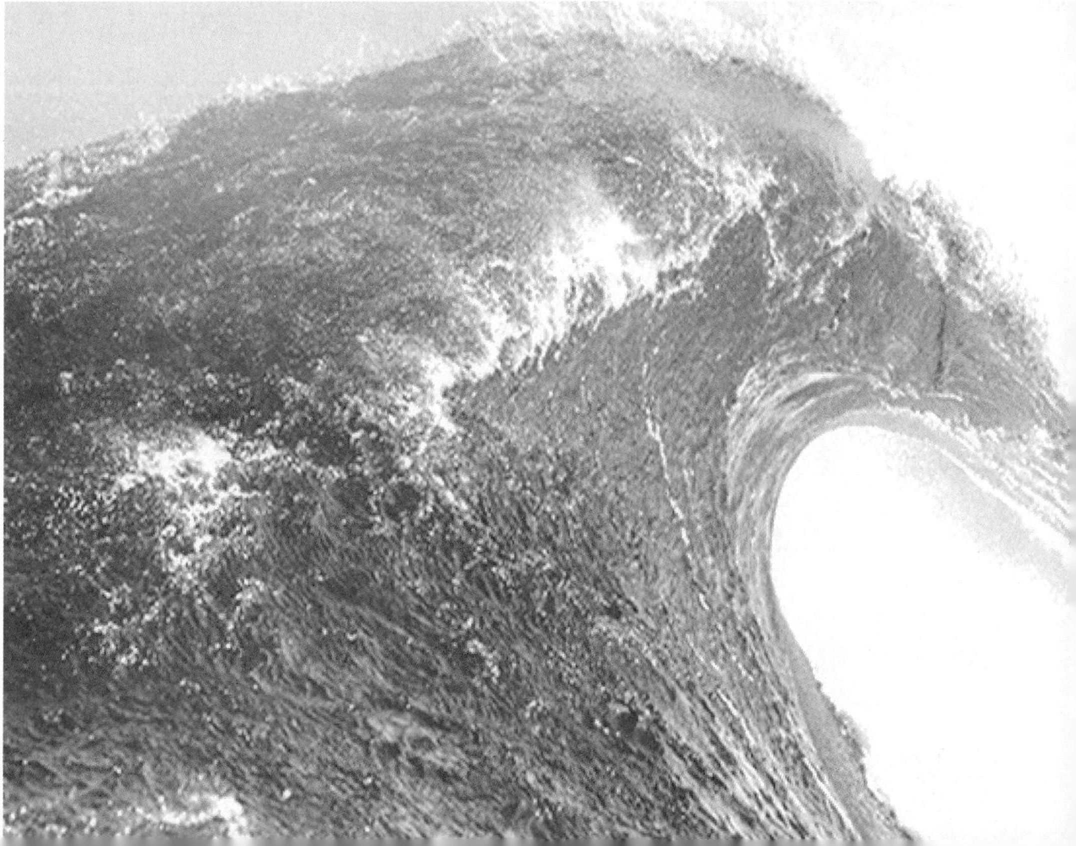

海南自由贸易港建设的核心是制度集成创新，《中华人民共和国海南自由贸易港法》要求积极探索建立适应自由贸易港建设的更加灵活高效的法律法规监管模式和管理体制，对接国际高水平经贸规则，促进生产要素自由便利流动，高质量高标准建设自由贸易港，推动形成国家更高层次改革开放格局。法律的实施需要法的执行和适用、遵守、监督，新加坡、中国香港等国内外知名自由贸易港的法治体系能够充分保障自由贸易港法治良好运行的关键原因在于确保法律实施领域的最显著特征是“有必行之法”，并由此积淀成守法主义传统。构建中国特色自由贸易港法治体系，需从法治实施的全局性高度，整合既有本土司法资源，吸纳借鉴世界成功的自由贸易港法治经典制度或法治范式，建立与自由贸易港发展要求相适应的法院组织体系，探索并积极推动形成“普通审判+专门审判”的法院审判组织新格局，落实最高人民法院出台的调整海南法院案件管辖范围的相关规定，深入推进内设机构改革，统筹调配全省法院审判力量，建立健全适应自由贸易港司法需要的审判组织、咨询组织等，为海南自由贸易港建设提供高水平的司法保障，探索一条理念和机制兼具包容性、开放性、最优化的法治实施路径。

第一节

建构智慧法院助力裁判高质量发展

随着大数据、区块链、人工智能、互联网等前沿技术加快融合发展，传统社会的层级结构和层级势能所依凭的物理时空基础和载体，正逐渐被数字时代的扁平化、个别化、流动化的社会关系和社会结构所消解[1]。加快建设网络强国与数字中国的重要内容包括推进数字法治化。作为治理系统重要组成部分的法治系统，亦须重新构造契合数字经济业态、商业模式和社会秩序需要的全套治理规则体系[2]。为深入贯彻落实习近平总书记“4·13”重要讲话精神和《海南自由贸易港建设总体方案》，落实《最高人民法院关于人民法院为海南自由贸易港建设提供司法服务和保障的意见》，海南省结合海南法院审判工作实际，按照服务“五个自由便利、三大现代产业以及风险防控”等方面的内容，围绕自由贸易港法院制度机制集成创新和提升国际化审判能力、营造法治化营商环境、深化司法体制改革等方面的内容，对海南法院未来5年的工作蓝图进行全面规划。《海南自由贸易港法院建设五年规划（2021—2025年）》明确，到2025年海南自由贸易港法院建设“适应自由贸易港需求的法院组织体系和工作格局基本形成，保障贸易投资自由、便利、公正、安全的审判能力明显提升”“标准化、规范化、信息化的新型法院管理体系全面形

[1] 李占国等：《“全域数字法院”的构建与实现》，《中外法学》2022年第1期。

[2] 洪学军：《数字司法的导向模式与实现路径探究——以治理逻辑与内容创新为切入点》，《数字法治》2023年第2期。

成，以智审、智执、智管、智服、智警为重点的智慧法院全面建成”，促进司法与现代技术充分融合，以数字司法赋能法院裁判高质量发展，持续推进数字社会司法治理能力现代化，为完善海南自由贸易港营商环境提供有力的法治保障。

一、智慧法院赋能海南法院裁判高质量发展

任何一种诉讼方式都有其独特的时代背景与理论依据，不同的时代和社会发展也需要与实践要求相适应的审判机制与审判方式[1]。传统司法建立在工业经济资源独占性的基础上，各个程序严格区分，呈现出流程单向性、层进式等特征，随着数字时代的发展，“数据”已成为与劳动、知识、土地并驾齐驱的关键生产要素[2]。2012年海南法院档案数字化扫描加工试点工作启动；2013年搭建起覆盖高、中、基层法院和派出法庭的网络办案平台的海南法院审判管理信息系统；2017年海南法院“十个一键功能”智慧审判系统向全国推广；2020年海南法院推出“智慧审判一键通”系统；2022年智慧审判轻微刑事案件、认罪认罚、简易案件快速办理等功能模块部署上线。海南不断利用数字经济的共享性，提高法院审判效率，促进法院裁判高质量发展。

（一）以数字司法助力法院办案效率提升

例如，在传统的司法运行模式中，纸质卷宗具有使用上的排他性，在同一时间内只能供一个环节的工作人员使用，使用完毕后才能流转到下一环节。而海南法院的“智慧审判一键通”系统融合了大数据、区块链、语音识别、人工智能等智能化新技术应用，与审判业务相结合，打通了电子卷宗、电子档案、大数据管理、区块链存证等各个相关系统，使得卷宗能够随案生成及利用，在立案、办案、审批、

[1] 左卫民：《中国在线诉讼：实证研究与发展展望》，《比较法研究》2020年第4期。
[2] 许可：《数据爬取的正当性及其边界》，《中国法学》2021年第2期。

文书等各个环节深度融合，推动卷宗资源共享，不同岗位人员可同时处理各自权限范围内的工作事宜，突破卷宗使用的地域与时间限制，极大地提升了审判效率。又如，通过科学应用电子印章和电子签名，将签章系统与审判系统深度结合，实现送达文书自动盖章与裁判文书的电子签名审批一键盖章、一键打印，使得当庭出具审判文书成为现实，切实提高了办案效率。

未来，可以进一步积极探索“区块链+司法”模式，推进司法链在智慧海南建设中的试点应用，完善电子诉讼规则，推动互联网技术与审判方式、诉讼制度深度融合。积极推动建设智慧公证、智慧司鉴、智慧法援、智慧调解等诉调对接新应用模式，形成覆盖城乡、普惠均等、便捷优质、智能精准的现代公共法律服务体系。

（二）智能辅助审判提升裁判质量

当前，“智慧审判一键通”系统依托科学的“前台+中台+后台”的分层架构模式建设，前台构建各角色专属业务平台，中台采用微服务架构设计。该系统针对不同领域的专业化办案，提供专业化办案平台，包括速裁、刑事、知识产权、互联网、金融等，研发专门的案件流程及辅助工具，比如刑事案件实现证据分类和审查标记、知识产权案件实现证据细节信息比对，满足法官多元办案的需求。同时，该系统能够完成在传统上由法官处理的基础信息核实、查找法律法规、诉讼计算、文书编写等重复性工作，减轻法官重复性工作的压力。除此之外，智慧审判轻微刑事案件的功能还能进行初步的推理论证，把结论推荐给法官，再对法官的确认结果进行学习，不断进行知识更新和优化，辅助法官提升对刑事案件的审判能力。

（三）兼顾效率与安全

通过将法律文书头部的标题、文号以及尾部的落款和日期进行固定，只开放中部文书具体内容可以编辑，大大降低了随意修改法律文书的风险。同时，将各类案件的法官置于同一分案平台，大家均等受理案件，不但在一定程度上缓解了民事法官的压力，而且极大地提高了法官的积极性。同时，推动全自动网上分案，避免了关系案和人情案。通过优化绩效考核实行“一步到人”。

二、推动数据治理与法院审判进一步融合

（一）加强数据共享

当前，司法部门的数据库还是偏向于静态结果性质，虽然数据很多，但是跟真正意义上的大数据相比，还是偏少量的法律意义数据的呈现，不能实现动态的过程性质的海量数据、法治运行数据的收集和沉淀。因此，海南自由贸易港需要进一步探索构建互联网司法大数据共治共享平台，打通不同部门之间的数据壁垒，实现数据跨单位、跨平台、跨系统地全面对接，注重分级分类共享和开放，发挥技术治理的效能，推进数字纠纷预防性法律机制建设。

（二）构造更加精细的在线司法场景

在人工智能时代，司法应当进一步向算法、虚拟现实技术、人工智能等新技术要生产力，开拓一种更加场景化、精细化的数字司法图景。海南目前的在线司法场景构造仍然比较粗放，需要进一步运用在线法庭的成果，构建沉浸体验感更强、庄严意识感更真实的元宇宙审判法庭。依托元宇宙世界，研究由不同行动原因引起的不同试点场景的创建，实现复杂多样的底层技术架构，如扩展现实技术、数字孪生技术以及区块链技术，以满足数字司法的共性标准，使用算法实现对个别案件的个性化适配。

（三）预防算法“黑箱”与算法歧视的问题

算法与数据、平台共同构成数字生产力的三大要素，未来人工智能会在现有的

基础上更进一步发挥辅助审判、提高裁判质量的作用。但是“算法吞噬司法”的潜在威胁离我们并不遥远。当前，海南自由贸易港的智慧司法系统往往外包给人工智能公司建构，这些公司会基于自身利益的考量对算法进行保密。另外，人工智能具有自主学习的能力，虽然在一定程度上能够辅助司法裁判，但是其逻辑的发展具有极高的不确定性。因此，种种因素的叠加会导致算法“黑箱”的出现。在传统的司法裁判中，虽然法官自身的主观偏见会影响裁判的结果，但是由于律师的辩护与当事人的表现，这些主观偏见可能会得到修正。但人工智能司法在输入指令后只会得出一个结论，当事人表达意见的机会被剥夺，难以实现司法公正。

为预防算法“黑箱”与算法歧视，除了要明确人工智能的辅助地位外，法院需要在外包协议上要求技术公司在保护商业秘密的前提下对算法尽到解释说明的义务。法院还应当注意算法与法律推理、法律解析的逻辑相融合，建立有效的案例筛选机制与案例淘汰制，使案例的更新与算法的优化发展相匹配。除此之外，法院需注重构建算法审查制度，确定审查主体，完善审查机制。

（四）加强对复合型人才的培养与储备

推动司法保障数字化与智能化创新，建设数字法院，需要培养与储备跨学科、多维度、多视角的复合型人才。海南自由贸易港一方面可以借鉴国外经验探索新的复合型人才的培养模式，如美国法律职业教育要求申请者必须有一个非法学的专业学位等；另一方面要更多地为复合型人才提供发展的平台与空间，加强相关人才的储备。

（五）提升执行系统精细化水平助力法院裁判的落实

1.构建统一的数据综合服务平台。

以信息化手段推动执行工作体系和执行模式创新，着力解决查人找物、资产处置、失信惩戒等难题，推进执行信息化建设，实现执行工作的智慧化、信息化、数字化转型，提高执行工作的质量和效率，努力让人民群众在每一个司法案件中感受到公平正义。

2.提高执行平台的智能化程度。

当前，海南执行平台仅仅停留在执行信息汇总与展示的阶段，下一步可以通过网格化、镜像模拟等多种技术和手段来辅助决策，实现对执法实践的妥善处理，同时对执法的全过程予以记录，完善执法监察考核，对执法大数据进行分析，保证管理决策和执行环节科学有效，提升行政执法的精细化、智能化水平[1]。

3.积极研发执行事务集约化系统。

推进执行指挥中心实体化运行，打造执行案件“繁简分流、轻重分离、快慢分道、操作分级、程序分层”的办理模式。

4.丰富多项执行场景的应用。

如对执前督促、查人找物、资产处置、失信惩戒、拒执打击等执行高频事项进行场景应用的构造，提高执行的效率。

5.打破信息壁垒，推动跨部门数据共享。

借鉴浙江经验，针对政务信息碎片化、条块分割、相关协同部门司法协助意识不强等难题，与其他部门合作，将不同部门办理的“多件事”，按照执行协同事项的推进过程整合为同一平台办理的“一件事”，实现“线下多头式”向“线上并联式”的业务协同模式转变。目前，浙江法院依托“智慧执行2.0”平台，执行“一件事”综合集成改革已实现省、市、县三级自然资源、税务、综合执法等1000多家协作单位的对接，搭配前、后端数字平台，可以实现相关执行协助事项实时办结。

[1] 张凌寒：《数字正义的时代挑战与司法保障》，《湖北大学学报（哲学社会科学版）》2023年第3期。

第二节

建构简案快审、繁案精审的高效司法机制

近年来，最高人民法院逐步推进深化分调裁审机制改革，于2019年7月发布《最高人民法院关于建设一站式多元解纷机制一站式诉讼服务中心的意见》，提出完善法院“分调裁审”机制，并强调要普遍推进一审案件的繁简分流工作。而2020年2月发布的《最高人民法院关于人民法院深化“分调裁审”机制改革的意见》，将深化“分调裁审”的机制改革分为五个方面：完善诉非分流对接机制、完善调裁分流对接机制、完善案件繁简分流标准、建立健全速裁快审快执机制、强化配套保障。其中，繁简分流机制是司法体制改革中与法官员额制、办案责任制相配套的顶层制度设计[1]，能够在一定程度上缓解司法资源与司法需求之间的冲突，使得审判程序的配置与案件实体利益相匹配、审判组织的类型与案件自身的性质相匹配，让不同的案件有不同的程序保障。

为推进繁简分流，海南省高级人民法院先后下发《海南省人民法院“分调裁审”机制改革工作推进方案》《海南法院“分调裁审”工作规程（试行）》等文件，推进司法体制改革。2022年，海南全省中基层法院设立552个由法官、法官助理、书记员、特邀调解员组成的“1+N”模式“多元调解+速裁快审团队”，形成“多元解纷、简案提速、繁案精审”新模式。例如，儋州法院通过优化繁简分流机制，建立“诉前调解+速裁快审”工作模式，实现了简案快审、繁案精审、调解

[1] 肖冲：《繁简分流机制的构建逻辑及法理分析》，《长春师范大学学报》2019年第3期。

高效。2022年，儋州法院诉前调解案件4285件，调解成功2277件，调解成功率达53.14%。通过繁简分流受理案件4590件，速裁团队8名法官全年办案3888件，占受理案件数的84.71%，平均每件案件审理时间为29.6天，大大缩减了当事人的诉讼时间[1]。

一、海南法院推进简案快审、繁案精审的举措

（一）优化工作机制

能调则调、当判则判，调审结合、快速解纷，海南法院在融入党委领导下诉源治理机制的同时，对内一体推进“分调裁审”机制改革，通过分流、调解、速裁、精审形成矛盾纠纷繁简分流和化解“多车道”机制。

1.临高法院创新“诉前调解+诉前送达”模式。

在诉前调解阶段同步开展诉讼文书送达工作，将起诉状及证据材料、权利义务告知书、地址确认书等诉讼文书和材料同步送达，引导物业及业主协商放弃或缩短举证期限，为调解失败后续立案审理缩短送达耗时，提升速裁快审效率。除此之外，儋州市人民法院还设立了速裁法官每日值班制度，保证速裁案件在立案后24小时内回转至速裁法官手中，由速裁法官自行安排送达、开庭、审理事宜，提高审判效率。

2.海口市龙华区人民法院分工协调“速转”“速送”。

为落实最高人民法院关于案件繁简分流的改革意见，提高审判质效，海口市龙华区人民法院党组高度重视，科学调配审判资源，以“质效合一”的司法理念指

[1] 《善用“加减乘除”法 答好解纷“应用题”》，https://mp.weixin.qq.com/s?__biz=MzU5NTYxNTU3Mw==&mid=2247514650&idx=3&sn=22dd8e7ab29e972d49b2e30cf5c6024e&chksm=fe6db020c91a39360450b2f704cc90a473d73d2530e953dbee968cd5e3e2aa9d6735a5b4320b&scene=27。

导庭室审判工作，在确保案件质量的前提下不断提升审判效率，实现简案快审、繁案精审。2020年3月，海口市龙华区人民法院出台了《民商事案件繁简分流、速裁工作实施细则（试行）》，规定在立案阶段甄别分流事实清楚、权利义务关系明确、当事人争议不大的简单民商事案件，由速裁审判庭办理，力求实现用全院30%～40%的民商审判力量完成全院60%～70%的民商事案件量的工作目标。

在受理案件后，速裁审判庭会在5日内完成案件的分案和排期工作。书记员视案件材料情况选择委托送达中心送达或由庭内自行送达，通过电话、短信、邮寄等多种方式，确保案件"速转""速送"。在面对批次多、数量大的系列案件时，由庭长统一安排，采用庭审为中心、集中化审理、区别化处理的办案思路，各团队法官、助理、书记员之间既分工明确又相互配合，统一步调，确保系列案的庭前、庭后程序性工作有序完成。系列案件一般实行集中排期、开庭、宣判，既能保障众多当事人直接、完整的表达诉求，又能确保案件得到及时、公平的审理和裁判。

（二）科学配置团队

1.打造专业化的工作团队。

海南法院近年来根据自由贸易港发展的实际需要，科学配置工作团队，根据不同的案件类型组建相应的专业团队，提高了审判的效率与质量。例如，儋州市人民法院根据民间借贷、金融借款等不同的案件类型，将案件类型归纳并分流给对应速裁团队办理，8个速裁团队分别审理专门类型的案件，令状式裁判文书、要素式裁判文书模式的适用率大大提升，成功让速裁快审提速增效，大大缩减了当事人的诉讼时间成本。

2.优化审判团队的组成结构。

在提升队伍专业化水平的基础上，海南法院不断优化审判团队的组成结构。如海口市龙华区人民法院为坚持以"质效合一"的司法理念指导庭室审判工作，在2019年将原有的小额债务巡回法庭和城市管理巡回法庭合并为速裁审判庭，抽调院内精干力量，按照一名法官配备三名司法辅助人员的比例打造专业化速裁审判团队。除此之外，龙华区人民法院坚持“全院一盘棋”，不断优化速裁审判团队的人员结构，速裁审判团队平均年龄为31岁，形成了一支年轻化的审判队伍。年轻化的队伍潜力大、抗压能力强，面对速裁案件数量多、案由广、矛盾多样的特点，能充分发挥吃苦耐劳、拼搏奋进的精神，压缩案件内部流转时间，为快审快结赢得时间，保证了速裁审判节奏不乱、速度不减、质效不降[1]。

3.推行“1+N”调解速裁团队模式。

海南围绕“多元调解，联动共治”的工作理念，积极推行“1+N”调解速裁团队模式（即“1名法官+N名调解员”），每个审判团队配备N名特邀调解组织的调解员，实现调解力量与审判资源的优化整合。例如，海口市江东新区土地征收范围在逐步扩大，围绕征地款项分配纠纷的案件也在逐年增加，且涉村民小组的案件存在村民自治、集体决策及成员资格等因素致使调解难度大大提高，灵山法庭通过引入“1+N”调解速裁团队模式，邀请调解员积极开展庭前调解工作，使得村民之间的纠纷得到完美解决，既切实维护了村集体的合法权益，维护了当事人以及村集体左邻右舍之间的亲情和友情，又节约了司法资源，缩短了办案时间，提升了审判质效，减少了当事人的诉累。

二、其他省市相关制度的经验借鉴

（一）江苏省淮安市中级人民法院：信息技术助力繁简分流

1.构建标准化分案机制。

成立由审管办和信息化人员组成的繁简分案小组，建立信息化甄别系统，实现

[1] 《海口法院这十年丨龙华区法院：全面深化繁简分流改革 让公正与效率并驾齐驱》，https://m.thepaper.cn/baijiahao_20459010。

智能归类分流。通过大数据分析，总结梳理出两级法院各类案件繁简程度核心甄别要素，制定《简单案件立案识别标准》《复杂疑难案件立案识别分流标准》，建立“35434”标准系统，即针对民事一审案件选取“案由、标的、主体”3个要素，民事二审案件选取“案由、标的、主体、审限、诉状字数”5个要素，刑事二审案件选取“罪名、主体、一审判处刑种、刑期”4个要素，行政一审案件选取“案由、主体、诉讼请求”3个要素，行政二审案件选取“案由、主体、一审程序类型、裁判方式”4个要素，在立案阶段加以甄别，实现科学量化分流。

2.推进信息化智能识别分流。

以繁简案件识别标准为基本思路，江苏省淮安市中级人民法院研发了智能识别应用软件，并内嵌集成至人民法院立案信息系统。对当事人一审或上诉案件，在引入案号等必要信息后，实现一键识别、标记案件繁简类别。同时，将识别标准和识别结果推送给立案人员对照参考，由立案人员结合实际辅以人工调整，减少识别盲区。该应用于2018年8月上线以来，该院二审简单民事案件甄别准确率达到90%。推动拓展繁简期限自定义设置、简案退回等功能，研究设置简案办理期限并实现跟踪提醒。增加“简案退回”网上审批流程，对实际审理过程中发现不属于简案的案件，经领导审批后去除标记退回立案庭再次分流，确保繁简分流系统化、科学化。

3.推行执行案件纵向分流。

依托“点对点”“总对总”系统，江苏省淮安市中级人民法院对执行案件进行“漏斗式”分流过滤。一是实行“类型化初选”。在执行指挥中心设立繁简甄别专员，立案2日内对新收案件统一进行网络查控、首次约谈、财产保全情况查询，将执行标的额较小、查控或保全财产足以清偿、查无财产等财产执行案件，发送协执手续即可办结的行为执行案件识别为简易执行案件，对排除妨害、强制拆除、房屋迁址等案件识别为普执案件，并在立案3日内进行首次分流。二是推进“精细化过滤”。经网络查询后，对于无法在网上查明权属情况的案件，由查控专员进行二次实地核查。对有财产但无处置权的识别为简易案件，对有处置权且需要处置不动产、车辆及机器设备等较大价值动产的案件，以及上级法院交办、督办的案件识别为普执案件，并根据情况二次分流。三是严格“流程化退出”。快执团队在办理简易案件的过程中，出现当事人提出执行异议的，或必须进行财产处置的，经批准转为普执案件。2018年，全市法院快执结案12421件，占同期执行结案的30.02%。

（二）河南省汝州市人民法院：建立“三项机制”全面推进案件繁简分流

汝州市人民法院通过实行繁简分流的“三项机制”，提升了审判效率。

1.建立梯次分流机制。

根据难易程度，做好“三次甄别”：立案时，进行第一次甄别，直接将小额速裁案件分流；案件流转至各业务庭后进行第二次甄别，将简单案件交至本业务庭的速裁合议庭适用简易程序审理；其他案件由审判团队进行第三次甄别，实现繁案精审。

2.建立分类分流机制。

根据案件类型，做好“四类审判”：成立破产案件合议庭、劳动争议案件合议庭、城市管理巡回法庭、环境资源审判庭等专业化审判组织，实现类案分流、系列案件分流、集团诉讼案件分流、关联性案件分流。

3.建立联动分流机制。

根据案件进程，做好“五次介入”：依托各乡镇和街道办事处建立21个司法附设调解组织，通过入户排查、立案前引导、立案时调解、诉中调解、执行和解，实现案件诉前化解分流。

（三）广东省深圳市盐田区人民法院：构建团队配置新模式

1.配置双驱模式团队。

在审判辅助事务二元分类的基础上，深化审判辅助人员管理制度改革，将现行的“法官—法官助理—书记员”单一团队配置模式变革为“法官—法官助理”与

“审判辅助事务审核官—书记员”的双驱动团队配置模式，审判辅助事务审核官由业务能力突出、责任心强的员额法官兼任或退额的法官专职担任。前者处理核心审判业务，后者则专门集中处理非核心审判辅助事务，实现人尽其才、才尽其用和两类事务的专业、高效处理。非核心审判辅助事务不再纳入审判团队的组合中，充分提升法官和法官助理团队专司裁判、提升质效的合力。

2.完善团队全链条运转机制。

出台《法官助理、书记员工作职责暂行规定》，保障双驱动团队在各自环节中各司其职，负责核心事务的法官助理分属各审判执行部门管理，负责非核心事务的书记员由诉讼服务中心统一管理。对单项审判辅助事务实行分段分项培训，根据辅助事务的情势变化由诉讼服务中心对书记员实行动态调配，防止集约机制出现空转，保障审判流程高效运行。

三、进一步优化海南自由贸易港繁简分流的案件审理制度

（一）注意坚持繁简分流的基本原则

一是注重诉讼效率原则。海南自由贸易港繁简分流的改革应当秉持低成本、高效率的价值追求，实现司法资源的最优化利用。

二是注重诉讼正义原则。正义的价值不能因繁简分流而减损。

三是注重诉讼比例原则。合理配置审判资源，以恢复失衡的权利与义务为目的，用最少的司法资源处理最多的纠纷，并达到最优效果。

四是注重诉讼目的原则。即繁简分流应当立足于群众的多元化司法需求。

（二）细化案件分流标准

案件分流标准是繁简分流机制的核心问题，也是区分简单案件和复杂案件的基

础所在[1]。建议采用主观和客观相结合的案件分流标准，除了根据争议案由、标的金额、一方或双方当事人众多、涉信访当事人案件、涉审评鉴案件、涉新类型案件等客观标准进行分流外，还可以允许法官在必要时根据经验作出主观判断，对案件进行二次分流。

（三）探索以类型案件分类探索为基础的保障机制

实行速裁法官定期轮换机制，保证速裁案件审判高效运行，使速裁法官始终保持旺盛的精力和工作热情；同时，制定弹性工作制度，针对有的案件需要在八小时工作时间以外送达、开庭等实际情况，速裁案件的承办法官、书记员可以根据案件的具体情况灵活安排工作时间，选择晚上或节假日工作，既方便当事人诉讼，又有利于提高工作成效。建立科学的考评制度，针对速裁案件的特点，区别于其他审判业务部门，探索建立独立的速裁法官业绩考核体系，既有利于避免因考核办法单一化而打击了其他部门法官的办案热情，又有利于充分调动速裁法官的积极性。

（四）把握繁案精审的四个关键

首先，厘清思路是前提。需仔细阅卷，认真审查，吃透案情，把握重点，然后进一步厘清审判思路，拟订庭审提纲，细化案件要点，明确审理方向。

其次，程序正义是保障。在文书送达、诉权保障、开庭审理等多个程序中都要保证程序正义，尊重当事人的诉权。

再次，庭审高效是核心。即法庭审理必须程序规范，条理清晰，重点突出，环环紧扣[2]。

最后，社会认同是目标。公正高效、裁判精准理当成为繁案精审的价值取向，

[1] 金怡雯：《分调裁审背景下的民商事案件简案快审保障机制研究》，《上海法学研究》集刊2022年第18卷。

[2] 向北海：《繁案精审需要把握四个关键》，《人民法院报》2018年9月17日。

案件审理结果既要惩恶扬善，又要引领社会风尚。

（五）对海南自由贸易港开放和创新重点领域的案件进行专门跟踪

定期分析特点、趋势和适法难点，形成指导性的裁判规则。如在知识产权领域，可以建立全省统一的知识产权司法指引服务平台，梳理各类知识产权的法律、条例与行政法规，打造知识产权法律法规库，定期发布国际知识产权保护规则变化、重点经贸合作伙伴知识产权保护风险提醒，发布省内知识产权保护的典型案件及判例适用等。

第三节

建立和完善类案类判的制度机制

我国的类案检索、关联案件检索机制产生于智慧法院的建设全面深化、越来越多的数字化司法手段被逐渐运用到司法领域之中的背景下，是统一法律适用、以提高司法公信力为目标的司法审判辅助机制，包含了多个要素之间的相互作用以及运行规律，如应当检索的案件范围、类案检索的顺序与范围、类案检索的方法与平台、类案的识别、类案检索报告的制作、结果的适用、对诉讼参与人的回应等多项规定，各项规定之间相互联系，有助于提高审判效率，在一定程度上促进实体正义与程序正义的实现。由于数字服务贸易、离岸金融、数字金融是海南自由贸易港未来产业发展的重点方向，其在民商事纠纷类型上呈现多样化、复杂化的特征，在没有上位法与准据法作为裁判依据的前提下，新型的民商事纠纷难以得到有效化解。因此，海南自由贸易港可以借鉴普通法系遵循先例的理念来裁决新型民商事纠纷与涉外民商事纠纷案件，探索建立类似案件的认定标准与程序，推动完善类案参考与关联案件检索制度，提升判决的可预期性[1]。

一、海南省类案裁判指引制度的构建

为破解海南自由贸易港制度体系构建过程中带来的法律适用和裁判难题，维护

[1] 曹晓路、王崇敏：《中国特色自由贸易港司法保障研究》，《法律适用》2020年第13期。

海南自由贸易港司法尺度统一，营造公正、透明、可预期的司法环境，2021年以来，由海南省委政法委、省高院牵头，联合省检察院、省司法厅和全省各中院、专门法院，创设了省级统一的类案裁判指引制度。

（一）创设跨部门类案裁判指引联动机制

这是目前国内涉及面最广、层级最高的类案裁判指引联动机制。依托该机制，省委政法委、省高院、省检察院、省司法厅多次组织召开联席会议，研究海南自由贸易港统一类案裁判指引工作，建立了海南法院类案裁判指引制度、海南检察机关类案检索制度，编制了海南省司法厅行政复议工作指引。

（二）出台专门指引

为加强和规范海南自由贸易港法院类案裁判指引工作，海南省高级人民法院在2021年结合海南自由贸易港法院工作的实际，制定了《关于加强和规范海南自由贸易港法院类案裁判指引工作的意见》。首先，该意见明确了海南自由贸易港法院类案裁判指引是指海南自由贸易港法院就与自由贸易港建设相关的案件中普遍存在且有争议的问题如何处理所制定的参考性意见，且一般采用裁判规则加典型案例的形式。其次，该意见明确了类案的范围应当与海南自由贸易港建设相关，尤其要符合社会主义核心价值观、契合“三性”（合目的性、合规则性、合理性）的要求，包括外资准入案件、产权保护类案件、金融案件、交通运输案件、环境资源案件、数据案件、互联网交易案件、国际旅游案件、现代服务业案件、知识产权案件、海南自由贸易港行政案件、妨害海南自由贸易港建设的刑事案件与程序类案件等。同时，该意见指明类案裁判指引的各项计划与报送都由海南高院审务办组织协调，其审议与发布也由海南高院审务办负责。最后，该意见明确了海南自由贸易港类案裁判指引的效力与失效情形，并明确了建立类案裁判指引及指导性案例数据库、类案裁判指引考核和奖励制度的配套机制，有利于发挥类案裁判指引对海南自由贸易港法院审判工作的示范引领作用，促进海南自由贸易港法院严格公正司法。

（三）创设9类类案裁判指引和1类行政复议指引

海南聚焦税收、生态、航运、破产、知识产权、土地管理等自由贸易港重点领域，出台了9类自由贸易港法院类案裁判指引和47个典型案例、1类行政复议指引和10个典型案例、134个自由贸易港检察典型案例。其中，5类类案裁判指引和1类行政复议指引属全国首创，为全国司法机关处理该6类案件法律适用疑难问题提供了参考。

（四）创设一网集成公开全省司法系统类案裁判指引

统一通过天涯法律网的《类案裁判指引》专栏，向社会公开了海南自由贸易港类案裁判指引工作流程文件，以及海南审判、检察系统类案裁判指引、类案典型案例等，提高了海南自由贸易港司法的透明度。例如，《海南省人民检察院关于检察委员会推行类案检索机制的实施办法（试行）》明确了办案检察官进行类案检索的案例范围和优先级顺序[1]，并要求类案检索应当遵循关联度优先原则，优先考虑案例与在办案件在案件事实、争议焦点、法律适用等方面的关联程度，还指出检察官能够借助高检院案例库、“检答网”等平台开展类案检索，但需要对检索的真实性、准确性负责，有利于加强和规范检察机关案例指导工作，发挥指导性案例和典型案例对检察办案工作的示范引领作用，保障法律统一正确实施。

二、完善类案类判的制度机制

（一）开展类案检索专题培训

为了使法官尽快熟练地掌握类案检索方法以及进行类案识别，需要对法官进行

[1] 案例范围和优先级顺序为：①高检院发布的指导性案例；②高检院发布的典型案例；③高检院各检察厅发布的典型案例；④省院发布的典型案例；⑤省院各检察部发布的典型案例。

以类案检索操作方法、类案识别、类比推理等为主题的专项培训。同时，法官还应当对判例法国家值得借鉴的类似判例识别标准以及援引技术多加学习，增强类案识别与类比推理能力。

（二）优化案例检索机制

一方面，要持续提高天涯法律网搜索引擎的稳定性。另一方面，要注意案例的结构化与标签化依赖于知识图谱技术和自然语义处理技术，而这两项技术在司法领域的应用还不够成熟，因此需要加大在人工智能与司法交叉领域的投入。

（三）充分发挥类案检索报告的后续效力

类案检索报告是法官对类案裁判规则进行全面分析与归纳的结晶，体现了法官的经验与智识，具有一定程度上的指引作用。一方面，可以将类案检索报告的主要内容添加到裁判文书中，提高类案检索报告的重复利用率。另一方面，建立类案检索报告定期反馈机制。类案检索报告后续若有修改、补充或者类似案件的裁判尺度被改变的情况，法官可以通过反馈机制修改类案检索报告或者在相应的类案检索报告中进行备注，及时对类案裁判的情况予以反馈。

（四）建立类案检索激励机制以及责任豁免机制

类案检索激励机制的设立客观上为法官带来了一定的职业风险，也增加了法官的压力。因此，建议对客观原因造成的类案检索结果适用偏差予以豁免，对产生积极社会效果的、被评为优秀案例的法官予以适当的奖励。

第四节

建构跨区域管辖和全球协同的数字司法合作制度

《中华人民共和国海南自由贸易港法》第五十四条提出，“国家支持探索与海南自由贸易港相适应的司法体制改革”。以专业、权威为导向，加快建立与最高水平开放形态相适应、与国际惯例相衔接的司法体制是海南自由贸易港司法体制改革的重大任务。为此，要坚持创新驱动，推进信息技术与审判业务、司法公开、司法便民的深度融合，对标国际公认的营商环境评价指标，创新推进智慧法院、数字法庭建设，积极推动建立与国际通行规则相衔接的制度体系，建构数字司法的跨区域管辖和全球协同的高效合作机制。

一、海南自由贸易港涉外司法合作制度的建设

从“加强海南自由贸易港知识产权法院和海南涉外民商事法院建设”到“调整案件管辖范围，对与我国司法辖区无实际联系的第一审涉外商事案件，当事人可以协议选择海南涉外民商事专门审判机构管辖”，再到“推动海南建设国际商事纠纷解决中心”“建立涉外旅游纠纷集中快审机制”等，海南的涉外法治体系正在不断完善。

（一）海南省高级人民法院英文网站正式运行

这一网站共设置6个一级目录和28个二级子目录，通过文字、图片和视频等形式展示海南省承担涉外审判职能相关法院（庭）的情况介绍、诉讼服务、法律法规、法院和自由贸易港新闻、典型案例和裁判文书、特色平台资源等六项主要内容，重点展示海南移动微法院、外国法查明平台、海南投资者司法服务绿色通道、开庭公告及查询等司法服务平台和实用小程序，有利于全球访问者了解海南自由贸易港与海南法院的基本情况、相关司法服务的要求与程序等，为跨区域管辖与全球高效合作的进行提供了信息渠道。

（二）涉外民商事审判机制的制度创新

为服务和保障海南自由贸易港建设，设立在海口的海南第一涉外民商事法庭、设立在三亚的海南第二涉外民商事法庭以及设立在海口的知识产权法庭于2019年9月26日正式挂牌，进入实际运作阶段。前二者按照南北分工，分别管辖海南法院辖区标的额50亿元以下的一审涉外、涉港澳台民商事案件。从管辖案件的类别看，既包括了传统的民商事案件，又按照最高人民法院关于支持开放型经济的发展要求管辖外商投资企业的相关案件、信用证及保函纠纷案件、跨境破产协助案件、民商事司法协助案件、申请承认与执行外国民商事判决及裁定，以及仲裁司法审查案件等。其创新之处包括以下几点：

1.提供“全域性”的服务。

管辖涉及全省范围，同时从便利当事人诉讼的角度出发，在南北分设两个法庭，北部依托海南省第一中级人民法院设立第一涉外民商事法庭，南部依托三亚市中级人民法院，设立第二涉外民商事法庭。

2.以“独创性”的方式运作。

第一个“立审执”一体化。法庭按照法院的雏形设立，具有独立的编制和办公场所。在管辖级别上属于中院级别，但又集中审理一审涉外民商事案件，在全国具有唯一性。这一机制不仅加强了涉外案件审理的专业性和集中性，也有效利用了仲裁司法审查集中管辖的优势，使多元解纷与诉裁对接的工作相结合，具有将诉讼、调解、仲裁等多元解纷方式结合在一起的天然优势，更好地提供两个“一站式”纠纷解决机制服务方式。

3.履行“专门性”的职责。

四个专门：专门审理涉外民商事案件、专门与其他涉外审判机构对接、专门与涉外办事机构对接、专门的国际化团队。

4.按“国际化”的标准打造。

以智慧化、大数据、实时动态跟踪、可视化展示审判进展和工作成果。

（三）投资者司法服务绿色通道平台

2019年6月以来，海南省高级人民法院着手建设投资者司法服务绿色通道平台，以“一键搜索全覆盖”为目标，统筹全省的立案、诉讼、执行等信息接入平台，同时主动对接政府、仲裁、公安、工商、律师等行业平台，让投资者能方便地查询到合作伙伴的全面司法征信信息。有了这一平台，来海南的中外投资企业可以在第一时间了解合作对象有没有涉及诉讼、是不是失信被执行人等信用背景。

（四）进一步完善“一站式”多元化纠纷解决机制

目前，海南第一涉外民商事法庭建立了涉外民商事纠纷在线多元化解平台（ODR），与海南省贸促会、境内外调解机构、国际仲裁机构等建立了合作关系；两个涉外民商事法庭提供线下涉外司法服务，增设自由贸易港建设诉讼服务窗口，在诉讼服务窗口均采用中英文双语标识，摆放中英文诉讼指南等，便利中外当事人进行诉讼，扩大了海南法院的国际影响力。未来，要进一步完善“一站式”诉讼服务和多元解纷平台，推动海南法院诉讼服务中心全面转型升级，为中外当事人提供全方位多元解纷服务，支持多元化纠纷解决机制建设，加强与调解组织和仲裁机构的诉讼、仲裁、调解的对接，充分发挥在调处行业纠纷和民间纠纷中的重要作用。

二、形成具有海南自由贸易港特色的司法合作机制

（一）推动司法保障数字化与智能化创新

为深化司法体制改革，提升司法保障服务水平，海南自由贸易港法院应通过数字化手段引入人工智能、大数据等分析手段创新司法保障模式，通过互联网法院便捷审理跨区域案件。

（二）设立专门法院

司法保障是法治化、国际化、便利化营商环境的基础与前提，建立公正、高效、透明、便利的知识产权、环境保护、金融、国际商事等审判专门机制以及最大化集中人财物资源打造海南司法的亮丽名片是自由贸易港建设中必不可少的保障机制，也是境外投资企业和人员选择海南作为投资地的重要考量因素。

建议针对特殊的案件类型和海南自由贸易港的发展需要，在推进知识产权法院建设的基础上，适时探索建立国际商事、医疗健康、金融保险等专门法院。同时，适应海南优化行政区划设置和行政区划结构体系的需要，推进跨行政区划案件改革，实现全岛审判资源的优化配置。

（三）加强审判组织建设

加强国际商事纠纷审判组织建设，依法对与海南自由贸易港相关的跨境交易、离岸交易等国际商事交易行使司法管辖权。在不损害国家主权、安全和社会公共利益，不违反《中华人民共和国海南自由贸易港法》的前提下，充分尊重当事人对法

律适用的选择权及纠纷解决机制的选择权，依法保障国际商事纠纷当事人自由选择适用外国法律或者国际商事通行规则、商事惯例的权利，探索并积极推动形成法院审判组织新格局。

（四）探究探索涉海司法体制改革

1.强化海口海事法院对涉海旅游、航运船舶、海洋资源开发、海洋环保、海事行政、海商合同纠纷等海事司法的管辖。

2.成立涉海旅游巡回审判点，推进司法服务关口前移，将巡回审判点逐步延伸至邮轮等旅游纠纷的易发地、易发点。

3.赋予海事法院一定的司法自主权，允许其探索符合国际惯例并与《中华人民共和国海商法》相兼容的海事、海商领域的制度规则。

（五）以法律服务人才团队建设提升跨区域管辖和全球合作水平

1.加快法律服务业对外开放。

例如，鼓励境外律所在海南设立代表机构；以在海南暂停实施《外国律师事务所驻华代表机构管理条例》第六条规定或出台《海南自由贸易港境外律师事务所管理条例》等方式加快落实“允许境外律师事务所驻海南代表机构从事部分涉海南的商事非诉法律事务”政策，并明确涉海南商事非诉讼法律的服务范围。

2.加强与省外、国外法律服务高端人才的联系。

用好全国律师资源以及外国律师事务所驻华代表机构资源，建立海南自由贸易港法律服务人才团队。推动琼港法律服务行业持续深化合作，优化海南公共法律服务供给，加强法律服务资源配置管理，不断探索法律服务模式、创新法律服务内容，打造更高品质的法律服务环境，惠及更多人民群众和市场主体。助力海南企业出海，从法律层面为企业开展国际及跨境交易保驾护航，把资金“引进来”、使业务“走出去”。

3.完善法律服务人才政策。

放宽国际仲裁员、调解员等法律服务人才出入境限制，将仲裁员办案所得纳入工资薪金范围享受15%的个人所得税政策优惠；对境外律所相关代表（外国律师）开放入境和落地便利等。

（六）推进国际司法协助和交流合作

首先，在充分尊重并保障我国司法主权与管辖权的基础上，在海南自由贸易港司法体制改革中率先试点聘请外籍法官审理重大涉外民商事案件。全球招聘外籍法官来审理部分重大涉外民商事案件，以提高海南自由贸易港司法审判的国际影响力与公信力。

其次，积极对接国际通行规则，在案件审判中正确使用国际条约、公约和多边协定，积极推动建立与国际通行规则相衔接的制度体系。例如，在海南省高级人民法院试点依据《海牙送达公约》和《海牙取证公约》直接向外国中央机关提出司法协助请求，简化跨境文书送达、调查取证等程序，打造便利化的诉讼模式。积极探索在互惠基础上相互承认与执行外国法院民商事判决的途径和方式，减少不必要的平行诉讼。恪守国际公约义务，依照《承认及执行外国仲裁裁决公约》承认和执行外国仲裁裁决，严格适用公共政策，便利裁决跨境执行。

同时，发挥最高人民法院法官国际交流中心海南基地的国际司法交流合作平台的作用，开展援外培训和专题交流。支持筹办博鳌论坛国际司法分论坛，加强与国际成熟的自由贸易港司法机构的交流合作，学习借鉴先进经验，不断完善海南自由贸易港司法体制机制。

第五节

建构案件流程节点精细化、审判权运行监督化的制度机制

流程监控是检察机关加强内部监督管理、规范司法办案、提升办案质效的重要举措和有效方式。《最高人民法院关于深化人民法院司法体制综合配套改革的意见——人民法院第五个五年改革纲要（2019—2023）》将加强审判流程标准化建设作为重要内容，目的之一是通过信息技术融入，推动实现从立案到结案归档各个节点的留痕、提醒、预警及对违规事项冻结等智能化辅助，切实解决案件办理的事前、事中监督管理难题[1]。除此之外，最高人民检察院于2020年9月印发《人民检察院刑事案件办理流程监控要点》，要求进一步加强对刑事案件办理的监督管理，深化流程监控工作，促进严格、公正、规范司法。海南自由贸易港的长久发展与营商环境的持续优化离不开有力的司法服务与保障，离不开公正权威的司法判决。对审判权的运行构建完善的监督制度机制，将权力关进笼子里，既能树立法治权威，也能预防和纠正法官违法审判和职业化的犯罪，确保司法公正与效率目标的实现。

一、明确案件流程监控的价值导向与原则

案件流程监控具有全面性、及时性和针对性的特征，进行案件流程监控需要树

[1] 李江蓉：《智能管控审判流程节点的实践与探索》，《人民司法·应用》2022年第13期。

立规范案件办理的流程、提高案件办理的质量，为案件的精细化管理提供坚实的基础以及保障当事人权利，提高司法公信力的价值导向；同时，需要遵循监督管理与服务司法办案相结合、全程管理与重点防控相结合、人工管理与依托信息技术相结合的原则。

二、建构各环节的数据流转的衔接和预警机制

（一）数据助力海南自由贸易港司法风险预警

1.法官负面行为预警系统。

2021年5月，海南省第一中级人民法院上线了法官负面行为预警系统。该系统在智慧法院建设主体框架中用于辅助法院领导和审管部门直观了解法院各法官在案件办理过程中的关键节点以及关键指标上出现预警与异常等行为的数据，将立案、分案、送达、庭审、宣判、执行、结案、归档全过程节点纳入管控范围，打通审判管理系统、执行管理系统、审务督察管理系统、电子卷宗管理系统、档案管理系统等业务系统数据，将办案环节监督事项、职责清单嵌入负面行为预警系统，并通过可视化平台从多个角度直观查看全院各庭、各法官不符合规则项统计数据，从而有效地对可能出现风险的关键环节进行预警。

2.防范房地产风险巡回法庭。

海南自由贸易港创新打造防范房地产风险巡回法庭诉调对接平台和房地产风险防范司法联动机制，对不符合条件的房地产项目提前公开风险隐患点，进行司法预警，对拒不履行义务的房地产企业，联合综合执法、公安等部门依法予以打击。

3.深入推进以智慧办案为核心的智慧检务工作。

加强信息化基础设施建设，深化检察业务应用系统2.0、中国检察听证网等检察信息化应用，全面提升检察信息化水平。强化检察科研成果在海南检察机关的示

范应用，将互联网、大数据、区块链、人工智能等融入检察工作，提升检察监督能力。推进行政执法机关与司法机关办案网络互联互通、数据共享，提升法治工作的质量和效率。加强海南检察机关网络犯罪技术实验室和配套人才队伍建设，提升互联网、金融等领域新型犯罪技术性证据调查取证、审查运用能力。

（二）完善推广预警机制

虽然海南自由贸易港正加快建设智慧法院，推动多个环节的数据对接，但是目前的司法预警仅仅在个别法院适用，并未在全省范围内推广。因此，未来海南应当完善推广预警机制。

1.提高数据的完整性、准确性和全面性。司法监督所依据数据的全面与否，直接决定结果是否准确。

扩大数据采集范围。建议在建立大数据司法监督的证据审查、量刑偏离度分析机制时，不要过于依赖中国裁判文书网的数据，此网站公布的裁判文书并不全面。除了裁判文书外，还要将侦查终结报告、起诉意见书等其他的法律文书、卷宗等过程性文件纳入大数据进行分析。

提升收集数据的质量，确保数据的准确性。对于数据错误、重复与缺失等普适性的数据质量问题，可以通过专业的数据清洗技术进行处理。但对于因事实错误、价值判断有误而产生的数据，一方面应当提升整体裁判水平，另一方面应当将这些错误的历史裁判剔除出去。

及时更新司法数据，优化算法模型。司法领域每天都会产生大量新的裁判文书，新数据的不断涌入意味着新的裁判规则或监督规则可能出现，因此，应当适时更新更加符合实践需要的司法监督模型。

2.提升算法的智能性、透明性和准确性。

将“自底向上”和“自顶向下”两种模式结合，可以先进行人工标注、人工编制司法知识图谱，再交由机器去学习。随着自然语言处理、机器学习能力的不断深化，越来越多的法律算法模型也开始采用“自底向上”的方法，逐渐推动监督算法的智能化与自动化。

尽可能公开监督数据的来源、算法原理，以保障司法监督程序的正当性，避免算法“黑箱”与算法歧视。

注意司法经验的地域差异性、案件类型的差异性，实施个性化的监督标准，避免使用单一的标准“一刀切”。

（三）对大数据司法监督进行调控

1.要注意大数据监督的合理限度，不要让大数据“监督”演变为“监控”。

一方面，可以将激励相容的制度引入大数据司法，对司法工作人员进行正向的业绩激励。另一方面，让大数据监督给司法业务设定数据化的最低标准，即“阈值”或所谓的“警戒线”，留有一定的回旋空间。

2.始终明确人工智能的辅助与从属地位。

防范大数据司法监督对司法裁判的过度干预，可以从技术角度保障法官的司法裁判权，预留自由裁量的功能空间。

三、利用信息技术智能管控法院审判流程节点

海南自由贸易港的案件数量日益增多。在海量案件的背景下，由院庭长对所有案件实施监管具有较大的难度，使得实践中的法院内部的监督往往以事后监管、被动监管的方式呈现。同时，在传统的办案过程中，除了办案人员，他人难以获取案件信息，加之管控审判流程缺乏可以参照的模式，且流程差异大、节点繁多，“人管”模式熟知并跟踪每一个案件节点难以实现。因此，海南法院可以依托信息技术，确定流程节点，改善管控方法，完备配套机制。

（一）精细化流程节点

首先，需科学划分审判流程，如将审判流程划分为诉前、立案、分案、庭审前、庭审后、裁判、判后7个阶段。其次，需要根据海南自由贸易港的建设适度创新法定节点以外的其他必要节点，如将跨域立案、网上立案、线上审案等未来的审判常态纳入考虑，以及将繁简分流、鉴定评估、调查取证等易被忽视且影响办案效率的节点列入流程节点的设计之中。

将不同的节点根据对案件办理的影响大小进行层级区分，可借鉴过往的司法经验，对节点进行分级。例如，将节点分为一般节点与重要节点。对于前者可以采取“自定”加“补正”的标准，对于后者则可以采取“法定”加“必要”的标准，即将法定节点与严重影响审判或经常出错的节点作为重要节点。

（二）改善管控方法

首先，能够对案件重要节点的隐患进行预判，将相关信息推送给办案人员及院庭长，甚至是审判管理部门及上级法院。其次，管控系统可以采用自动反馈消息的方式，提示需要注意的隐患和问题。同时，还要能够对隐患预警、对出现的问题设卡，直至符合节点要求才能够进入下一节点。再次，通过对锁定超期后一定时限内未完成纠正的重要节点进行督促。最后，还要注重补救程序的设置。

（三）坚持整体性思维

首先，强化基础保障。注重充分挖掘调动现有资源，并对其加以合理配置，保障审判流程节点管控系统的运行。

其次，提高队伍的专业素养。加强对审判流程节点、系统运行与应用等相关知识的培训。同时，注重衔接协调。由于审判流程节点管控涉及多个部门，因此应当协调好各部门的权责，以制度完善、衔接机制健全推动管控系统的深度应用。

最后，建立评估机制。在平台搭建方面，应建立审判管理部门、院庭长、员额法官、审判辅助人员横向互通，上级法院与下级法院纵向互联的问询渠道，既可对存在的问题答疑解惑，也可提出相关的意见和建议，促使审判流程节点智能管控更被认可。在效果评价方面，可采取组织调研、通报评析、专项考核、回访当事人、用户自评的方式，对审判流程节点智能管控效果进行全方位评定，以达到措施完善、问题改进等目的。

四、人民检察院以精细化的流程监控促进司法公正

（一）紧抓关键环节

人民检察院的案件管理部门要严格按照《人民检察院刑事案件办理流程监控要点》的要求，突出办案期限、诉权保障、强制措施、涉案财物处理等重点监控环节，牢牢把控关键环节下的关键节点，一旦发现不规范的执法行为，及时向办案部门以口头提醒、书面纠正等方式向承办人发出流程监控。

（二）优化系统促进流程监控赋能增效

将案件流程监控系统与案件质量评查相结合。优化流程监控子系统，提升数据抓取的精准程度，并实现子系统可视化、个性化与智能化，实现检察机关对司法办案情况更精准的监测、分析与预警，有效促进司法公正、保证司法权威。

（三）加强监控员相关素质与能力的培养

加强培训，使监控员能够熟悉各项检察业务，提高专业能力。负责案件流程监控工作的人员要有与工作要求相当的经验，可以考虑通过配备适当比例的员额检察官，增加团队的力量。案件管理部门不仅要学习检察业务知识，还要掌握相应的统

计专业知识与信息技术技能，坚持机器辅助监督的理念，了解流程监控系统背后运行的原理与规则，避免过度依赖机器判断而削弱自身发现问题的能力。

实施海南自由贸易港人才强检工程。建立“上下贯通、左右互联”的人才流动和培养机制，推动最高人民检察院及其他自由贸易区检察院业务骨干到海南挂职任职，统筹协调海南检察干部到最高人民检察院或相关单位及其他自由贸易区检察院挂职锻炼，形成长效机制。加强涉外检察人才培养，加强具备国际视野、通晓国际规则、掌握多种语言的应用型涉外法治高端人才储备。支持海南自由贸易港检察官开展对外交流、参加涉外培训以及参与相关国际会议。

（四）深化流程监控与案件管理部门其他业务的衔接和融合

在案件办理的过程中，案件管理部门可能在案件受理审查、结案审查、涉案财物管理、律师阅卷登记、数据统计管理等多个节点的实际工作中发现问题，此时可以考虑将这些问题转入流程监控，若该问题在原本的环节便能便捷、快速解决的话，可以在原本环节解决。

（五）积极参与社会治理

深入推进检察听证工作，坚持“应听证尽听证”，充分发挥听证在审查疑难复杂案件和化解矛盾纠纷中的作用，提升检察听证工作质效。探索参与矛盾纠纷多元化解的方式和路径，引导各类市场主体以理性合法的方式表达利益诉求。加强对困难群体的司法救助，持续巩固拓展脱贫攻坚成果，助力全面推进乡村振兴。加强对涉海南自由贸易港案件趋势、前沿社会管理问题和群众涉法涉诉诉求的分析研判，深入研究发案原因、规律，提出检察建议，建立健全监督管理机制和风险防控措施，促进法治轨道上的国家治理体系和治理能力现代化。

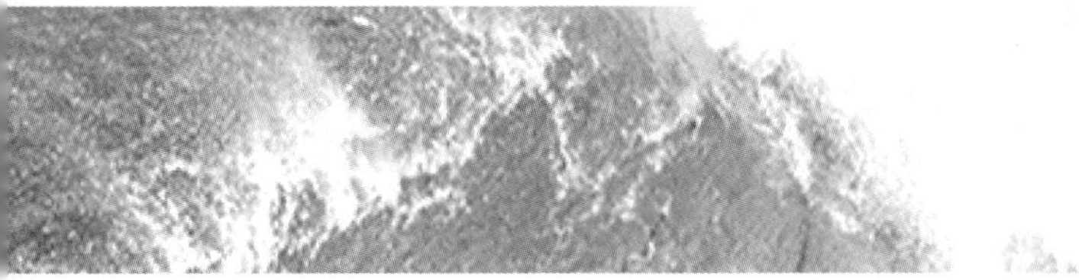

第六章

海南自由贸易港纠纷解决机制的多元化法治保障

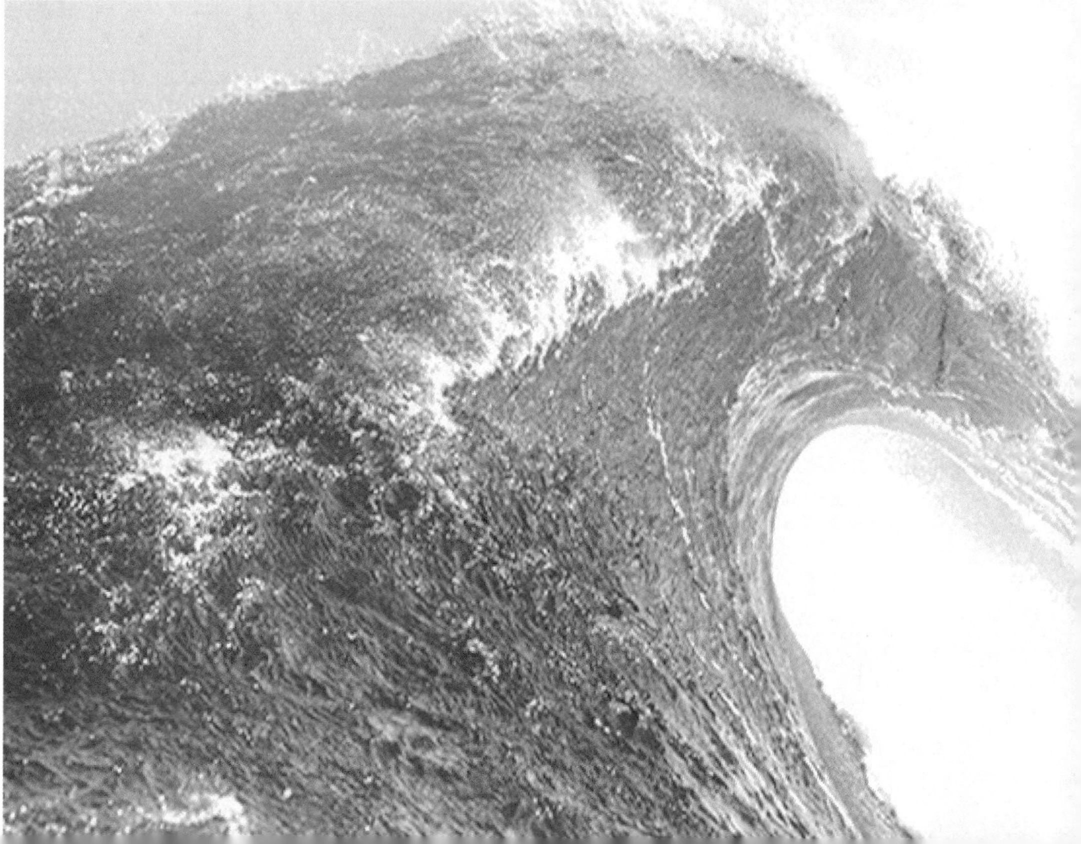

海南在建设中国特色自由贸易港的过程中，采取了一系列促进贸易自由便利化与投资自由便利化的措施，如降低企业税负、优化海关监管环境、降低市场准入门槛、优化行政体制等，这一系列举措将会吸引来自世界各地的贸易商与投资商，也会吸引大量的人才加入海南自由贸易港的建设之中。在商贸活动和人员往来更加频繁的背景下，海南自由贸易港的各类纠纷不可避免地增加，尤其是涉外贸易纠纷、跨境法律纠纷、专业性纠纷将不断产生。仅仅依靠诉讼这一途径解决所有的纠纷不仅会进一步加大法院案多人少的压力，还会导致纠纷解决的低效率与高成本，降低海南自由贸易港的吸引力，不利于营商环境的优化。因此，除了完善司法机制外，海南自由贸易港还应当建立起诉讼、仲裁、调解等纠纷的多元化解决机制，快速、便捷、高效地解决纠纷。

第一节 建立多元化纠纷解决机制的必要性与原则

多元化纠纷解决机制是一个社会中各种纠纷解决方式、程序或制度（包括诉讼与非诉讼两大类）共同存在、相互协调所构成的纠纷解决系统[1]。作为司法体制改革的重要内容，我国的多元化纠纷解决机制融合了崇尚和谐的传统与西方协商供应的文化，适应当今社会发展法治与解决纠纷的需求。除此之外，多元化纠纷解决机制还是海南自由贸易港法治体系的重要内容，是持续优化营商环境、定分止争、建立法治社会的重要保障。

一、建立多元化纠纷解决机制的必要性

（一）海南自由贸易港法律法规体系建设的明确要求

《海南自由贸易港建设总体方案》提出要建立以海南自由贸易港法为基础，以地方性法规和商事纠纷解决机制为重要组成的自由贸易港法治体系。《中华人民共和国海南自由贸易港法》第五十四条提出，国家支持探索与海南自由贸易港相适应的司法体制改革。海南自由贸易港应建立多元化商事纠纷解决机制，完善国际商事纠纷案件集中审判机制，支持通过仲裁、调解等多种非诉讼方式解决纠纷。

[1] 范愉：《当代世界多元化纠纷解决机制的发展与启示》，《中国应用法学》2017年第3期。

（二）适应未来国际商事纠纷的复杂性

1.涉外民商事纠纷将不断增多。

随着海南自由贸易港开放范围、广度、深度的不断扩展，将会有更多的境内外企业进驻海南，各类国际性民商事纠纷与案件也会不断增多，特别是知识产权、金融、航运、医疗等与现代服务业相关的涉外民商事纠纷，这些纠纷具有较高的国际性、专业性和复杂性，要赢得投资者与贸易商的认可，就必须在依托海南现有的民商事纠纷解决资源的同时，充分借鉴国际商事争端解决机制的经验和惯例，建立多元化纠纷解决机制。

2.海南法治环境建设与高水平开放要求存在差距。

以涉外投资争端解决机制为例。目前，国际上常见的仲裁机构有国际投资争端解决中心（ICSID）、国际商会（ICC）、伦敦国际仲裁院（LCIA）、常设仲裁法院（PCA）、中国国际经济贸易仲裁委员会（CIETAC）等，这些机构适用的争端解决法律规范基本都是国际仲裁公约，投资争端接受上述机构管辖的前提是加入公约并接受仲裁的条款。就国际投资争端的解决而言，我国有自己的司法裁判系统。例如，对涉外仲裁不接受临时仲裁。从目前的情况看，在应对国际投资争端方面，海南本土的仲裁机构缺乏足够的实践经验和成熟的制度。未来，随着海南自由贸易港开放范围、广度、深度的不断扩展，贸易投资自由化便利化政策的逐步落实见效，将会有更多的境内外企业进驻海南，各类民商事案件与国际性纠纷将会明显增多，迫切需要建立与最高水平开放形态相适应的多元化纠纷解决机制，并逐步实现与国际惯例接轨。

（三）优化海南自由贸易港营商环境的必然要求

良好的发展环境是吸引市场主体集聚的重要因素，也是国际国内发展主题聚集的重要因素。而有效化解纠纷对营商环境有着重要的影响。根据《2021年法治指数》，新加坡、中国香港在“监管执法”（全球第4位、第13位）、“民事司法”（全球第8位、第16位）等方面均居前列。根据《2021年国际仲裁调查报告》，国际仲裁是解决跨境纠纷的首选方式，英国伦敦、新加坡、中国香港、法国巴黎和瑞士日内瓦是首选仲裁地，而我国的深圳前海法院适用域外法审判商事案件。2015—2022年，前海法院共适用域外法审理案件162件，涉及11个国家和地区，其中适用香港法审理案件114件[1]。完善海南自由贸易港的多元化纠纷解决机制不仅能够丰富海南自由贸易港定分止争的渠道与方式，还能够为进一步优化营商环境提供重要的保障与支持，减少投资者与贸易商的后顾之忧。

二、建立多元化纠纷解决机制的原则

（一）国际性原则

1.以专业、权威为目标建立海南自由贸易港仲裁体制。

推进以国际仲裁为重点的司法体制与国际接轨是国际自由贸易港的一般经验。例如，1991年成立的新加坡国际仲裁中心已成为全球最受欢迎和最广泛使用的五大国际仲裁机构之一。新加坡于1994年颁布《新加坡国际仲裁法》，与处理国内仲裁的《新加坡仲裁法》实行双轨制，使其仲裁制度更具灵活性。2023年3月，海南省委、省政府办公厅印发《海南自由贸易港国际商事仲裁中心建设方案》，提出要推进仲裁业务开放，允许境外知名仲裁及争议解决机构在海南设立业务机构、开展涉外仲裁业务，并明确：到2025年年底，服务海南自由贸易港建设、面向太平洋和印度洋的国际商事仲裁中心建设试点工作任务基本完成，海南国际商事仲裁影响力全面提升；到2035年年底，海南自由贸易港国际商事仲裁中心全面建成，

[1] 《跨境商事规则衔接的前海实践——深圳前海法院创新机制优化营商环境工作纪实》，《人民法院报》2023年3月24日。

国际商事仲裁的影响力公信力跻身国际一流行列。据此方案，海南省司法厅印发了《境外仲裁机构在海南自由贸易港设立业务机构登记管理办法》，以规范境外仲裁机构在海南自由贸易港设立业务机构及开展业务活动。

以仲裁为重点加快构建与国际接轨的多元化商事纠纷解决机制。首先，应当调整《中华人民共和国仲裁法》的适用范围，在自由贸易港建设过程中，吸引内外资企业进驻的一大前提是与国际贸易规则体系相适应的多元化商事纠纷解决机制，主要包括国际商事仲裁、临时仲裁、ADR（替代争议解决方式）等。建议修订《中华人民共和国仲裁法》，明确海南自由贸易港对于《中华人民共和国仲裁法》相关条款的适用范围，明确国际商事仲裁机构的准入要求和外国仲裁机构在海南作出的裁决性质认定。其次，允许海南自由贸易港仲裁机构创建两大法系仲裁模式裁决民商事案件。在海南国际仲裁院内创建两大法系仲裁模式裁决民商事案件，组建海南国际商事法律专家咨询委员会，由来自不同国家和地区、不同法系的法律专家组成。同时，加强琼港合作，吸引香港国际仲裁中心在海南设立分支机构，支持其按照香港惯例和做法对国际商事纠纷案件开展仲裁服务；联合制定琼港澳律师事务所合伙联营实施办法，支持符合条件的香港法律执业者通过特定考试取得海南自由贸易港的执业资质，专司国际法律事务。

2.构建对标CPTPP的涉外商事多元化纠纷解决机制。

借鉴CPTPP中关于仲裁员的选择条件，即“仲裁庭应由3名仲裁员组成，每一争端方指定一名仲裁员，第三名仲裁员应经争端双方同意指定并担任首席仲裁员”。允许涉外商事纠纷双方自由选择仲裁地并采用当地仲裁规则，且对仲裁结果予以承认。进一步放宽法律服务业市场准入，允许境外律师在海南自由贸易港内设立分支机构，专司涉外法律服务。明确多元化争端解决机制的程序及时限，大幅提升争端解决效率。

3.继续推进涉外审判体制机制创新。

例如，探索聘请港籍法官、律师在海南自由贸易港担任公证员、司法鉴定员、法官助理等，开展涉外民商事纠纷解决辅助工作。积极对接国际通行规则，在案件审判中正确使用国际条约、公约和多边协定。

（二）开放性与便捷性原则

1.充分尊重当事人对法律适用的选择权。

依法保障离岸交易纠纷当事人自由选择适用外国法律或者国际商事通行规则、商事惯例的权利，准确适用国际规则，但违反我国基本原则或者损害我国国家主权、安全和社会公共利益的除外。

2.积极对接国际通行规则。

按照打造自由贸易港的目标，在案件审判中正确使用国际条约、公约和多边协定，积极推动建立与国际通行规则相衔接的制度体系。

3.尽量降低当事人纠纷解决的服务成本。

作为国际商事纠纷解决的首选地，新加坡的服务费用在主要城市中是最低的。此外，为减轻争议当事方的现金流压力，新加坡还参照最新国际实践，允许当事方在国际仲裁及相关程序中进行“第三方融资”。而中国香港作为国际公认较为成功的自由贸易港，法律明晰、法律执行层面做到统一和公平的法律体制在营造便利营商环境、降低交易成本等方面起到重要的作用，吸引了众多的世界级企业驻扎，并确保了企业之间良性竞争。因此，海南也应当建立符合自由贸易港要求的纠纷解决机制。

4.利用信息技术助力纠纷矛盾的高效解决。

如通过在线审判、在线调解与在线仲裁的方式，充分利用科技手段为中外当事人提供高效、便捷、低成本的纠纷解决渠道，完善调解、仲裁与诉讼相互衔接的多元化纠纷解决机制，为实施高标准贸易和投资自由化便利化提供法律服务。

（三）信息透明原则

1.搭建全省法院涉外诉讼、仲裁、调解多元化纠纷调解平台，让参与人更了解纠纷解决的规则。

海南自由贸易港的第一涉外民商事法庭建立涉外民商事纠纷在线多元化解平台（ODR），与海南省贸促会、境内外调解机构、国际仲裁机构等建立合作关系；两个涉外民商事法庭提供线下涉外司法服务，增设自由贸易港建设诉讼服务窗口，在诉讼服务窗口均采用中英文双语标识、摆放中英文诉讼指南等，便利中外当事人诉讼，让诉讼参与人知悉诉讼流程与诉讼规则。

2.通过完善纠纷解决机制来促进纠纷解决的规范透明。

例如，在国际商事纠纷协调机制方面，有以下几点建议：一是出台《海南省商事调解条例》，从立法层面明确商事调解机构的市场准入与退出条件、调解员的资格条件、商事调解的适用范围和调解流程等具体事项；二是建立海南自由贸易港商事纠纷调解组织名册和法院与调解组织的联系机制；三是建立海南自由贸易港商事调解员资格认证机制。

（四）结果可执行性原则

在仲裁审查制度方面，建议国内仲裁与域外仲裁的审查标准统一。建议对国际仲裁采取经审查认同的原则，在认同后快速执行，但要引导引领国际仲裁、倡导自动履行履约，探索建立申请法院强制执行前的执前咨询制度，赋予仲裁后败诉一方不服到法院咨询的权利。建立我国国际商事仲裁制度联动机制，实现信息互通，裁决互相承认、互相执行。除此之外，还可以借鉴新加坡的经验：从机制运行上看，新加坡在提供国际商事争端解决服务时注重调解、仲裁和诉讼程序的相互融合、协调、对接、互补，有意识地构建调解与仲裁、诉讼有效衔接的机制。此外，新加坡国际仲裁中心和国际调解中心还合作建立了独特的“仲裁—调解—仲裁”机制，在实现二者无缝对接的同时也极大地提升了调解协议的可执行率。

第二节

海南自由贸易港多元化纠纷解决机制建设现状

多元化纠纷解决机制是海南自由贸易港打造国际一流营商环境的重要组成部分，是保障群众合法权益、促进社会公平正义的必然要求，是加强和创新社会治理、深化平安海南建设的重要内容。目前，为提高纠纷解决机制的运行效率和纠纷解决的质量，海南自由贸易港陆续建立了国际仲裁院、中国国际经济贸易仲裁委员会海南仲裁中心、涉外民商事法庭、知识产权法庭、中国国际商事调解中心等机构，各市县充分整合本地资源，牢牢把握新时代“枫桥经验”的新要求，推行联动纠纷调处及矛盾防范化解机制，进一步强化矛盾纠纷多元化解工作。

一、推动仲裁与调解机构改革

自2018年设立自由贸易试验区以来，海南积极探索仲裁与调解机构的改革和创新，并取得了一定成效。为推动商事仲裁实现决策、执行、监督相互制衡的治理机制，原海南仲裁委员会被改组重建为国际商事仲裁机构——海南国际仲裁院。目前，海南省已成立4家国际商事调解机构，初步形成了“地方政府支持+专业机构主导+主管机关指导”的多元化国际商事调解格局。为创新打造“法治园区”新品牌，海南省积极探索在各重点园区建立商事纠纷“一站式”综合性调解服务机制，实现海南省13个重点园区商事调解组织全覆盖，让商事主体和当事人足不出户就可以享受到便捷高效的商事调解服务。

（一）海南国际仲裁院

海南国际仲裁院是在原海南仲裁委员会的基础上改制设立的国际商事仲裁机构，旨在为海南自由贸易港建设提供优质高效的仲裁法律保障，实行决策、执行与监督相互制衡的治理机制，建立起由理事会主导的法人治理结构。

在内部结构上，海南国际仲裁院由仲裁一部、仲裁二部、国际商事调解中心、发展部、综合部与行政部组成。为推进海南自由贸易港内分支机构合理布局，保障并提升服务境内外商事主体的便利性，海南国际仲裁院还在三亚设立了三亚分院。

在人员组成上，海南国际仲裁院的仲裁员来源广泛，既有来自海南、北京、上海与广东等地的内地仲裁员，也有来自香港特别行政区、澳门特别行政区与台湾地区的仲裁员，还有来自韩国、巴基斯坦等国家的外籍仲裁员。根据《海南国际仲裁院（海南仲裁委员会）仲裁员名册（2022年版）》，截至2022年10月，海南国际仲裁院共有仲裁员1180名，其中外籍仲裁员占比近18%，实现了主要法域全覆盖，储备了高端涉外法治人才。

在规章制度方面，海南国际仲裁院吸收国际先进仲裁制度，制定海南国际仲裁院章程、理事会议事规则、调解规则、仲裁员报酬支付办法、机构设置和用人规模方案、工作人员聘用条件及职级薪酬规定等10多项基础性文件。海南国际仲裁院全面修订仲裁规则、仲裁员管理办法、仲裁员办案操作规程、案件审理流程管理办法、仲裁结案文书制作规定、仲裁案件费用管理规定等规章制度。经过持续集成创新制度，海南国际仲裁院实现了决策机构、执行机构、仲裁规则、仲裁员结构、仲裁秘书队伍、治理机制“六个国际化”，以及非诉讼纠纷解决能力、仲裁公信力、社会知晓度、国际影响力和党建工作“五个大提高”。

（二）中国国际贸易促进委员会（中国国际商会）海南调解中心

作为海南省现有的4家国际商事调解机构之一的中国国际贸易促进委员会（中国国际商会）海南调解中心于2019年3月20日成立，旨在建立高水平、高质量的国际多元化纠纷解决机构，服务于海南自由贸易港建设，助力营造良好的营商环境，努力为企业国际化经营保驾护航，为海南的商事调解发展注入新鲜血液。

（三）海南国际仲裁院国际商事调解中心

海南国际仲裁院国际商事调解中心是海南国际仲裁院的内设机构，面向境内外开展业务，受理平等主体的自然人、法人、非法人组织之间的商事争议，包括合同纠纷和其他财产权益纠纷等。其采用高标准聘任调解员，依照专业化、国际化与便捷化的要求，建立起一支覆盖面广、业务能力强、办案经验丰富、专业分工精细的调解员队伍，能够为境内外当事人提供一流、高效、专业的法律服务，推动海南自由贸易港加快形成统一开放高效的市场环境。

（四）海口国际商事调解中心

自《海南自由贸易港建设总体方案》发布以来，海口市新增市场主体数量呈现“井喷式”增长，截至2020年8月31日，新增市场主体3万户[1]，展现出了海口经济发展的巨大潜力，但同时也对海口市的商事纠纷调解能力提出了更高的要求。于是，2020年9月17日，海口国际商事调解中心在海口市国贸三横路揭牌成立。这是海南省首个民办非企业性质的、专业从事商事纠纷调解的机构。在成立之初，海口国际商事调解中心便聘用了5名专职调解员与108名特邀调解员，为商事主体提供便捷、高效与优质的商事调解服务。海口国际商事调解中心先后与香港国际争议解决及风险管理协会、澳门调解协会、海南省第一中级人民法院等28家机构签署合作

[1] 《海口国际商事调解中心揭牌成立》，https://www.hainan.gov.cn/hainan/sxian/202009/851a9986876a45e7bd44e60b03bb0439.shtml。

备忘录，加强琼港澳三地合作。

（五）三亚国际商事调解中心

三亚国际商事调解中心于2021年1月23日正式揭牌成立。该中心以《新加坡调解公约》为基础，旨在促进国内外企业及客商有效地预防、友好地化解争端，形成独具三亚特色的多元化商事争议解决机制。该中心加强与中国香港国际仲裁中心、新加坡国际调解中心、国际商会驻中国上海代表处等机构的交流与合作，学习借鉴国际先进经验，不断完善中心建设，推进实体化运作。

二、《海南省多元化解纠纷条例》

2020年6月16日通过的《海南省多元化解纠纷条例》在《海南自由贸易港建设总体方案》的基础上，进一步对调解这一解纷方式进行细化，明确行政、司法乃至行业协会等各部门在调解过程中应发挥的作用，强调多元化解纠纷机制的建设、多方联动、公众参与，在全国均属首创，一定程度上为海南自由贸易港商事纠纷解决提供了法治保障。其内容主要包括构建多元衔接联动的化解纠纷机制、建立多元化商事纠纷解决机制、畅通公众参与化解纠纷渠道与建立“一站式”纠纷解决服务平台四个方面，有利于充分发挥调解、仲裁和行政裁决等非诉讼机制的作用，明确在化解纠纷工作中各部门的职责，从立法上提高多元化解纠纷机制的权威性，更好地服务海南自由贸易港的建设。

但是，《海南省多元化解纠纷条例》还不够完善。例如，《海南省多元化解纠纷条例》关于民商事纠纷解决的规定在整体上仍需进一步细化，当前并未能将民商事纠纷解决（特别是国际民商事纠纷解决）在具体程序、职责分工、机制衔接、保障措施等方面与一般纠纷解决进行明确区分或专章规定，没有充分体现出本地多元化民商事纠纷解决的跨域性、涉外性、复杂性、专业性等特点，使得构建多元化民商事纠纷解决机制仍然缺少明确而全面的法律依据[1]。

三、促进纠纷解决机制衔接

（一）海南法院积极探索国际商事纠纷“三位一体”多元化解机制

在最高人民法院的主导下，海南法院将诉讼、调解、仲裁三种争议方式无缝对接，形成“一站式”国际商事纠纷解决机制，共同促进纠纷化解。海南法院一方面吸纳在海南自由贸易港设立的仲裁机构、调解机构进驻第一涉外法庭，开展法律服务、处理纠纷；另一方面开发上线海南涉外民商事纠纷在线多元化解平台（ODR），引进香港和解中心、澳门调解协会、中国国际经济贸易仲裁委员会等13家境内外调解机构300余名调解员进驻，实时为当事人提供专业的调解服务，线上线下联动打造国际商事纠纷多元化解平台。2021年，ODR平台调解了135件国际商事纠纷，实现了让近400名当事人足不出户就享受到便捷的司法服务。

（二）分级分类化解争议

海口市龙华区劳动人事争议调解中心坚持“崇法重理、圆融共赢”的工作理念，建立健全调解工作机制，促进调防结合、多方联动、定分止争，有效提升基层调解组织预防化解劳动争议的能力，实现“矛盾不激化、服务不缺位”。一方面，强化多方联动，构建“调裁诉援”有效衔接的机制，深化与司法、监察、法院、总工会、工商联等部门合作，形成化解劳动争议的工作合力，共同推进劳动争议多元化解。另一方面，加强阵地融合，整合区劳动人事争议仲裁院、基层调解组织、企业调解委员会等资源，构建“区—街道—社区—企业”四级联动，多层次、广覆盖

[1] 李猛、赵若锦：《海南自贸港多元化民商事纠纷解决机制现代化建设路径探索》，《武大国际法评论》2023年第4期。

的劳动争议调解组织网络体系，形成分级分类处理争议、就近就地化解纠纷的工作格局。

（三）搭建纠纷化解“一站式”解决平台

2022年11月8日，海南自由贸易港银行业保险业纠纷调解中心在海口揭牌成立。这是海南银行业保险业首家以消费纠纷化解为主要职责的民办非企业社会组织，标志着海南银行业保险业消费者权益保护体制机制建设和金融纠纷多元化解机制建设迈上新台阶。该中心是在海南银保监局的指导推动下，由海南省银行业协会、海南省保险行业协会联合发起并由海南省民政厅审批通过的，致力于为金融消费者和银行保险机构提供公开透明、公平公正、合规高效的纠纷处理服务，重点打造集投诉处理、纠纷调解、辅助行政调解和诉前调解、助力金融知识宣传和消费者教育等多重功能于一体的纠纷化解“一站式”解决平台。

第三节

海南自由贸易港临时仲裁制度的构建

仲裁是指买卖双方在纠纷发生之前或之后，签订书面协议，自愿将纠纷提交双方所同意的第三者予以裁决来解决纠纷的一种方式，包括机构仲裁与临时仲裁两种基本形式。前者是当今世界主流的仲裁形式，由当事人根据仲裁协议，将纠纷提交给约定的某一常设机构进行仲裁，这些机构往往有储备丰富、专业的仲裁员，通过较为成熟的仲裁规则进行仲裁；后者则不依赖于任何仲裁机构，而是由双方根据需要，自行创设仲裁程序，较为灵活多变与高效便捷，在标的额较小、时间紧迫的国际民商事案件中具有独特的优势。中国自由贸易港所涉纠纷因其特殊的定位具有跨国性强、程序便捷、不拘泥于形式、注重公平合理等特征[1]。临时仲裁的引入能够更好地为海南自由贸易港的民商事纠纷解决提供法治保障，推动营商环境的优化。

[1] 何悦涵：《中国建设自由贸易港临时仲裁制度问题研究》，《上海对外经贸大学学报》2018年第6期。

一、构建临时仲裁制度的背景

（一）自由贸易港背景下海南仲裁的新变化

1.海南仲裁机构的体制机制演变。

在自由贸易港建设的背景下，海南仲裁委员会完成了仲裁机构的改制，由仲裁委员会的架构变更为海南国际仲裁院的架构，审议通过海南国际仲裁员管理办法，为海南仲裁改革提供了依据和保障。目前，海南国际仲裁院作为理事会指导下的法人治理机构，实行自主决策、执行、有效分权制衡的治理机制，保证了机构有相应的独立性，不隶属于行政机关，保证了其作为仲裁机构的公信力。

2.海南仲裁规则的新变化。

海南新的仲裁规则实际上借鉴了国际仲裁通行的做法和比较新鲜的经验，它的修订内容和亮点，是在自由贸易港背景下对仲裁的一个新发展、一个新确认。在规则的国际化方面，修订的内容包括充分扩大当事人意思自治的范围，完善合并仲裁和当事人追加方面的规则，增设仲裁庭、仲裁员的权利清单，增加当事人自行组织专家的制度，针对涉外案件在国际商事仲裁专章进行了全面的完善，吸收和借鉴了第三方资助仲裁，尤其是增加了协助临时仲裁的指引。

（二）临时仲裁制度具有独特优势

1.更加体现当事人的意愿。

根据是否与仲裁机构产生交集，临时仲裁可以分成两种类型：第一种是完全根据当事人的意思自治，按照双方协议组成仲裁庭解决争端；第二种是参考仲裁机构的特定仲裁规则或当事人授权仲裁庭自选程序来进行仲裁，虽然在一定程度上会与仲裁机构发生交集，但仲裁机构并不能实质性地干预纠纷，当事人的自主选择权仍然居于首位。因此，在临时仲裁之中，仲裁的推进往往取决于仲裁庭与当事人之间的合作，当事人可以自主协商选择仲裁员、确定仲裁地、选择仲裁规则等几乎所有与仲裁相关的事项，能够最大限度地体现当事人的意愿，其结果更容易让当事人接受，在一定程度上有利于结果的执行。

2.临时仲裁更加便捷、高效与经济。

除了在确定仲裁员的时候可能需要仲裁机构的协助外，临时仲裁不会受到仲裁机构的进一步干涉，因此，能够免于仲裁机构烦琐的仲裁程序带来的纠纷解决时间的延长。除此之外，还能免去因仲裁机构对案件的管理而产生的较高费用。同时，由于临时仲裁具有高度的意思自治性，仲裁相关事项的达成能够更加高效、便捷，可以缩减时间成本，提高纠纷解决的经济性。

3.保密性较高。

虽然与法院审判相比，仲裁本身具有较高的保密性，但仲裁机构往往需要对仲裁裁决书盖章，而临时仲裁则不需要此程序。因此，临时仲裁裁决情况的知情者仅限于当事人与仲裁员之间，具有更高的保密性。

（三）构建临时仲裁制度对海南自由贸易港具有重要作用

1.优化营商环境的必要举措。

随着海南自由贸易港建设的不断推进，国际商事主体将不断增加，国际商事纠纷也将越来越多，临时仲裁制度的构建能够最大限度地体现当事人的自主意愿，更加快捷、高效、便利地解决纠纷。除此之外，在国际上临时仲裁制度得到了较为完备的发展，其地位逐渐与机构仲裁等同。然而，临时仲裁制度在国内还没有得到肯定，这会在一定程度上削弱外商在海南自由贸易港进行投资活动与贸易活动的决心。因此，在海南自由贸易港构建临时仲裁制度是维护当事人利益、优化营商环境、提升海南自由贸易港竞争力的重要举措。

2.促进现有仲裁制度良性发展的需要。

当前，临时仲裁的地位尚未在法律层面上确立，而机构仲裁具有较高的稳定性、规范性与专业性的优势，是国内的主要仲裁方式。如果临时仲裁在海南自由贸易港得到建立与发展，也能够凭借其便捷、高效与低成本等优势同机构仲裁形成竞争，这在一定程度上可以促使仲裁机构进行改进与自我革新，进而促进机构仲裁降低费用、减少官僚化的现象等。

3.符合海南自由贸易港的建设需要。

海南自由贸易港的建设以贸易自由便利、投资自由便利为重点，以高效的社会治理体系与完备的法治作为保障，实现货物、服务、人员和金融的自由流动。因此，除了完善保险、金融、货物物流等服务外，海南自由贸易港必须重视法律服务的提供，而临时仲裁制度能够凭借自身便捷、高效的优点为贸易的便利与投资的便利提供保障，符合自由贸易港的本质特征。

（四）构建临时仲裁制度的可行性

1.仲裁在我国纠纷解决机制中的地位越发凸显。

当前，我国法院面临着案件数量过多与司法资源紧张的问题，而仲裁制度既能弥补法院审判耗时长、成本高等短板，又能分担案件数量。随着海南自由贸易港建设不断深入，新型的贸易、投资等纠纷将越来越多，法院难以独自解决所有的国际商事纠纷。因此，临时仲裁和机构仲裁在应对新类型和新领域的纠纷中将发挥重要作用，尤其是以灵活性著称的临时仲裁更符合国际商事纠纷解决的迫切需求。

2.自由贸易港先行先试的政策支持。

仲裁权的私权性质在过去往往被立法机关忽略，使得我国只承认机构仲裁，甚至将机构仲裁打造成“准司法”[1]。随着理论研究与社会实践的发展，我国立法机构对仲裁是一种以当事人的私权利为基础的争端解决机制有了新的认识。

过去，合法性问题是引入临时仲裁的最大困难。当下，我国立法机构对仲裁的

[1] 马迁、程颖：《论构建我国临时仲裁制度的必要性及路径》，《淮阴师范学院学报（哲学社会科学版）》2021年第6期。

认识不断深入，同时，《海南自由贸易港建设总体方案》的基本原则要求构建多元化的商事纠纷解决机制，且《自由贸易区司法保障意见》也在实质上明确了临时仲裁的适用主体与适用范围。

3.初步具备了临时仲裁的运行环境。

海南自由贸易港通过成立多家仲裁机构与调解中心，引入一批优秀的仲裁员，为临时仲裁提供了裁判主体专业能力上的优势。海南自由贸易港的开放性与国际性特征将会吸引大量的国内外企业，国际商事纠纷的多样性将日益凸显。同时，海南自由贸易港不断优化的营商环境所带来的信誉与人脉将使临时仲裁能够在良好的环境中运行。

二、国内国外发展临时仲裁制度的经验借鉴

（一）横琴自由贸易试验区临时仲裁制度

澳门回归之后，经济需要发展，但局限于人口和狭小的地理面积，除了博彩业之外的其他产业发展显得后劲不足。《横琴粤澳深度合作区建设总体方案》的一条主线是澳门的经济适度多元发展。所谓多元就是除了博彩业之外要将横琴建设成促进澳门经济适度多元发展的新平台、便利澳门居民生活就业的新空间，丰富“一国两制”的实践。

2017年3月18日，《横琴自由贸易试验区临时仲裁规则》由第五届珠海仲裁委员会第二次会议通过，于2017年4月15日开始施行。该规则是在《中华人民共和国仲裁法》不承认临时仲裁的合法性的背景之下制定的。《横琴自由贸易试验区临时仲裁规则》第四十七条规定了临时仲裁转换机构仲裁的规则，解决了临时仲裁可能面临撤销或难以执行的风险。

（二）新加坡临时仲裁制度

2020年，新加坡国际仲裁中心受理1080个案件，其中94%为国际仲裁案件，64%为与贸易相关的仲裁案件。其背后的原因包括：第一，新加坡于1994年颁布《新加坡国际仲裁法》；第二，《新加坡国际仲裁法》与处理新加坡国内仲裁的《新加坡仲裁法》实行双轨制，仲裁制度更具灵活性；第三，新加坡国际仲裁业务受新加坡国家法院监督，司法机关不可作出不利于国际仲裁程序的事项；第四，新加坡国际仲裁中心是首个引入“早期驳回制度”的主要商事仲裁机构，还有“多份合同仲裁”“追加当事人”以及“合并仲裁”等最新仲裁条款，为当事人提供专业、高效的仲裁服务。

在新加坡的仲裁制度中，临时仲裁制度并未受到排斥，但新加坡国际商事仲裁院的多数仲裁类别为机构仲裁，在当事人有需要时也会在仲裁院的确定和相关技术性问题上给予协助。这种机构仲裁与临时仲裁并存的仲裁形式具有很大的互补性和可操作性。机构仲裁凭借其长期积累的专业性和较为稳定、高质量的仲裁队伍，能够给予关键的协调和帮助，共同实现仲裁的目的和价值[1]。

（三）中国香港临时仲裁制度

在2011年修改通过的《香港仲裁条例》中，香港正式废除了国际仲裁与国内仲裁的区别，将仲裁程序分为机构仲裁程序与临时仲裁程序两种[2]。对于临时仲裁程序，商事纠纷的当事人可以通过香港国际仲裁中心解决相关的商事纠纷，并且在选择临时仲裁程序的时候，可以请求香港国际仲裁中心提供与仲裁相关的协助。根据《香港仲裁条例》，香港国际仲裁中心具有两项重要的职责：一是可以决定委任一名或三名仲裁员参与临时仲裁程序，帮助涉事当事人解决仲裁员选任的问题；二

[1] 水木晴美、张恩恩、王志松：《试析海南自由贸易港临时仲裁制度的构建》，《全国流通经济》2019年第6期。

[2] 刘茂亮：《临时仲裁应当缓行》，《北京仲裁》2005年第1期。

是根据授权以及仲裁实践经验的总结，发布权威的、相关的示范性临时仲裁条款，并具备一定的约束力。此外，香港国际仲裁中心具有一定的商事仲裁服务功能，可以为纠纷当事人提供仲裁所需的房间，并配置翻译以及相关文件保存的服务。对于仲裁的裁决结果只需仲裁员本人签字，无须香港国际仲裁中心盖章，但需要在香港国际仲裁中心留存备案，香港的临时仲裁程序采用的是香港国际仲裁中心与临时仲裁相结合的模式，能够避免当事人选择仲裁员与仲裁地点的困境[1]。

（四）英国临时仲裁制度

英国具有多个高影响力的仲裁机构和众多高水平的仲裁员，是全球地位较高的仲裁中心之一。1996年的《英国仲裁法》是规范英国仲裁制度的主要法律，兼具任意性规定与强制性规定，前者体现了临时仲裁的自身特点。英国不仅承认临时仲裁的形式，还在临时仲裁的仲裁员的任命机构方面作出了较为宽泛的规定，既可以是法院、仲裁机构，也可以是个人。英国作为临时仲裁行业十分发达的国家，许多行业都乐于接受以临时仲裁的方式解决纠纷。因此，英国诞生了许多行业性的临时仲裁规则，如英国有效争议解决中心制定的解决航空行业中航空公司与顾客之间争议的临时仲裁规则、英国皇家特许测量师制定的关于建筑工程行业小额争议的临时仲裁规则等。

（五）加拿大临时仲裁制度

加拿大是少数几个临时仲裁居于主流位置的西方国家之一，大多数国内仲裁是通过临时仲裁的方式完成的。一方面，加拿大并没有一个在全国居于主导地位的仲裁机构；另一方面，受根深蒂固的共识与合作的文化意识影响，加拿大律师在解决纠纷时很少会采取对抗性的方式，在有争议的问题上更加容易妥协。因此，在加拿

[1] 曹晓路、王崇敏：《海南建设自由贸易港的临时仲裁机制创新研究》，《海南大学学报（人文社会科学版）》2018年第3期。

大，有效的仲裁实践多依赖于当事人和律师以建设性的方式启动和解决争议，而非靠机构的帮助和指导。

三、海南自由贸易港临时仲裁制度构建的路径

（一）形成临时仲裁的规则体系

在《中华人民共和国仲裁法》或《中华人民共和国海南自由贸易港法》的框架下制定临时仲裁条例以及临时仲裁示范性条款，可以参考新加坡和中国香港的形式，采取“上位法统一规制临时仲裁”的国际通行模式，或在我国自由贸易试验区现有规则的基础上构建[1]，还可以参考借鉴《联合国国际贸易法委员会仲裁规则》及新加坡国际仲裁中心的相关规则，建立健全海南自由贸易港的仲裁规则，建立海南自由贸易港临时仲裁制度。

1.借鉴中国香港的经验。

首先，采用机构仲裁加临时仲裁的模式试点。其次，在临时仲裁仲裁员的产生方面，可在尊重当事人意愿的前提下，授权相关仲裁机构指定临时仲裁的仲裁员的权力。同时，要明确临时仲裁的独立性，仲裁机构不得对临时仲裁加以干涉，但是需要允许仲裁机构对临时仲裁进行监督，还要明确临时仲裁的司法审查主体。

2.参考《联合国国际贸易法委员会仲裁规则》制定临时仲裁的示范条款。

由于一般的市场主体缺乏约定临时仲裁条款的技术，建议被授权协助相关临时仲裁的仲裁机构制定相关的临时仲裁的示范性条款以供海南自由贸易港的主体参考。该示范性条款应当包括仲裁员的选任规则、仲裁规则的约定方式等。而《联合国国际贸易法委员会仲裁规则》已被国际上多家国际商事仲裁机构认定为制定仲裁相关示范

[1] 何悦涵：《中国建设自由贸易港临时仲裁制度问题研究》，《上海对外经贸大学学报》2018年第6期。

性条款的蓝本，被授权制定临时仲裁示范性条款的仲裁机构可以参考该文件。

3.完善临时仲裁裁决效力的保障条款。

申请人选择临时仲裁的目的是使权利得到救济，即裁决可以得到执行。根据《中华人民共和国民事诉讼法》第二百八十条规定，“经中华人民共和国涉外仲裁机构裁决的，当事人不得向人民法院起诉。一方当事人不履行仲裁裁决的，对方当事人可以向被申请人住所地或者财产所在地的中级人民法院申请执行”。上述规定打通了机构仲裁与人民法院之间的联系。然而，由于《中华人民共和国仲裁法》第十六条、第十八条的规定，临时仲裁裁决无法得到人民法院的支持，最终也无法执行。如果裁决无法执行，那么对于申请人而言，临时仲裁就失去了存在的价值。因此，为保障临时仲裁裁决的效力，使之发挥化解纠纷的价值，建议在海南自由贸易港的仲裁规则中增加临时仲裁裁决效力条款：临时仲裁裁决书经仲裁员签名后生效。同时，需进一步要求仲裁庭在将裁决书送达当事人之余，将送达记录和裁决书原件提交仲裁地的中级人民法院或海南国际仲裁院备案，为日后可能发生的裁决执行冲突提供处置便利。

（二）构建临时仲裁员的选任制度

专业、独立的仲裁员对临时仲裁结果的公平公正具有重要的作用。

采取仲裁机构加临时仲裁的模式后，可以借鉴中国香港、新加坡等实施仲裁员名册制度，虽然仲裁机构不直接参与临时仲裁，但是可以为当事人提供仲裁员名册。中国香港是从覆盖全球的仲裁员名册或仲裁员名单中选择委任仲裁员的。新加坡国际仲裁中心的仲裁员库有多位世界知名人士，新加坡允许当事人在仲裁员库之外选择仲裁员。

通过立法降低临时仲裁员选任的准入门槛，即尽可能地尊重当事人自由选择的权利，只要具备完全的法律行为能力，即可担任临时仲裁的仲裁员。

（三）处理好临时仲裁与司法救济及司法监督的关系

1.临时仲裁僵局中的司法救济。

临时仲裁僵局中的司法救济往往体现在当事人与仲裁员意见不合、临时仲裁程序中断后的司法衔接、临时仲裁裁决的司法承认与执行等场景中。司法介入临时仲裁应当有其限度。因为司法的过度介入会导致临时仲裁难以实现一裁终局、发挥高效便利的特点，只有在当事人自治失灵或出现障碍的情况下，司法救济才能够体现其价值[1]。

2.临时仲裁中司法监督的介入。

法院对于临时仲裁的监督应本着审慎态度，尽量减少介入。一方面，在临时仲裁中应奉行仲裁庭优先的原则，当临时仲裁庭与法院的管辖权竞合时，临时仲裁庭应当获得裁决权，成为案件的首个决断机关；另一方面，法院应依照程序审查原则，不主动干预临时仲裁中的实质性事项，法院的主动监督作用应限于程序性的事项之中。只有法院给予临时仲裁庭充分的信任，临时仲裁制度才能得到充分的发展。除此之外，在司法监督介入的时间点上，临时仲裁庭是临时仲裁制度的权力核心，临时仲裁一旦开始，仲裁庭将会主导整个案件的推进。所以，对于法院来说，其重点监督阶段应放在仲裁开始之前，即审查临时仲裁协议意思表达的真实性[2]。

[1] 陈磊：《自贸区纠纷解决机制创新与临时仲裁的制度构建》，法律出版社，2023。

[2] 侯宇锋、郑玲丽：《临时仲裁制度在我国自贸区的构建》，《沈阳大学学报（社会科学版）》2022年第6期。

第四节

海南自由贸易港数字仲裁机制的构建

随着信息技术的加速创新，数字经济正在飞快发展，智能互联正与社会的各领域深度融合，不断地改变着人们的生产、生活方式，也为仲裁带来了全新的机遇与挑战。构建数字仲裁机制有利于信息更加便捷高效地交流与传递，突破时空的限制，能够使人们在传统的仲裁中心以外的地方实现仲裁。随着海南自由贸易港的发展，跨境商事争议将不断地涌现，数字仲裁能够发挥在线纠纷解决机制共享化、社会化的优势，汇集多元纠纷解决资源，使跨境纠纷能够高效、便捷、低成本地解决。

一、数字仲裁机制构建的背景

（一）数字仲裁机制的特征

数字仲裁是指在传统仲裁的基础上，通过互联网技术，利用网络资源提供仲裁服务的纠纷解决方式。其具有以下几个特征：

1.国际性。

数字仲裁作为在线纠纷矛盾解决机制的一种方式，可以利用全球网络资源，打破国界的限制。

2.间接性。

数字仲裁可以通过网络信息技术将参与人集合起来，突破时间、地域等方面的限制，降低仲裁的成本，当事人只要约定仲裁，则任何主体、任何时间、任何地点都可以高效地解决纠纷。

3.开放性。

在跨地域的纠纷中，数字仲裁能够打破地域边界的限制，争端当事人可以通过互联网选择仲裁规则与仲裁员。与传统的仲裁相比，数字仲裁能够给予当事人更多的选择。

4.高效性。

首先，不必直接接触，当事人可以通过互联网及时快速地向仲裁庭传递信息，仲裁员可以将某一事项的结果即时发送给当事人，对于分歧的事项双方当事人也可以通过网络快速地表达。其次，智能化的仲裁可以辅助办案甚至实现智能再造，在某些充分数字化的商业交易领域尤其是类案领域，仲裁服务能够突破传统的受案能力，借助技术辅助，高效地解决纠纷。

（二）数字仲裁机制构建的重要意义

1.提高仲裁效率，快速解决纠纷。

通过创新在线解决纠纷的方式，仲裁机构可以联系多个部门，建构在线调解、在线仲裁与在线执行并对接审判机关的仲裁一体化信息平台，畅通诉讼与非诉讼的沟通渠道。随着仲裁数字化发展不断深入，电子送达、线上开庭等多个节点数字化，有利于提高仲裁的效率，降低当事人的仲裁成本，快速定分止争。

2.协助仲裁机构应对来自司法数字化、智能化的冲击。

当前，法院仍然面临着案多人少的压力，无法避免简单类案多、收案数量高等问题，但随着司法信息化、数字化与智能化的发展，法院将逐渐具备大规模的受案能力，快速解决纠纷。仲裁与法院相比，以往高效、便捷的优势将大大削弱。而调解的数字化产品如能不断迭代升级并与法院系统对接，叠加产业、商业领域智能合约等手段的综合运用，将使调解拥有比仲裁更加灵活的优势。若仲裁不进行数字化升级，则难以在数字化时代发挥更大的作用。

3.提高海南自由贸易港仲裁机构的竞争力，打造智能仲裁的名片。

与拥有较为成熟的仲裁体系的新加坡、中国香港等相比，海南仲裁机构的竞争力仍然不强，难以与未来自由贸易港的建设前景相匹配。在跨国跨境的商事纠纷逐渐增多的背景下，海南自由贸易港不能仅仅在线上仲裁上发展，还要在智能仲裁上下功夫。一方面，通过数据流动的便利性，让自由贸易港的纠纷能够通过线上仲裁快速解决；另一方面，要不断地将人工智能技术应用到仲裁之中，打造海南自由贸易港智能仲裁的优势品牌，用高效、智能、便捷的数字仲裁机制打造海南自由贸易港的名片。

（三）海南自由贸易港构建数字仲裁机制的可行性

1.法院与仲裁机构存在交叉相似性。

近年来，海南在智慧法院的建设上取得了较大的进展，为数字仲裁的应用提供了宝贵的经验。例如，在智能辅助上，仲裁有许多程序性的事务，而智慧法院则发展了智能庭审、智能办案、智能送达等多项功能，辅助法庭完成庭审记录、电子归档、电子送达等程序性事项。又如，海南搭建了全省法院涉外诉讼、仲裁、调解多元解纷平台，其中第一涉外民商事法庭建立了涉外民商事纠纷在线多元化解平台（ODR），与海南省贸促会、境内外调解机构、国际仲裁机构等建立了合作关系，这也为数字仲裁的平台搭建提供了经验。

2.数据壁垒逐渐被打破。

2023年6月19日，人力资源和社会保障部印发《数字人社建设行动实施方案》，旨在为推进人力资源社会保障领域治理体系和治理能力现代化提供有力支撑，并强调推进“互联网+调解仲裁”、数字仲裁庭、智能仲裁院建设，推动劳动关系协同治理，调解、仲裁、劳动保障监察联动处置，实现案件信息共享、查证事实互认，有利于促进仲裁、调解与诉讼相衔接，能够为数字仲裁打破数据壁垒，推动数字仲裁进一步发展。

二、其他省市构建数字仲裁机制的经验借鉴

（一）福建省

福建省立足数字赋能、开拓创新，于2022年5月研究提出27项数字仲裁庭建设标准，并于当年建成3个数字仲裁庭。福建省省级数字仲裁庭扩展、延伸了仲裁庭功能，更好地发挥了信息化在提高仲裁效率、规范庭审活动、加强仲裁监督、促进仲裁公开等方面的作用，全面打造了数字仲裁庭，提升了调解仲裁服务质效。

1.“一键启动”加速庭前准备。

随着书记员启动数字仲裁庭系统，仲裁庭内显示屏随即展示开庭场景图像，庭审录像自动启动、实时刻录，当事人、代理人等参加庭审人员通过人脸识别设备核验身份，有序进入庭审区域，自动记录当事人的到庭时间，自动播放庭审纪律，庭前准备时间减少50%。

2.“云端开庭”减少仲裁成本。

当事人只需要一部手机或电脑，通过视频接入形式即可参与线上调解、开庭，操作简单，并且可以完成证据上传和笔录在线签字确认，突破空间限制，不仅能为当事人提供便利、节约诉讼成本，还能更加快捷、高效地化解矛盾，实现在线解纷“最多跑一次”。

3.“语音转写”助力准确记录。

配备语音转换文字系统，自动定向识别仲裁员、当事人发言角色，庭审语音实时转写，普通话识别率达99%，书记员只需修改和删除少量由地方口音、语言习惯等产生的不准确信息，便可生成标准化的庭审笔录，有效改善以往因打字速度滞后于发言而引起庭审进程卡顿、记录不完整等问题，记录速度提高两倍以上，整个庭审过程流畅、高效。

（二）浙江省

为加快提升劳动人事争议仲裁工作信息化水平，完善线上线下体系融合，实现劳动维权从“最多跑一次”到“一次不用跑”的数字改革新模式，浙江省在全省推广智慧仲裁应用。智慧仲裁应用围绕劳动者高效便捷维权需求，通过打造调解协议仲裁审查、工资争议速裁、庭审联网监控、浙江智慧仲裁在线（大屏）四个应用场景，打通制度堵点，简化仲裁程序，促进劳动者与企业就近处理劳动争议，有效地保障了群众的权益，实现了仲裁案件处理质效的双重升级。浙江省的智慧仲裁应用取得了三方面的突破。

1.业务办理全在线。

将原有的线下审查、现场办理转化为线上申请、线上立案、线上审查、线上送达、线上推送强制执行等全程式的线上服务，当事人足不出户即可完成仲裁审查业务并对接到后续的法院强制执行。比如，2021年，宁波市镇海区调解仲裁实施“数字赋能计划”，引导申请人使用“浙里办”App、“掌上仲裁”微信小程序、浙江劳动人事争议调解仲裁网等线上方式，“不见面”化解劳动争议[1]。舟山市定海区构建网上平台、手机应用、实体大厅“三位一体”调解服务体系，在邮寄立案、容缺立案的基础上，引导申请人使用“浙里办”App、浙江劳动人事争议调解仲裁网等线上方式，实现立案流程“云”上运行。同时，探索简易类劳动纠纷案件“一网通办”新模式，对案情简单、证据充分、争议不大的案件，在双方当事人书面同意的情况下，实现申请、开庭、文书、送达全程“不见面”。截至2021年11月，舟山市定海区网络仲裁率超过30%，同比上升超过40%[2]。

2.办理时限再提速。

优化升级工资争议处理流程，审理时限从45天缩短到15天，确保劳动者的工

[1] 《宁波镇海：坚持“四个注重”提升数字仲裁效能》，https://rlsbt.zj.gov.cn/art/2021/6/23/art_1450605_58924861.html。

[2] 《舟山市定海区聚力加速数字仲裁改革“新跑道”》，https://rlsbt.zj.gov.cn/art/2021/11/2/art_1389524_58927022.html。

资尤其是农民工的工资能得到快速依法支付。

3.异地庭审全同步。

杭州市余杭区按照浙江省劳动人事争议数字仲裁庭的建设标准，设立首批1个增强型、2个标准型的数字仲裁庭与调解室，配备高清数字影音系统、实时数字监控系统、证据展示系统，可实现省市区仲裁院“点对点、点对面”的远程对接。建成1个月内累计为逾100名劳动者远程确定仲裁调解方案、出具调解协议[1]。

（三）武汉市

早在2014年，武汉仲裁委员会就开启了“互联网+仲裁”的探索，受理案件近10万件，并在多年的创新实践中逐渐形成了清晰、完善的“互联网+仲裁”发展战略，即在创新服务的基础上，运用互联网技术，构建了以武汉仲裁委员会网上仲裁云平台为核心，覆盖和贯通金融服务、电子商务、在线仲裁的“互联网+仲裁”整体架构，并以金融创新的新业态、新生态为推动“互联网+仲裁”发展提供新引擎[2]。其中，数字经济仲裁院作为武汉仲裁委员会的内设业务部门，致力于以下三个方面的工作：一是聚焦数字经济建设，构建仲裁服务数字经济发展新格局；二是聚焦仲裁职能，持续优化法治化营商环境；三是聚焦仲裁服务的专业化建设，不断提高业务水平。

三、海南自由贸易港数字仲裁机制的构建

（一）利用信息技术，开展辅助办案

开发仲裁管理平台，实现收案、分案、送达、开庭、裁判、结案等事务工作一

[1] 《杭州余杭：以“数字仲裁”推进劳动人事争议 调处工作提质增效》，https://rlsbt.zj.gov.cn/art/2022/12/16/art_1450605_58932926.html。

[2] 《武汉仲裁委员会互联网仲裁院11月30日正式成立》，https://www.hubei.gov.cn/hbfb/szsm/201811/t20181130_1548672.shtml。

体化，推动案件重要节点实现数字化，通过信息技术手段，为传统仲裁业务提供辅助，由此降低仲裁的成本，并为仲裁员减负。

（二）改造仲裁的传统业务

利用数字经济增量市场形成的数字化能力，帮助客户完成在线缔约、履约等，全程电子留痕，降低还原事实与固定证据的成本，提高仲裁的效率。

（三）实现智能再造，推动人工智能在仲裁领域的应用

1.确定统一的规则。

首先，确保当事人对人工智能参与仲裁的知情权，并在获得其同意后才能够适用人工智能评估、预测等功能，为仲裁双方当事人说明适用人工智能的作用与后果，并要求其签署风险告知单，才能将该智能仲裁结果作为参考。其次，允许当事人对机器判断有数字歧视、暗箱操作等情况进行申诉。

2.在试点改革中发现问题，积累经验，并逐渐建立起一套合理可行的集体体系后再全面推行数字仲裁。

目前，司法大数据与人工智能技术在司法领域的应用尚未成熟，其中的算法歧视、数据“黑箱”、数据不够全面、质量不高等问题仍然存在，先行探索的智慧法院的建设尚有争议，贸然全面推行智能仲裁不切实际。

3.界定边界，防范伦理风险的出现。

将人工智能的辅助决策模型引入仲裁之后，尽量确保仲裁员的自由裁量权不受人工智能的侵扰，明确人工智能的辅助作用，可以允许其将仲裁员从一些程序性事项带来的重复劳作中解放出来，甚至可以参考其判断的结果，但是不能仅仅依据冷冰冰的数据来解决争议。

第五节

海南自由贸易港社区的社会调解机制的完善

与诉讼、仲裁等对程序要求较高的争议纠纷解决方式不同，调解能够根据纠纷的类型和性质采用合适的调解模式与方法，更为灵活高效，其适用范围由民事领域扩展到商事领域、行政领域甚至刑事领域，适用主体由政府、法院扩展到各种社会调解组织。根据不同的中立第三方的性质，调解可以分为社会调解、行政调解和司法调解。其中，社会调解的调解组织和调解人员具有非国家性与非权力性[1]，包括社区调解（人民调解）、行业调解、商事调解等。而社区调解是以社区为依托，由社区调解员运用情、理、法化解居民之间的纠纷的制度，具有解决纠纷、推动居民自治与构建和谐社区三大功能。《海南自由贸易港建设总体方案》指出，要营造一流的营商环境。这离不开良好的多元化纠纷解决机制，社区调解能够以其自身的灵活性、经济性与非对抗性等优势缓解诉讼爆炸的压力、推动社会治理的建设。因此，海南自由贸易港应当结合自身特点与需要，构建海南自由贸易港社区的社会调解机制。

[1] 范愉、史长青、邱星美：《调解制度与调解人行为规范——比较与借鉴》，清华大学出版社，2010。

一、完善海南自由贸易港社区的社会调解机制的背景

（一）海南自由贸易港的纠纷有其特殊性

海南自由贸易港建设是中国对外开放一次崭新的尝试，能够推动海南与世界更高水平、更高层次的交流。在其发展的过程中必然会面临更加复杂、频率更高、类型更加多样的各种争议与纠纷。

1.主体的涉外性。

高水平开放是国际知名自由贸易港的本质要求，也是海南自由贸易港的基本目标。海南将不断扩大开放，吸引外来资本与生产要素。因此，其纠纷的主体大概率具有涉外性。

2.纠纷的复杂化。

一方面，海南自由贸易港致力于以投资自由便利、贸易自由便利为重点，营造国际一流的营商环境，提供宽松、开放与包容的市场氛围，这会使得市场参与主体更加多元。另一方面，纠纷主体具有涉外性，这会使得纠纷的主体因不同文化背景而变得更加复杂。

3.纠纷的专业化。

随着海南自由贸易港建设的推进，市场专业化分工会越来越明显，新型行业将不断出现，纠纷参与主体的专业化水平也将进一步提升。种种因素会使得未来自由贸易港的纠纷更加专业化，对纠纷解决机制提出了更高的要求。

4.纠纷解决的紧迫性。

海南自由贸易港需要建立起与一流的市场经济运行机制相适应的高效便捷的司法服务体系，这就要求海南自由贸易港能高效地解决纠纷，避免久拖不决。

（二）社区调解制度对海南自由贸易港建设的作用

1.有利于降低海南自由贸易港解决纠纷的成本。

首先，面对激增的纠纷数量，完善的社区调解制度能够与诉讼、仲裁等其他纠纷解决机制一同构建高效便捷的纠纷解决机制，提高海南自由贸易港的司法治理水平。其次，社区调解具有诉讼、仲裁没有的低成本与灵活性优势，能够有效地应对新型、涉外的纠纷争议，及时高效地化解纠纷。

2.有利于维护和谐的社会关系。

社区调解与诉讼相比，先天便具备弱化矛盾的优势。除此之外，社区调解还能充分利用法律之外的依据调解纠纷，如商事规则、国际惯例、行业规范等，能够使得纠纷的解决少一些火药味，更容易被双方接受，维护和谐的社会关系。

（三）海南自由贸易港社区调解的现状

1.人民调解员队伍不断壮大。

在巩固发展兼职人民调解员的基础上，海南率先通过政府购买服务的方式，选聘了一批专职人民调解员。截至2023年5月20日，海南共有人民调解员20630人，其中，专职调解员1526人、兼职调解员19104人，形成了一支兼职与专职相结合的调解员队伍[1]。

2.调解组织与调解形式多样化发展。

通过村（居）法律顾问参与调解、个人品牌调解室参与调解、构建行业性专业性调解组织、调动群众自我管理的积极性等多种方式，海南各地不断立足实际，调动现有资源，及时听取民意，化解矛盾与纠纷，提升社会治理质效。

村（居）法律顾问参与调解。通过每周一次驻扎调委会，充分发挥熟悉基层事务与法律制度的优势，推动社会矛盾纠纷化解，引导群众理性地表达诉求，并提出

[1] 《我省创新发展特色调解、树立调解工作品牌 打造“枫桥经验”海南升级版》，《海南日报》2023年5月18日第5版。

双方都愿意接受的解决方案。

个人调解室品牌的打造。立足于本地的纠纷矛盾实际，结合调解员的专业特长，个人调解室品牌相继推出。如屯昌县的“大昌叔”调解茶话室，通过居委会“点名”的方式，使得工作室11名擅长不同领域的调解员能够各自发挥所长，调解纠纷。

行业性专业性调解组织的构建。随着自由贸易港的发展，纠纷的专业化越发明显，海南自由贸易港根据实际需要，建立了全省医患纠纷联席会议制度，推行“第三方调解+保险赔偿”模式；成立旅游纠纷调解委员会、建立“124”治旅平台，实现旅游纠纷快速化解；成立全国首家果蔬纠纷人民调解委员会，让果蔬纠纷“不出市场、就地化解”。通过这些行业性专业性的调解组织，海南自由贸易港能够实现“专业的人干专业的事”，推动纠纷公正、合理地解决。

群众自我管理积极性的调动。多个住宅小区创设“议事堂”特色调解平台，整合多方力量，让居民的呼声有人倾听、难题能够得到解决，不断提升群众的获得感、幸福感与安全感。

二、其他自由贸易港社区调解制度的经验借鉴

（一）新加坡社区调解制度的经验与启示

新加坡社区调解制度立足于1998年实施的《社区调解中心法》。该法经过2004年、2006年、2010年等多次修改，更加注重社区调解中心的独立地位，维护当事人的自主性，促使调解成为新加坡行之有效的定分止争的手段，其主要制度包括申请调解制度、调解会议制度、保密制度与和解协议的效力制度。社区调解中心设有协调员，负责评估每个案件是否适宜调解，协调处理所有请求或转交服务，通过电话或邮件协商各方当事人之间的纠纷，以便了解他们争议的焦点。社区调解中

心的调解员为当事各方解决纠纷提供便利，帮助当事各方尽快解决冲突。在调解过程中，所有通信必须严格地保密和“无偏见”，并规定不应在后续的任何法律程序中使用。值得一提的是，在新加坡，往往由传统习惯中影响巨大的社区领导人在调解社区冲突中担当调解员的角色，如马来部落的头人、印度社区理事会的长老会和中国宗族组织中的长老等，体现了纠纷调解的亚洲特色。

（二）中国香港社区调解制度的经验与启示

中国香港社区调解制度主要立足于2013年的《调解条例》与2010年生效、2014年修订的《调解实务指示》。前者规定了社区调解的原则、模式，制定了管理规定与架构模式；后者则由中国香港的司法机关颁布，为调解程序提供了结构化的框架，为调解过程提供指引。中国香港的社区调解制度十分重视调解的自主性，即当事人自愿参与调解，自主决定退出；同时，十分注重调解的私密性，即除了法律规定的情形外，双方不得披露调解的信息。此外，中国香港的调解员具有中立性，即要求调解员隶属于中立的第三方，并需由各方当事人在调解员名单中共同选择，他们往往受过系统的专业训练，能够协助各方当事人探讨案情等，帮助寻找各方都能够接受的解决方案。

中国香港和解中心成立于1999年，是香港首家获特区政府认可为慈善机构的专业调解组织，拥有1000多名来自不同专业领域的会员，在调解业界具有领导地位。该中心一直致力于推动调解发展，缔造社会和谐。为推动社区认识调解及让广大市民有机会调解处理遇到的纠纷，中国香港和解中心对总争议金额少于100万港币的适合个案提供一次性不多于4小时的免费调解服务，争议范围包括邻舍纠纷、学校纠纷、楼宇纠纷、租屋纠纷、家庭纠纷与大厦管理纠纷，调解的成功率能达到八成（见图6-1）。

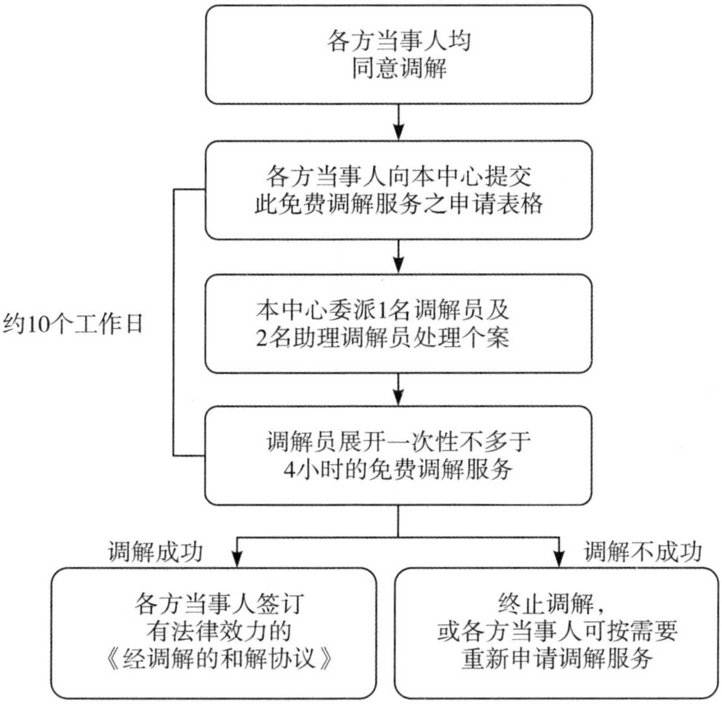

图6-1　申请中国香港社区免费调解服务的流程

资料来源：《免费社区调解服务计划》，引自香港和解中心网。

三、完善海南自由贸易港社区调解制度的建议

（一）加强国际合作

加强海南国际商事调解中心与美国、新加坡等专业调解中心的合作，在省内探索实行国内外调解组织的联营共建，实现优势调解及资源的有效联动。可以吸引更多的外籍调解员。由于海南自由贸易港的市场活动具有跨国、跨地区与跨文化的特点，海南需要采取一系列措施，吸引外籍调解员为海南自由贸易港的社区调解贡献专业的力量，如提供翻译服务、给予补贴等。还可以加强与国际一流商事调解组织的合作，允许外籍调解员参与涉外商事调解等。

（二）根据实际需要选拔人民调解员

首先，完善社区调解员的选拔机制，明确选拔标准，提高人民调解员的准入门槛，综合选拔相关专业的人才，无须对法律专业过分强调，但应当体现“专业化的问题需要专业的人才来解决”，按照调解组织的实际需要吸纳不同专业的人才参与调解，这有助于应对海南自由贸易港越来越专业化的纠纷。

其次，可以借鉴新加坡社区调解员的选拔经验，根据当地的人文特色与民众的需求选择适合的人民调解员。

（三）保障多元化社区调解协议的执行效力

目前，调解协议的履行仍然需要司法强制作为其实现的保障。如何通过司法程序将调解所确定的成果效力化，仍然是诉调对接的关键性问题。

在申请主体方面，可以明确在达成调解协议后，争议的单独一方可向法院提出确认的请求，除非另外一方有合理的拒绝理由。

在管辖法院方面，可以在属地管辖的就近原则的基础上，允许当事人协商一致选择确认调解协议效力的管辖法院。

通过公证、仲裁确认等为社区调解协议“赋权”，缓解司法确认的压力。海南自由贸易港纠纷的解决，尤其是商事纠纷的解决，对高效、及时的调解提出了更高的要求，若仅仅依靠司法确认来为社区调解协议确定效力，可能会造成效率低下。因此，可以通过除了司法确认的其他途径为社区调解协议“赋权”。如公证制度，可以借鉴《深圳经济特区矛盾纠纷多元化解条例》第七十六条规定：“具有给付内容的和解协议、调解协议，当事人可以向公证机构申请办理具有强制执行效力的债权文书公证。一方当事人不履行或者履行不符合约定的，对方当事人可以依法向人民法院申请财产保全和强制执行。”经过公证赋予强制执行效力的债权文书的债务人如果违约，债权人可以向公证机构申请出具执行证书，通过持公证债权文书和执行证书向人民法院申请执行债务人的财产。又如仲裁确认，即仲裁当事人可以调解。这时候调解书与裁决书有同样的效力，当事人在对方当事人不履行裁决书时可以向法院申请强制执行。因此，建议海南自由贸易港建立多元化调解协议的效力确认程序，明确适用门槛，加强各个程序之间的衔接联动，缓解司法压力。

附件

海南自由贸易港法律法规及相关政策汇总

表附件-1　海南自由贸易港法律法规及相关政策汇总

<table>
<tr><th colspan="2"></th><th>法律法规规章</th><th>相关政策</th><th>配套政策</th></tr>
<tr><td>“1”</td><td></td><td>全国人大常委会《中华人民共和国海南自由贸易港法》</td><td>——</td><td>——</td></tr>
<tr><td rowspan="9">“7”</td><td rowspan="9">特殊税制</td><td rowspan="9">无</td><td rowspan="3">财政部、税务总局《关于海南自由贸易港高端紧缺人才个人所得税政策的通知》</td><td>省政府《海南自由贸易港享受个人所得税优惠政策高端紧缺人才清单管理暂行办法》</td></tr>
<tr><td>省财政厅等部门《关于落实海南自由贸易港高端紧缺人才个人所得税优惠政策有关问题的通知》</td></tr>
<tr><td>省财政厅等部门《关于进一步明确落实海南自由贸易港高端紧缺人才个人所得税优惠政策有关事项的通知》</td></tr>
<tr><td rowspan="6">财政部、税务总局《关于海南自由贸易港企业所得税优惠政策的通知》</td><td>省税务局《关于海南自由贸易港企业所得税优惠政策有关问题的公告》</td></tr>
<tr><td>省税务局等部门《关于海南自由贸易港鼓励类产业企业实质性运营有关问题的公告》</td></tr>
<tr><td>财政部、税务总局《海南自由贸易港旅游业、现代服务业、高新技术产业企业所得税优惠目录》</td></tr>
<tr><td>省税务局等部门《关于海南自由贸易港鼓励类产业企业实质性运营有关问题的补充公告》</td></tr>
<tr><td>省发展改革委《〈海南自由贸易港鼓励类产业目录（2020年本）〉界定指引》</td></tr>
</table>

续表

		法律法规规章	相关政策	配套政策
“7”	特殊税制	无	——	省税务局《关于做好海南自由贸易港鼓励类产业企业实质性运营管理服务工作的通知》
			财政部、海关总署、税务总局《关于海南离岛旅客免税购物政策的公告》	财政部、海关总署、税务总局《关于增加海南离岛旅客免税购物提货方式的公告》
				海关总署《关于发布海南离岛旅客免税购物邮寄送达和返岛提取提货方式监管要求的公告》
				海关总署、财政部、税务总局《关于增加海南离岛免税购物“担保即提”和“即购即提”提货方式的公告》
				海关总署《中华人民共和国海关对海南离岛旅客免税购物监管办法》
				省财政厅等部门《关于海南离岛免税购物经营主体有关问题的公告》
				国家税务总局《海南离岛免税店销售离岛免税商品免征增值税和消费税管理办法》
				海口海关《关于对海南离岛免税进口食品化妆品实施特定附条件放行监管创新模式的公告》
				省政府《关于印发〈海南自由贸易港免税商品溯源管理暂行办法〉的通知》
			财政部、交通运输部、税务总局《关于海南自由贸易港国际运输船舶有关增值税政策的通知》	税务总局《国际运输船舶增值税退税管理办法》
			财政部、海关总署、税务总局《关于海南自由贸易港原辅料“零关税”政策的通知》	海关总署《海南自由贸易港进口“零关税”原辅料海关监管办法（试行）》
				财政部、海关总署、税务总局《关于调整海南自由贸易港原辅料“零关税”政策的通知》

续表

<table>
<tr><th colspan="2"></th><th>法律法规规章</th><th>相关政策</th><th>配套政策</th></tr>
<tr><td rowspan="11">“7”</td><td rowspan="11">特殊税制</td><td rowspan="11">无</td><td rowspan="5">财政部、海关总署、税务总局《关于海南自由贸易港交通工具及游艇“零关税”政策的通知》</td><td>海关总署《海南自由贸易港交通工具及游艇“零关税”政策海关实施办法（试行）》</td></tr>
<tr><td>财政部、海关总署、税务总局《关于调整海南自由贸易港交通工具及游艇“零关税” 政策的通知》</td></tr>
<tr><td>省政府《关于印发海南自由贸易港“零关税”进口交通工具及游艇管理办法（试行）的通知》</td></tr>
<tr><td>省交通运输厅《关于海南自由贸易港“零关税”交通工具及游艇进口企业资格认定有关事宜的公告》</td></tr>
<tr><td>省交通运输厅《关于印发〈海南自由贸易港“零关税”营运车辆管理实施细则（试行）〉的通知》</td></tr>
<tr><td>财政部、海关总署、税务总局《关于海南自由贸易港试行启运港退税政策的通知》</td><td>——</td></tr>
<tr><td>财政部、海关总署、税务总局《关于海南自由贸易港内外贸同船运输境内船舶加注保税油和本地生产燃料油政策的通知》</td><td>省政府《关于印发〈海南自由贸易港船舶保税油经营管理暂行办法〉的通知》</td></tr>
<tr><td rowspan="3">财政部、海关总署、税务总局《关于海南自由贸易港自用生产设备“零关税”政策的通知》</td><td>财政部、海关总署《关于明确海南自由贸易港“零关税”自用生产设备相关产品范围的通知》</td></tr>
<tr><td>海关总署《海南自由贸易港自用生产设备“零关税”政策海关实施办法（试行）》</td></tr>
<tr><td>财政部、海关总署、税务总局《关于调整海南自由贸易港自用生产设备“零关税”政策的通知》</td></tr>
<tr><td>财政部、海关总署、税务总局《关于中国国际消费品博览会展期内销售的进口展品税收优惠政策的通知》</td><td>——</td></tr>
</table>

续表

		法律法规规章	相关政策	配套政策
“7”	特殊税制	无	海关总署《关于印发〈海关对洋浦保税港区加工增值货物内销税收征管暂行办法〉的通知》	海口海关《洋浦保税港区加工增值货物内销税收征管海关实施暂行办法》
			财政部、海关总署、税务总局、民航局《关于海南自由贸易港进出岛航班加注保税航油政策的通知》	——
	贸易投资	省人大常委会《海南自由贸易港优化营商环境条例》	国务院《关于同意在全面深化服务贸易创新发展试点地区暂时调整实施有关行政法规和国务院文件规定的批复》	——
			海关总署《中华人民共和国海关对洋浦保税港区监管办法》	海关总署《关于洋浦保税港区统计办法的公告》
			商务部等20部门《关于推进海南自由贸易港贸易自由化便利化若干措施的通知》	——
		省人大常委会《海南自由贸易港公平竞争条例》	商务部《海南省服务业扩大开放综合试点总体方案》	——
			商务部《海南自由贸易港跨境服务贸易特别管理措施（负面清单）（2021年版）》	省政府《海南自由贸易港跨境服务贸易负面清单管理办法（试行）》
			国家发展改革委、商务部《海南自由贸易港外商投资准入特别管理措施（负面清单）（2020年版）》	——
		省人大常委会《海南自由贸易港企业破产程序条例》	国家发展改革委《重大区域发展战略建设（推进海南全面深化改革开放方向）中央预算内投资专项管理办法》	——

续表

		法律法规规章	相关政策	配套政策
“7”	贸易投资	省人大常委会《海南自由贸易港企业破产程序条例》	国家发展改革委、商务部《关于支持海南自由贸易港建设放宽市场准入若干特别措施的意见》	省政府《海南自由贸易港实施市场准入承诺即入制管理规定》
“7”	贸易投资	省人大常委会《海南自由贸易港企业破产程序条例》	国家发展改革委、商务部《鼓励外商投资产业目录（2022年版）》	——
“7”	贸易投资	省人大常委会《海南自由贸易港市场主体注销条例》	教育部、省政府《境外高等教育机构在海南自由贸易港办学暂行规定》	——
“7”	贸易投资	省人大常委会《海南自由贸易港市场主体注销条例》	省政府《海南省促进知识产权发展的若干规定（修订）》	省委办公厅、省政府办公厅《关于强化知识产权保护的实施意见》
“7”	贸易投资	省人大常委会《海南自由贸易港市场主体注销条例》	省政府《海南省促进知识产权发展的若干规定（修订）》	省委办公厅、省政府办公厅《关于完善产权保护制度依法保护产权的实施意见》
“7”	贸易投资	省人大常委会《海南自由贸易港市场主体注销条例》	省政府办公厅《关于构建海南自由贸易港以信用监管为基础的过程监管体系的实施意见》	省市场监督管理局《企业信用风险分类监管暂行办法》
“7”	贸易投资	省人大常委会《海南自由贸易港市场主体注销条例》	省政府办公厅《海南自由贸易港投资新政三年行动方案（2021—2023年）》	——
“7”	贸易投资	省人大常委会《海南自由贸易港市场主体注销条例》	省政府、国家知识产权局《海南省人民政府国家知识产权局共建全面深化改革开放知识产权强省实施方案》	——
“7”	贸易投资	省人大常委会《海南自由贸易港市场主体注销条例》	省商务厅《海南省促进总部经济发展管理办法》	——
“7”	跨境资金流动	无	中国人民银行等部门《关于金融支持海南全面深化改革开放的意见》	省政府《关于印发提高上市公司质量促进资本市场发展的若干意见的通知》
“7”	跨境资金流动	无	中国人民银行等部门《关于金融支持海南全面深化改革开放的意见》	人行海口中心支行等部门《关于贯彻落实金融支持海南全面深化改革开放意见的实施方案》

续表

		法律法规规章	相关政策	配套政策
“7”	跨境资金流动	无	国家外汇管理局海南省分局《关于支持海南自由贸易港建设外汇创新业务政策的通知》	——
			国家外汇管理局海南省分局《关于开展贸易外汇收支便利化试点工作的通知》	——
			国家外汇管理局海南省分局《海南自由贸易港内公司境外上市登记试点管理办法》	——
			省地方金融监管局等部门《海南省关于开展合格境外有限合伙人（QFLP）境内股权投资暂行办法》	——
			国家外汇管理局海南省分局《关于支持海南开展新型离岸国际贸易外汇管理的通知》	——
			省地方金融监管局《非居民参与海南自由贸易港交易场所特定品种交易管理试行规定》	——
			省地方金融监管局等部门《海南省关于支持洋浦保税港区开展新型离岸国际贸易的工作措施》	——
			国家外汇管理局海南省分局《洋浦经济开发区开展跨境贸易投资高水平开放外汇管理改革试点实施细则》	——
			省地方金融监管局等部门《海南省开展合格境内有限合伙人（QDLP）境外投资试点工作暂行办法》	——

续表

		法律法规规章	相关政策	配套政策
“7”	跨境资金流动	无	人行海口中心支行等部门《关于金融支持海南自由贸易港重点园区的指导意见的通知》	——
			国家外汇管理局海南省分局《关于开展优质企业贸易外汇收支便利化试点的指导意见（2022年版）》	——
	人才发展	无	省政府《海南自由贸易港外籍“高精尖缺”人才认定标准（2020—2024年试行）》	——
			省政府《海南自由贸易港境外人员参加职业资格考试管理办法（试行）》《海南自由贸易港境外人员执业管理办法（试行）》	省委人才发展局等部门《海南自由贸易港对境外人员开放职业资格考试目录清单（2020）》《海南自由贸易港认可境外职业资格目录清单（2020）》
				省税务局、省委人才发展局《关于印发〈海南自由贸易港境外人员参加税务师职业资格考试实施办法〉的通知》
				海南海事局《关于允许外籍人员参加全国注册验船师职业资格考试的公告》
			省委办公厅、省政府办公厅《海南自由贸易港高层次人才认定办法》	省委人才办《海南自由贸易港高层次人才分类标准（2020）》
				省市场监督管理局《关于持永久居留身份证外籍高层次人才创办科技型企业试行办法》
			省委办公厅、省政府办公厅《海南自由贸易港聘任境外人员担任法定机构、事业单位、国有企业领导职务管理规定（试行）》	——
			省委人才发展局等部门《吸引留住高校毕业生建设海南自由贸易港的若干政策措施》	——

续表

		法律法规规章	相关政策	配套政策
"7"	人才发展	无	省委人才发展局《关于开展海南自由贸易港国际人才服务管理改革试点工作的实施方案》	——
			省发展改革委、省交通运输厅、省邮政管理局《关于做好海南省现代物流业创业创新人才落户工作的通知》	——
			省委统战部、省委人才发展局《支持港澳青年来琼就业创业实施细则》	——
	运输来往便利	省人大常委会《海南自由贸易港国际船舶条例》	国务院《关于同意在海南自由贸易港暂时调整实施〈中华人民共和国船舶登记条例〉有关规定的批复》	——
			中国民用航空局《海南自由贸易港试点开放第七航权实施方案》	——
			海关总署《关于调整海南进出境游艇有关管理事项的公告》	——
		交通运输部《关于在中国（海南）自由贸易试验区深化改革开放调整实施有关规章规定的公告》	国家发展改革委《海南现代综合交通运输体系规划》	——
			交通运输部《关于海南省开展环岛旅游公路创新发展等交通强国建设试点工作的意见》	——
			交通运输部、商务部、海关总署《推进海南邮轮港口海上游航线试点落地实施》	——
			省政府《关于印发〈海南自由贸易港国际客船、国际散装液体危险品船经营管理办法〉的通知》	——

续表

		法律法规规章	相关政策	配套政策
“7”	运输来往便利	交通运输部《关于在中国（海南）自由贸易试验区深化改革开放调整实施有关规章规定的公告》	省政府办公厅《关于印发〈海南邮轮港口中资方便旗邮轮海上游航线试点管理办法（试行）〉的通知》	——
			省政府办公厅《关于印发〈外籍邮轮在海南自由贸易港开展多点挂靠业务管理办法〉的通知》	——
			省政府办公厅《关于印发〈海南自由贸易港外国船舶检验机构入级检验监督管理办法〉的通知》	——
			海南海事局《海南自由贸易港国际船舶登记程序规定》	——
	数据安全流动	——	——	——
“N”	生态环境	省人大常委会《海南热带雨林国家公园条例（试行）》	省人大常委会《海南热带雨林国家公园特许经营管理办法》	——
		省人大常委会《海南省生态保护补偿条例》	——	——
		省人大常委会《海南自由贸易港生态环境保护考核评价和责任追究规定》	——	——
	产业发展	省人大常委会《海南自由贸易港科技开放创新若干规定》	推进海南全面深化改革开放领导小组办公室《智慧海南总体方案（2020—2025年）》	——
			推进海南全面深化改革开放领导小组办公室《海南能源综合改革方案》	——

续表

<table>
<tr><th colspan="2"></th><th>法律法规规章</th><th>相关政策</th><th>配套政策</th></tr>
<tr><td rowspan="13">“N”</td><td rowspan="13">产业发展</td><td rowspan="6">省人大常委会《海南自由贸易港科技开放创新若干规定》</td><td>国家发展改革委、财政部、税务总局《关于印发〈海南自由贸易港鼓励类产业目录（2020年本）〉的通知》</td><td>——</td></tr>
<tr><td>省委、省政府《关于促进中医药在海南自由贸易港传承创新发展的实施意见》</td><td>——</td></tr>
<tr><td rowspan="4">省政府《海南省支持高新技术企业发展若干政策（试行）》</td><td>省科技厅《海南省高新技术企业培育库管理办法》</td></tr>
<tr><td>省科技厅《海南省整体迁入高新技术企业奖励细则》</td></tr>
<tr><td>省科技厅《海南省高新技术企业研发经费增量奖励细则》</td></tr>
<tr><td>省科技厅《关于印发〈海南省高新技术企业“精英行动”实施方案〉的通知》</td></tr>
<tr><td rowspan="5">省人大常委会《海南自由贸易港知识产权保护条例》</td><td>省政府《海南省创新型省份建设实施方案》</td><td>——</td></tr>
<tr><td>省政府办公厅《中国（三亚）跨境电子商务综合试验区实施方案》</td><td>——</td></tr>
<tr><td>省政府办公厅《海南省加快医学教育创新发展实施方案》</td><td>——</td></tr>
<tr><td>省政府办公厅《关于印发〈海南省以超常规手段打赢科技创新翻身仗三年行动方案（2021—2023年）〉的通知》</td><td>——</td></tr>
<tr><td>省政府办公厅《关于印发〈三亚崖州湾科技城知识产权特区建设方案（2021—2025）〉的通知》</td><td>——</td></tr>
</table>

续表

		法律法规规章	相关政策	配套政策
"N"	产业发展	省人大常委会《海南自由贸易港游艇产业促进条例》	省政府办公厅《关于印发〈海南自由贸易港种子进出口生产经营许可管理办法〉的通知》	——
			省政府办公厅《海南省加快推进数字疗法产业发展的若干措施》	——
			省工信厅《海南省关于加快区块链产业发展的若干政策措施》	——
			省教育厅《引进知名高校补助资金管理办法（暂行）》	——
			省科技厅等部门《海南省关于支持重大新药创制国家科技重大专项成果转移转化的若干意见》	——
		省人大常委会《海南自由贸易港药品进口便利化若干规定》	省科技厅等部门《关于印发〈海南省"十四五"期间享受进口税收政策社会研发机构名单核定实施办法〉的通知》	——
			省科技厅《关于印发〈海南省省级产业创新服务综合体认定管理办法（试行）〉的通知》	——
			省科技厅《海南省科技型中小企业认定管理暂行办法》	——
			省科技厅《海南省企业研发机构认定和备案管理办法》	——
			省科技厅等部门《关于印发〈海南省科技计划体系优化改革方案〉的通知》	——

续表

<table>
<tr><th colspan="2"></th><th>法律法规规章</th><th>相关政策</th><th>配套政策</th></tr>
<tr><td rowspan="13">“N”</td><td rowspan="4">产业发展</td><td rowspan="4">省人大常委会《海南自由贸易港促进种业发展若干规定》</td><td>省工信厅《海南国际设计岛示范基地管理办法（试行）》</td><td>省工信厅《海南国际设计岛产业发展规划》</td></tr>
<tr><td>省信息化建设领导小组办公室《海南省加快工业互联网创新发展三年行动计划（2021—2023年）》</td><td>——</td></tr>
<tr><td>省市场监督管理局《关于促进海南跨境电商合规经营健康发展的指导意见》</td><td>——</td></tr>
<tr><td>省工信厅等部门《海南省先进装备制造首台套奖励资金管理实施细则》</td><td>——</td></tr>
<tr><td rowspan="3">土地管理</td><td>省人大常委会《海南自由贸易港闲置土地处置若干规定》</td><td>——</td><td>——</td></tr>
<tr><td>省人大常委会《海南自由贸易港土地管理条例》</td><td>——</td><td>——</td></tr>
<tr><td>省政府《海南省实施国务院授权土地征收审批事项管理办法》</td><td>——</td><td>——</td></tr>
<tr><td>社会信用</td><td>省人大常委会《海南自由贸易港社会信用条例》</td><td>——</td><td>——</td></tr>
<tr><td rowspan="4">风险防范</td><td>省人大常委会《海南省反走私暂行条例》</td><td>——</td><td>——</td></tr>
<tr><td>省人大常委会《海南省多元化解纠纷条例》</td><td>——</td><td>——</td></tr>
<tr><td>省人大常委会《海南自由贸易港消防条例》</td><td>——</td><td>——</td></tr>
<tr><td>省人大常委会《海南自由贸易港反消费欺诈规定》</td><td>——</td><td>——</td></tr>
</table>

续表

<table>
<tr><th colspan="2"></th><th>法律法规规章</th><th>相关政策</th><th>配套政策</th></tr>
<tr><td rowspan="10">“N”</td><td>风险防范</td><td>省人大常委会《海南自由贸易港免税购物失信惩戒若干规定》</td><td>——</td><td>——</td></tr>
<tr><td rowspan="9">保障措施</td><td rowspan="6">全国人大常委会《关于设立海南自由贸易港知识产权法院的决定》</td><td>最高人民法院《关于人民法院为海南自由贸易港建设提供司法服务和保障的意见》</td><td>——</td></tr>
<tr><td>最高人民检察院《关于充分履行检察职能服务保障海南自由贸易港建设的意见》</td><td>——</td></tr>
<tr><td>省委《海南自由贸易港公职人员容错纠错办法（试行）》</td><td>——</td></tr>
<tr><td>省人大常委会《关于将旅行社设立审批等省级管理权限调整由海南自由贸易港重点园区管理机构在重点园区范围内实施的决定》</td><td>——</td></tr>
<tr><td>省人大常委会《关于将林业植物检疫证书核发等省级管理权限调整由海南自由贸易港重点园区管理机构实施的决定》</td><td>——</td></tr>
<tr><td>省委、省政府《关于支持儋州洋浦一体化发展的若干意见》</td><td>省工业和信息化厅《关于印发支持儋州洋浦一体化发展若干措施的通知》</td></tr>
<tr><td rowspan="3">国务院《关于在中国（海南）自由贸易试验区暂时调整实施有关行政法规规定的通知》</td><td>省政府《关于委托实施部分省级用地行政审批事项的决定》</td><td>——</td></tr>
<tr><td>省政府《海南省省级土地储备运作机制》</td><td>——</td></tr>
<tr><td>省政府《关于将部分省级行政管理事项调整由市、县、自治县和洋浦经济开发区实施的决定》</td><td>——</td></tr>
</table>

续表

		法律法规规章	相关政策	配套政策
"N"	保障措施	国务院《关于在中国（海南）自由贸易试验区暂时调整实施有关行政法规规定的通知》	省政府《关于将部分省级管理权限调整由重点园区管理机构实施的决定》	——
			省政府《海南自由贸易港深化"证照分离"改革进一步激发市场主体发展活力实施方案》	——
			省委办公厅、省政府办公厅《海南省推进知识产权强省建设强化知识产权保护和运用的实施意见》	——
		交通运输部《关于在中国（海南）自由贸易试验区深化改革开放调整实施有关规章规定的公告》	省政府办公厅《关于调整省级权力清单的通知》	——
			省政府办公厅《关于落实进一步优化营商环境更好服务市场主体实施意见的措施》	——
			省政府办公厅《关于完善建设用地使用权转让、出租、抵押二级市场的实施意见（试行）》	——
			省政府办公厅《海南省政务服务"零跑动"改革实施方案》	——
			省政府办公厅《海南省农垦经营性建设用地入市试点办法》	——
			省政府办公厅《关于做好省重点（重大）项目土地要素保障的通知》	——
		国务院《关于同意在天津、上海、海南、重庆暂时调整实施有关行政法规规定的批复》	省政府办公厅《关于完善海南自由贸易港住房保障体系的指导意见》	——

续表

		法律法规规章	相关政策	配套政策
“N”	保障措施	国务院《关于同意在天津、上海、海南、重庆暂时调整实施有关行政法规规定的批复》	省政府办公厅《关于建立“土地超市”制度的实施意见》	——
			省自然资源和规划厅《海南省产业用地先租后让管理实施细则》	——
			省发展改革委等部门《海南自由贸易港个人诚信积分管理办法（试行）》	——
			省政府《海南省海域使用权审批出让管理办法》	——
			省政府办公厅《关于支持民营经济发展若干措施的通知》	——
	园区发展	省人大常委会《海南自由贸易港三亚中央商务区条例》 省人大常委会《中国（海南）自由贸易试验区重点园区极简审批条例》	省人大常委会《关于海南自由贸易港洋浦经济开发区等重点园区管理体制的决定》	——
			省人大常委会《海南自由贸易港博鳌乐城国际医疗旅游先行区条例》	省人大常委会《海南自由贸易港博鳌乐城国际医疗旅游先行区医疗药品器械管理规定》
				省政府《海南自由贸易港博鳌乐城国际医疗旅游先行区临床急需进口药品医疗器械管理规定》
				国家药品监督管理局、省政府《海南博鳌乐城国际医疗旅游先行区医疗器械临床真实世界数据应用前置沟通工作实施办法（试行）》
				省药品监督管理局、省卫生健康委员会《海南自由贸易港博鳌乐城国际医疗旅游先行区临床急需进口药品带离使用管理办法》
				省药品监督管理局等部门《关于进一步优化监管服务支持海南博鳌乐城国际医疗旅游先行区高质量发展若干措施的通知》

续表

		法律法规规章	相关政策	配套政策
"N"	园区发展	省人大常委会《海南自由贸易港三亚中央商务区条例》 省人大常委会《中国（海南）自由贸易试验区重点园区极简审批条例》	——	省政府办公厅《海南自由贸易港博鳌乐城国际医疗旅游先行区制度集成创新改革方案》
				省药品监督管理局《海南博鳌乐城国际医疗旅游先行区临床急需进口药品带离先行区使用管理暂行办法》
				省药品监督管理局《海南博鳌乐城国际医疗旅游先行区临床急需进口药品带离先行区使用申报指南》
			省人大常委会《关于批准在洋浦经济开发区等六个园区推广适用"三园"特别极简审批的决定》	——
			省人大常委会《海南自由贸易港三亚崖州湾科技城条例》	——
			省人大常委会《海南自由贸易港海口江东新区条例》	——
			省政府《海南陵水黎安国际教育创新试验区管理局设立和运行管理规定》	——
			省政府《文昌国际航天城管理局设立和运行管理规定（修订）》	——
			省政府《海南陵水黎安国际教育创新试验区管理局设立和运行管理规定（修订）》	——
			省政府办公厅《海南省产业园区管理暂行办法》	——
			省级园区发展建设联席会议办公室《关于在园区实行"飞地经济"政策的实施意见（试行）》	——

续表

		法律法规规章	相关政策	配套政策
“N”	园区发展	省人大常委会《海南自由贸易港三亚中央商务区条例》 省人大常委会《中国（海南）自由贸易试验区重点园区极简审批条例》	省人大常委会《海南自由贸易港洋浦经济开发区条例》	——
			省人大常委会《海南自由贸易港海口国家高新技术产业开发区条例》	——
	其他	省人大常委会《海南自由贸易港征收征用条例》	——	——
		省人大常委会《海南自由贸易港安居房建设和管理若干规定》	——	——
		省人大常委会《关于将排污许可证核发等省级管理权限调整由儋州市实施的决定》	——	——

资料来源：《海南自贸港重要政策汇编（2023年8月）》：https://mp.weixin.qq.com/s/mbhK6mx6Zla1gxJgM8Aitg。